国家出版基金项目
NATIONAL PUBLICATION FOUNDATION

溯与传承
——大庆精神

崔世亮 著

黑龙江教育出版社

图书在版编目（CIP）数据

追溯与传承：大庆精神 / 崔世亮著. --哈尔滨：黑龙江教育出版社，2014.6
ISBN 978-7-5316-7453-5

Ⅰ.①追… Ⅱ.①崔… Ⅲ.①石油企业-工业企业管理-思想政治教育-大庆市-学习参考资料 Ⅳ.①D412.62

中国版本图书馆CIP数据核字（2014）第086089号

追溯与传承——大庆精神
ZHUISU YU CHUANCHENG——DAQING JINGSHEN

崔世亮 著

策划统筹	赵 力 徐永进
特约编审	田恃玮
责任编辑	徐永进 李绍楠
责任校对	张 巍
出版发行	黑龙江教育出版社
地　址	哈尔滨市南岗区花园街158号
邮　编	150001
印　刷	北京万博诚印刷有限公司
开　本	640毫米×960毫米　1/16
印　张	18.5
字　数	250千
版　次	2014年8月第1版
印　次	2020年1月第2次印刷
书　号	ISBN 978-7-5316-7453-5
定　价	40.00元

黑龙江教育出版社网址：http://www.hljep.com.cn
如需订购图书，请与我社发行中心联系。联系电话：0451-82529593 82534765
如有印装质量问题，请与印刷厂联系调换。联系电话：0451-82342231
如发现盗版图书，请向我社举报。举报电话：0451-82533087

前　言

　　月明星稀，当我在柔和的灯光下，看到"铁人"王进喜手握刹把的画照，抚案沉思，想起了许多许多……以至于竟然彻夜难眠，那些陈年往事再一次浮现在眼前……

　　掀开久违的大庆油田开发史，那些淹没在历史尘埃中的档案和卷宗，让我仿佛从字里行间看到了老一代中国石油工人在向后人们诉说着那个特殊年代气壮山河的伟大壮举，以及所产生的具有穿越时空力量的大庆精神——爱国、创业、求实、奉献。

　　我们知道，中国是世界上发现和利用石油、天然气最早的国家。但随着现代工业革命的迅猛发展，特别是以石油为驱动力量的现代大工业的蓬勃兴起，中国石油工业却远远地落在了西方发达国家的后面。然而，中国要圆大国石油梦，第一缕曙光就是发现了大庆油田。从此，中国石油工业开启了快速发展的新里程。

　　1949年全国石油产量（不包括台湾）仅12万吨，其中天然油7万吨，人造油5万吨，很难满足建设新中国国防、发展工业和改善民生的需求。尽管当时中国是一个大国，但也是一个典型的贫穷国家，国家财力、物力过于微薄，科技实力不够强大，技术设备不够先进。中国政府和人民限于国际列强和霸权国家的打压与围堵，只能利用现有条件，齐心协力，共渡难关，在辽阔的中华大地上，全力探索深藏地下的石油、天然气等资源。经过多年的不懈努力，终于在1959年国庆节前夕，在松嫩平原的黑龙江省安达县，以"松基三井"喷出工业油流为重要标志，找到了我国陆地上的第一个大油田——大庆油田。

　　中华民族具有自强不息、勇于接受挑战的伟大民族精神，尤其是在那个饱受战争创伤、百废待兴的特殊时期，没有屈服于来自国内外的种种压力，克服了各种困难，完全依靠自身的智慧和力量，突破了传统学术理论的禁锢，创新性地提出了新的陆相生油理论，并成功发现和创建了大庆油田，把"中国贫油"的帽子甩进了太平洋，并由此而孕育了大庆精神。这种精神力量既是那场石油大会战特定历史环境的产物，也是一种客观存在的精神财富。

　　我带着一种自我强加的责任，力求在那浩瀚如海般的历史资料堆中，慢慢梳理、寻找和还原那段历史真相。比如，在探秘大庆精神产生的历史背景方面，弄清了当时国际大气候究竟恶劣到什么程度，国内大环境究竟艰难到什么程度，以及油田小环境究竟艰苦到什么程度。在求索大庆精神产生的特定条件时，反复求证了为什么外国人会嘲笑"中国贫油"，我国石油勘探是何时转向松辽盆地的，大庆油田究竟是怎样发现的，以及"大庆"的名字是怎么来的等诸多问题。在追溯大庆精神产生的那场石油大会战中，厘清了中央是何时批准石油大会战的，到底从全国各地调集了多少人参加石油大会战，"大庆石油会战"为何也称"松辽石油会战"，闻名华夏的"三钻定乾坤"是怎么回事，大庆石油会战指挥机构是怎样组成的。在探究大庆精神产生的地域和人文影响时，经过查阅大量史料，最终厘清了黑龙江省是怎样提供粮食保障的，黑龙江省是怎样提供人力资源保障的，黑龙江省是怎样提供交通运输保障的，以及黑龙江省是怎样提供物资供应保障的。让国人看到黑龙江人民为祖国石油工业发展的无私奉献与真情付出。

　　今天，国人要实现中国梦，使中国进入世界强国之林，更加需要为国争光、为民族争气的爱国主义精神，独立自主、自力更生的艰苦创业精神，讲究科学、"三老四严"的求实精神，胸怀大局、为国分忧的奉献精神。但如何弘扬大庆精神，传承大庆精神，以适应今天发展形势的需要，还确实需要我们进行深入思考。

　　历时16个月，终成此书稿，有如女人十月怀胎一朝分娩，虽痛苦并幸福着，因我作为"母亲"，终于见到了出世的"孩子"。

　　愿大庆精神薪火相传，激励中华民族奋发图强！

崔世亮
2014年3月于哈尔滨

目　　录

第一章　探秘历史背景

寻源探究

1. 国际大气候究竟恶劣到什么程度？ / 003
2. 国内大环境究竟艰难到什么程度？ / 005
3. 油田小环境究竟艰苦到什么程度？ / 010
4. 为什么洋人会嘲笑"中国贫油"呢？ / 012
5. 我国石油勘探是何时转向松辽盆地的？ / 015
6. 大庆油田究竟是怎样发现的？ / 025
7. "大庆"这个喜庆名字是谁给起的？ / 036

哲思随语

1. 《梦溪笔谈》的预言 / 039
2. 克里孟梭的预言 / 040

第二章　追溯如歌岁月

寻源探究

1. 中央何时批准石油大会战的？ / 045
2. 到底从全国各地调集多少人参加石油大会战？ / 050

3. "大庆石油会战"为何也称"松辽石油会战"？ / 056

4. 闻名华夏的"三钻定乾坤"是怎么回事？ / 058

5. 大庆石油会战指挥机构是怎样组成的？ / 059

6. "万人誓师动员大会"是怎么召开的？ / 064

7. 为什么说大庆油田是靠"两论起家"的？ / 067

8. 为什么说大庆石油会战"气壮山河"？ / 071

哲思随语

1. 有那样一群复转军人 / 080

2. 有那样一群石油工人 / 084

3. 有那样一群知识分子 / 086

第三章 诠释精神真谛

寻源探究

1. "两分法"是怎样产生的？ / 091

2. "三老四严"是何时形成的？ / 093

3. "四个一样"是由谁最早提出的？ / 097

4. 孕育大庆精神的"三要"和"十不"是什么？ / 100

5. 什么是"三敢三严"的科学态度？ / 101

6. 大庆精神是怎样科学表述的？ / 103

7. 大庆精神与铁人精神的关系是怎样的？ / 104

8. "工业学大庆"是怎样兴起的？ / 105

9. 中央对大庆正式做出了怎样的结论？ / 107

哲思随语

大庆精神是一种什么样的精神？ / 109

第四章　回望寒地黑土

寻源探究

1. 为什么说黑龙江省是石油会战的后勤部？ / 117
2. 为什么安达县曾经升格为地级安达市？ / 122
3. 石油人的"精神祖宅"是怎么回事？ / 127
4. 要"牛"还是要"油"是怎么回事？ / 134
5. 为什么当时在地图上找不到大庆油田？ / 135
6. 黑龙江省是怎样提供粮食保障的？ / 138
7. 黑龙江省是怎样提供人力资源保障的？ / 142
8. 黑龙江省是怎样提供交通运输保障的？ / 144
9. 黑龙江省是怎样提供物资供应保障的？ / 150

哲思随语

1. 这是一片甘愿奉献的寒地黑土 / 155
2. 这是一片丰泽滋养的寒地黑土 / 158

第五章　追忆领袖关怀

寻源探究

1. 毛泽东关心油田二三事 / 163
2. 周恩来关心油田二三事 / 173

3. 刘少奇关心油田二三事 / 178

4. 朱德关心油田二三事 / 180

5. 邓小平关心油田二三事 / 182

6. 江泽民关心油田二三事 / 187

7. 胡锦涛关心油田二三事 / 189

8. 习近平关心油田二三事 / 191

哲思随语

亲切的关怀有如温暖的阳光 / 194

第六章 寻觅英雄模范

寻源探究

1. "铁人"王进喜是怎样的一个人？ / 201

2. 60年代展现大庆精神的"五面红旗"都有谁？ / 210

3. 70年代传承大庆精神的"二十一名标兵"都有谁？ / 213

4. 80年代传承大庆精神的"十大典型"都有谁？ / 226

5. 新时期的"1205钻井队"怎么样？ / 232

6. 为什么说王启民是新时期的"铁人"？ / 235

哲思随语

1. 有一种行为叫榜样 / 241

2. 有一种感动叫平凡 / 244

第七章 解析时代价值

寻源探究

1. 为什么说大庆精神属于社会主义核心价值观? / 251
2. 为什么说传承大庆精神是时代的需要? / 252

哲思随语

1. 人总要有一点精神 / 256
2. 人总要有一点追求 / 258
3. 人总要有一点骨气 / 260

大庆精神产生、形成、发展时期大事记

　　(1958年2月—1981年12月) / 263

参考文献 / 282

后　记 / 285

第一章
探秘历史背景

  掀开20世纪50年代那段尘封的历史,我们就会发现年轻的新中国在经历了抗美援朝战争后,已饱尝没有石油之痛,飞机上不了天,坦克、汽车、大炮不如一根打狗棍。特别是面对世界列强的经济封锁、军事压制,苏联"老大哥"的背信弃义,迫使中国急需在内陆找到大油田,彻底甩掉中国"贫油"的帽子。

什么是大庆精神?

大庆精神是为国争光、为民族争气的爱国主义精神;独立自主、自力更生的艰苦创业精神;讲究科学、"三老四严"的求实精神;胸怀大局、为国分忧的奉献精神。

1990年,江泽民同志在视察大庆时,把大庆精神进一步概括为"爱国、创业、求实、奉献"。

寻源探究

1

国际大气候究竟恶劣到什么程度？

大庆精神是在国际大环境非常不利于年轻的共和国发展的特殊情况下形成的。追溯20世纪60年代，新中国当时所面临的国际大环境是十分严峻的，以美国为首的西方敌对势力把新中国视为"眼中钉"，千方百计地要把年轻的共和国扼杀在摇篮之中。

西方敌对势力仇视并威胁新中国

尽管那时的新中国成立不久，但是中国人民在社会主义建设热潮中，经过整个50年代的不懈努力和奋斗，已使国家发生了翻天覆地的变化，取得了令人瞩目的巨大成就。然而，国外敌对势力也由此更加仇视社会主义新中国，企图对我国进行政治、思想、文化的渗透，对我国开展国际合作进行阻挠和围堵，实行经济封锁，不断加强军事威胁，妄图达到推翻新生的共产党政权的目的。

实行经济封锁和石油禁运

由于中国石油工业落后，国外敌对势力在对我国实行经济封锁过程中，不仅实施石油禁运，还对我国急需的石油开采技术、设备等予以封锁。当时，国际上与中国建立正式外交关系的仅有30个国家，且主要以发展中国家为主，不具备给我国提供各种援助的能力，甚至我国还要

尘封的大庆石油会战时期的珍贵档案资料

给这些正式建交国提供各方面的援助，这就迫使我国石油工业不得不走自力更生的发展道路。

中国与苏联两国关系恶化

20世纪50年代末期，我国亟须彻底医治长期战争留下的千疮百孔的创伤。在百废待兴的新中国最需要经济支持和技术援助的情况下，以社会主义阵营首领自居的苏联"老大哥"，于1960年7月16日突然照会中国政府，单方面决定召回苏联专家。未等我方答复，苏方又通知中国政府，自7月28日至9月1日期间，将撤回全部在华专家1390人，并终止派遣专家900多名。这些苏联专家聘期未满，合同没有到期，中国政府虽然多次挽留，苏方始终坚持其决定，并带走了援建项目的全部图纸、计划和资料。同时，苏联还撕毁了同我国签订的600个合同，其中，专家合同343个、科技合同257个，并且停止供应我国建设急需的重要设备和关键部件。据统计，第一个五年计划期间，苏联援助中国的项目共304项。到1960年上半年，已建成103项，还有201项正在建设中。苏联撕毁合同，撤回援建专家事件使我国经济、国防、文化教育和科学研究等部门 250 多个企业和事业单位，在技术设计、工程施工、设备安装、厂房建设、产品试制和科学研究等方面处于停顿、半停顿状态，给我国经济建设造成了重大损失。而且，时任苏共中央总书记的赫鲁晓夫还以催逼中国政府还债等卑鄙手段，妄图彻底压垮中国共产党。这是因为在斯大林主政苏联时期，正值中国被迫进行抗美援朝战争，期间曾向苏联购买了诸多武器，且以贷款形式记账，其中还包括经济建设中的一部分贷款。在我国偿还还有困难的前提下，苏联的举动无疑加重了我国的经济困难，使得我国当时的经济发展进入了前所未有的、最困难的"低谷"时期。

2

国内大环境究竟艰难到什么程度？

大庆精神是在国内加强国防战备、经济建设"大跃进"、农业遭受三年自然灾害的最困难的特殊情况下形成的。20 世纪 50 年代末期，经过十年的艰苦奋斗，尽管我国石油地质勘探已取得了一些积极成果，但石油工业落后状况却还没有得到根本性改变，与国民经济发展需求严重不适应。

全国战备形势空前紧张

20 世纪 60 年代初，美国等西方敌对势力加紧对我国实施战略包围和战争威胁；中苏关系破裂，中苏边境出现紧张局势；1962 年 10 月，我军在中印边境地区展开自卫反击战，中印关系紧张加剧；盘踞在台湾的蒋介石集团，利用大陆的暂时困难，妄图反攻大陆。这一系列严峻现实，迫使党和国家领导人不得不把国家安全放在一个非常重要的地位加以考虑，不得不高度重视国防建设和战备工作，实施"积极防御"战略，并有重点地发展军工产业。毛泽东主席提出把国防看作与农业并列的"一个拳头"，随后又把全国划分为一、二、三线的战略布局，下决心搞好推进战备工作和"三线"建设。一定程度上，国防战备消耗了国家许多财力和物力，同时国防战备对石油等战略资源的依赖性也不断增强。

国民经济发生严重困难

由于"大跃进"和"反右倾"扩大化的错误造成的危害，导致国民经济严重失衡和紊乱，以至于产生极大的经济困难。工业生产大幅度下降，加上连续三年的严重自然灾害，国家面临的形势空前严峻。1959年，全国出现严重旱灾面积达4 463万公顷，主要集中在河南、山东、四川、安徽、湖北、湖南、黑龙江等产粮区，占全国受灾面积的82.9%，且各种灾害交替出现，南方三次出现洪涝灾害，珠江、长江、淮河流域洪水泛滥。三年自然灾害带来的最大损失，莫过于使粮食大幅度减产，造成农村严重缺粮。全国粮食因灾减产情况，据统计，"由于一些地区连续三年受灾，全国共减产粮食611.5亿公斤"，"其中1959年受灾最严重，约损失粮食378亿公斤，其中以旱灾为主造成的损失约为260亿公斤。"正如周恩来总理1960年10月29日在中央政治局扩大会议上所说："这样大的灾荒是我们开国十一年所未有的，拿我们这个年龄的人来说，20世纪记事起，也没有听说过。"1961年5月17日，李先念在给毛泽东的信中也提到："目前国家粮食库存实在挖不动了，群众的底子也空了，余粮区、缺粮区都很紧，几个著名的高产区，余粮实在调枯了，农民生活水平大为降低。"在这种情况下，国家是没钱投资石油工业的。1960年，国家给石油工业的投资仅为10亿元。1961年，因国家财政拮据又减少了52%的投资。由此，石油工业发展既缺少足够的已探明的后备石油储量，也因投资有限使原油生产增长受到严重制约。

原油产量与实际需求相差甚远

1949年，新中国成立时，全国年产原油仅7万吨，另外还年产5万吨人造油，二者相加也仅12万吨。当时，由于新中国石油勘探才刚刚起步，在短时期内很难有重大的突破。因此，中央人民政府不得不把目光放在成本极高、产出率很低的人造石油上。人造石油就是从一种含油的页岩中，通过干馏等复杂工序，提炼出与天然石油相近的人造石油来，而提炼成本却是天然石油的十多倍。当时，人造石油主要集中在东北地区，于是，便要求东北局及辽宁省、吉林省尽快恢复人造石油生产，并在短时间内相继恢复了抚顺制油厂、锦西石油五厂、桦甸页岩油厂、锦州煤气合成厂等人造石油厂的生产。1952年，全国人造原油产量达24万吨，占全国原油总产量的55%。

当时，我国工业因为严重缺油，汽车不得不改烧煤气，许多工厂停产，飞机不能飞，坦克不能跑。朱德总司令就曾忧心忡忡地说："现代战争打的就是钢铁和石油。有了这两样东西，打起仗来就有了物质保障；没有石油，飞机、坦克、大炮不如一根打狗棍。"全国上下对石油急迫需求的形势，已到了"工业断血""国防贫血""社会保障没血"的程度，这也是我国现代石油需求与生产矛盾最突出的时候。美国一位军事专家扬言："红色中国并没有足够的燃料进行一次哪怕是防御性的现代战争……连几个星期也不行。必须控制共产党领导的中国，并窒息一切，使北京不能直接或间接经自由世界得到技术、经济的援助和供应的可能性。"

1957年，我国只生产了145.7万吨原油，国产油只占全国石油消费总量的38%，进口油达到62%。当年进口石油就花掉了1.34亿美元，占国家进口用汇总额的70%。1959年，全国石油产品的销售量504.9万吨，其中，自产仅205万吨，自给率占40.6%。为满足不断增加的国内需求，国家就不得不动用微薄的外汇储备来进口原油和成品油。但成品油供应还是十分紧张，如民用油中数量最大的煤油和柴油，1959年底库存量比上年分别下降15%和24%，1960年又比上年分别下降了38%和23%，而高品级的航空燃油则完全依赖进口。当时，我国已探明并开采的天然石油资源，主要集中在西北地区的陕西、甘肃、青海、新疆一带。1959年，全国天然原油产量的98%来自这一地区，61.7%的原油加工也来自这一地区，但90%以上的成品油消费量则集中在东部经济发达地区，生产与消费的布局很不协调。可见，石油工业发展要满足和适应国家需要，真正摆脱和走出困境，必须在石油勘探上下功夫，必须在寻找大油田上取得新突破。

石油工业基础极为薄弱

我国石油工业因长期封建统治而发展比较缓慢。据史料记载，1861年，清政府在台湾苗栗发现石油。1878年，清政府从美国聘请钻井技师，买进钻井设备，成立中国近代史上第一支钻井队，并在苗栗打了第一口井，日产量750公斤。1895—1945年，日本占领台湾50年间，共计钻井251口。第二次世界大战结束，日本投降后，蒋介石统治的国民政府接管了苗栗油田，并成立了油矿勘探处，先后打井8口，出油的有6口。由此，中国近代石油工业拉开了缓慢发展的帷幕。

1905年，在陕西巡抚曹鸿勋的支持下，一位名叫洪寅的候补知县，办起了清政府的"延长石油官厂"。他跑到汉口，请来日本化学博士稻田辛吉和他的助手帮助化验家乡的石油成分。当得知延长的石油"胜于东洋，能敌美产"的结论后，洪寅从日本购进一部以蒸汽机为动力的钻机和炼油设备，又聘请了7名日本人当技师和技工。1907年6月，在延长县城西门外勘定了井位，开凿"延长一号井"，并于当年9月完工。这口井深80多米，被视为中国大陆第一油井。"延长一号井"日产量两吨左右，日炼油量12.5公斤，延长也由此闻名海内外。至此，陕西延长油矿成为我国大陆地区最早发现的油田矿区。1935年4月，刘志

丹领导的中国工农红军解放了延长油矿。在此后的十多年里，向陕甘宁边区政府源源不断地提供了汽油、煤油、柴油、蜡烛等产品，为陕北革命根据地的建立、巩固和发展，为抗日战争的胜利做出了重要贡献。20世纪20—30年代，我国又相继在新疆独山子和四川相继发现石油、天然气矿藏。1936年，成立四川油矿勘探处，到1949年共钻井6口，总计生产天然气2 350万立方米。1938年，与苏联合作开发独山子油矿，钻井33口，日产量7吨左右。

1937年春，我国著名地质学家孙健初先生随美国地质调查队到甘肃河西走廊的玉门调查，并在老君庙一带发现了石油露头。1938年12月，孙健初等人第二次来到玉门老君庙进行地质构造细测。1939年3月27日，打出第一口井，日产量1吨多。之后，又接连钻井4口，并于1940年4月2日发生井喷，由此发现了玉门油田的主力油层。1940年9月，国民政府正式开发玉门油田。至此，玉门油田成为当时中国最大的油田，也是世界上开发较早的非海相油田之一。1939—1949年期间，玉门油田钻井44口，总计钻井48口，生产原油49万吨，占旧中国44年间原油产量总和的78.4%。玉门油田的发现与开采，为我国近代石油工业的发展奠定了重要基础。到了1948年，中国大陆原油年产量只有8.9万吨。从1907年至1948年的41年中，全国共生产原油278.5万吨。而在这期间，中国进口油量达2 800万吨。新中国成立初期，全国只有甘肃玉门老君庙、新疆独山子、陕西延长等5个小油田和四川石油沟、圣灯山等7个小气田，全国只有8台老旧钻机，52口油井，年产石油仅12万吨。这表明，从1878年到1949年，虽经长达71年的努力，但我国近代石油工业依然是很落后的。

1949年，新中国成立时，全国石油工人队伍约有1.1万人。1949—1952年，作为新中国石油工业恢复时期，相继在东北恢复人造油工业，在西北恢复老油田。期间，中央人民政府在燃料工业部下设石油管理局。到1952年底，全国石油职工达到3.58万人。1953—1959年作为新中国石油工业初创时期，集中力量勘探了西北和四川地区，加强了东部地区的石油勘探。1955年，成立石油工业部。这期间，共发现包括克拉玛依在内的31个油田、12个油气田，初步形成玉门、青海、新疆、四川4个石油、天然气生产基地。1959年全国产油量373.3万吨，石油职工队伍达到25.7万人。更重要的是，在此期间，石油勘探在松辽盆地发现了工业油流，由此揭开了大庆石油会战的序幕，也由此进入了我国石油工业大发展、快发展的新时期。

3

油田小环境究竟艰苦到什么程度？

从地理地貌看，到处杂草覆盖，遍地沼泽和碱水湖泊。

大庆油田位于黑龙江省西南部松嫩平原的盆地中央凹陷区北部，东与绥化地区相连，南与吉林省隔松花江相望，西部、北部与齐齐哈尔市接壤。滨洲铁路从油田中心穿过，东南距哈尔滨市159公里，西北距齐齐哈尔市139公里。整个松嫩平原横跨东北三省，并略呈菱形，南面以松辽分水岭为界，北面与小兴安岭山脉相连，东西两面分别与东部山地和大兴安岭接壤。松嫩平原与辽河平原由位于吉林省长春地区附近的侵蚀低丘——松花江、辽河的分水岭隔开，合称松辽平原，是东北大平原的主体。松嫩平原在黑龙江省境内面积为10.32万平方公里，占全省总面积的21.61%。其地质构造上属于松辽断陷带的一部分。凹陷区的西南部至今仍在继续下沉，东北部则有上升现象，第三纪和第四纪的沉积物已上升为台地，本地人称之为岗或山冈。因此，地面受流水切割，出现浅谷或缓岗，使得松嫩平原表面呈波状起伏，也被称为波状平原。受最近地质历史时期地壳抬升的影响，除哈尔滨—齐齐哈尔—白城的三角形地区外，平原表面海拔 120~300 米。中部分布着众多湿地和大小湖泊，地势比较低平，嫩江与松花江流经西部和南部，漫滩宽广，如肇源、大安、安达等地都有大片沼泽。大庆油田就在这片地貌波状起伏的低平原上，杂草覆盖，无山岭，无河流，低处多为季节性积水洼地，常年积水的碱水湖泊多达 172 个，雨季时遍地沼泽和碱水湖泊。

从四季气候看，或温热多雨，或寒冷干燥，或季风交替。

大庆油田位于温带大陆性季风区，受内蒙古内陆冷空气和海洋暖流季风的影响，年平均气温为零上 3.3 度，最低气温（1 月）达零下 36 度，最高气温（7 月）达零上 37 度。冬季时间漫长达 6 个月，冻土深度超过两米，寒冷干燥；夏季时间短暂仅为 3 个月，温热多雨；春、秋季风交替，多风沙。除夏季外，大多数月份比较干旱，年平均降雨量 442 毫米。

从当地人口看，荒无人烟，村落稀少。

据地方志记载，清光绪二十三年（1897 年），萨尔图一带是莽莽草原，荒无人烟，无人定居，每年偶有寥寥蒙古族人到此狩猎。到民国时期，随着铁路修建和放荒开垦，开始出现少量定居人口，据 1936 年时统计也仅有 1 万人左右。1946 年，这里成为我国最早解放的地区之一，农业人口开始逐步增多，但直到 1960 年石油大会战，连同参战人员人口才增加至 20.5 万人。另外，当地夏天还有一个有别于他处的自然现象，这可能与气候、环境等因素有一定关系，就是蚊虫比其他地方都要多，一到晚上，户外就成了蚊虫的天下，漫天飞舞，绕身叮咬，对常人来讲，的确是一种难以忍受的痛苦。可见，当地那时候的条件之恶劣、生活之艰苦、生产之落后。

从居住条件看，住牛马圈，住"地窝子"，住"干打垒"。

大庆石油会战初期，在极度困难的条件下，参战人员为解决生活上无住房、无床铺等实际问题，就学习并采用当地人的土办法，自己动手解决居住问题。一个是挖"地窝子"，这是一种在草原或沙漠地区的简陋居住方式，就是在地下挖约一米深的坑，形状为四方或长方，面积

2~3平方米，四周用土坯垒起矮墙，再用木杆、树枝、柴草和泥巴盖顶。另一个是建"干打垒"，这是一种简易的筑墙方法，就是在两块固定的木板中间填上黏土垒好四周土墙，再用椽子、木板、柴草盖顶造成土房子。1960年6月至9月的120天时间里，石油会战人员共修建了100万平方米的"干打垒"住房，实现了会战指挥部提出的当年入冬时"人进屋、机进房、车进库、菜进窖"的目标，老一代石油工人们当时还给这些房子起名为"友谊村""解放村""铁人村""标杆村"，这些既是参战人员的"家"，也寄托着他们的理想和追求。周恩来还曾为此题词："工农结合、城乡结合，有利生产，方便生活"。

4 为什么洋人会嘲笑"中国贫油"呢？

在中国的现代史上，也就是20世纪30—50年代期间，一直充斥着中国内陆有油与贫油的学术争论。在此期间，我国老一代地质学家遵循并创新地质科学理论，在石油勘探的不懈探索中，最终以铁的事实驳倒了"中国贫油"的谬论。

"中国贫油"论是如何产生的呢？

1903年，清政府开始筹办开采石油，后又组成延长石油公司经营。1910年，由天津出版的《地学杂志》第八号中曾这样乐观地报道：吾国石油，蕴藏綦富，征之于古……延长一县，周二百里内外，皆有油质外溢，加之产富质良为各处冠，西人谓其面积之广约北美油田十分之四，当不诬也。从中嗅到财富味道的美国美孚石油公司于1914年来到中国，并提出合作开采油田，随后派人进行地质勘查。勘查的结果是尽管井井见油，但是不够丰富，不具备工业开采价值，便于 1917 年中止合作。然而，从地质理论上论证"中国贫油"的则是那些在中国进行过地质调查的外国人，主要是美国人。从表面上看，他们在陕北探油失败后，依据他们的研究成果，认为石油主要蕴藏在"海相沉积"的地质构造中，并相继发表了一些学术文章来阐述这种观点。1922 年，美国斯坦福大学地质系教授艾·布克威尔德在《美国采矿及冶金工程师学会会志》第 68 卷第 2 期上，发表了他作为美国矿冶工程师学会年会论文的《中国和西伯利亚的石油资源》一文，断言中国缺乏石油生成的条件，声称："中国东南部找到石油的可能性不大，西南部找到石油的可能性更是遥远，西北部不会成为一个重要的油田，东北地区不会有大量的石油。中国绝不会生产大量的石油。"这些学术文章充分证明他们对在"陆相沉积"的中国找到丰富油藏的可能性，多数持有怀疑或悲观的态度，并通过舆论给中国扣上了"贫油"的帽子。这种说法是导致中国近代石油工业落后的主要原因之一，中国人被"中国贫油论"压得抬不起头来。然而，情况真是这样吗？试想，在我国幅员辽阔的大地上，绝大多数地区都尚未经过石油地质勘查，仅就陕北地区的勘探情况匆匆忙忙做出"中国贫油"的结论，显然是不科学的。

泱泱大国真的没有石油吗？

对于"中国贫油"论之说，后来有学者研究认为，"中国贫油"论或许是别有用心者故意制造出来的。当时，曾有一位中文名字叫马栋臣的美国人，在陕北等地工作过，他很早就提出"中国贫油"论是不真实的。他认为，对中国仅做很少的调查研究，就断定中国不存在具有商业价值的石油资源，是缺乏科学根据的。而且，因为在 20 世纪二三十年代，美国是世界上的石油出口大国，全世界也不像现在这样大量需求石油，国际石油产品并不紧俏，开拓市场是资本家赚钱的首要想法。比如，十月革命前的俄国，西方资本家为了获取石油垄断的高额利润，制造并传播了所谓论证俄国贫油的"科学理论"。由此可见,恶意制造"中国贫油"论,很可能是西方资本家想借机向中国输入石油产品,从中获取超额利润。况且,20世纪20—30年代,美国在中国并没有殖民地,美国资本家占领中国石油市场的最好办法,就是造谣中国自身产不出石油来。因此,故意引导舆论宣扬"中国贫油"论,也就成了一种可能。

谁最早提出了"陆相生油"理论?

当"中国贫油"论盛传之时,我国早期的地质学家们并不是一味地跟风、附和。有人便从中国石油地层构造实际出发,不断提出了关于中国油气资源勘探方面的科学预见和想法。从20世纪二三十年代开始,黄汲清、谢家荣、潘钟祥、孙健初等具有中国民族气节的地质工作者,先后对陕北高原、河西走廊、四川盆地,以及天山南北的广大地区,进行了石油地质调查,并撰写一些学术文章。尤其是潘钟祥于1941年撰写的《中国陕北和四川白垩纪系陆相生油》的论文,最早提出了"陆相生油"的理论,这为后来中国乃至世界各国在陆相盆地勘探储量丰富的石油提供了理论依据。1943年,黄汲清领衔完成了著名的《新疆油田地质调查报告》,提出了"多期多层生储油"的陆相沉积生油学说。1945年,黄汲清的经典著作《中国主要地质构造单位》完成,开创了用历史分析法研究中国大地构造的先例,提出"多旋回"构造运动的观点,取代了曾经统治欧洲数十年的德国地质大师史蒂勒的"单旋回"观点。令人欣慰的是,1938年至1939年间,孙健初等人先后在独山子和老君庙的陆相构造地层中凿井开采出了石油,为"陆相生油"理论提供了新的佐证。

5. 我国石油勘探是何时转向松辽盆地的？

"陆相生油"理论提出后，一直到 20 世纪 50 年代末，我国地质学界始终在研究分析世界各地发现陆相地层产出的原油情况，虽然都认可陆相石油生成和聚集的存在，但还不能证明具有较大规模的有机质堆集、转化、运移，并形成较大型油气田的事实。

新中国成立后，"中国贫油"论和缺油、少油的现实，严重制约着年轻的共和国治愈战争创伤和恢复国民经济，找油成了当时地质学家和石油工人的头等大事。

当时，中央领导集体一致感到没有石油，就难以巩固国防和恢复经济发展。1950 年初春，中央召开了第一次全国石油工业工作会议，研究和制定石油工业在三年国民经济恢复时期的方针和任务，并成立了石油管理总局和西北石油管理局，先后分别任命徐今强为石油管理总局代局长、清华大学地质学者出身的康世恩为石油管理总局局长。著名地质学家、我国第一个石油工业基地——玉门油田的发现者和开拓者孙健初先生被聘为这个局的勘探处处长。此时，孙健初作为一代石油先驱本想在中国共产党的关心和厚爱下，正要全身心投入石油事业之时，却在寓所中不幸煤气中毒，猝然长逝。他的离世，一度使全国石油勘探工作处于停滞状态。可是，在伟大祖国 960 万平方公里的茫茫大地上，江河奔流，群山耸立，大漠遥远，戈壁无垠，油藏何处呢？

谢家荣是最早提出"北满"有油的地质学家

"松辽盆地"这个名字是由中国著名地质学家谢家荣命名的。1948

年，谢家荣院士在中国地理学会年会上宣读了他的著名论文《江南探油论》。他讲道："中国这片广大繁复的土地，大量石油的蕴藏，自是意中之事，不过勘探未周，所以至今还只开发了西北玉门的一个角落……现在地质学家们所能确定的无油区域，仅仅是变质岩或火成岩，其他广大的水成岩地带，理论上讲，都有产油的可能。至于储油构造如背斜层穹隆层的有无，也渐成问题，因为地层上圈闭、断层、珊瑚以及斜层的翼部等地，也能成为良好的构造。"因此，谢家荣满怀信心地说："我的比较乐观的看法是中国必有油。"这也就明确提出了中国石油分布决不仅限于西北一隅的论点。1949年，谢家荣又在《东北矿产概论》等文章中，明确提出在日本人没有找到石油的"北满"地区，是有希望找到石油的，"北满"地区是有油的地方。谢家荣是第一位提出"东北还没有发现的矿产，最重要的是石油"的地质学家。1950年，在谢家荣的主持下，由郭文魁负责对"北满"地区进行了实地勘察，他也是第一位踏勘"北满"地区找油的地质学家，这为日后发现大庆油田奠定了重要基础。

中国政府请苏联专家组帮助搞石油地质调查

1953年10月，应中国政府邀请，苏联政府派出以特拉菲穆白克院士为首的专家组来华，帮助调查甘肃附近省份的石油资源，目的是为在兰州拟建的炼油厂提供必要的石油供应。特拉菲穆白克院士是苏联的功勋地质学家，是发现和开发苏联第二巴库大油区的大功臣。苏联专家这次在我国开展的石油地质大调查，总计历时156天。专家组从冰天雪地的戈壁荒漠，到美丽如画的江南山川，从山岭纵横的黄土高原，到绿草如茵的内蒙古草原，走遍了甘肃、陕西、四川、贵州、青海等七个省区，实地察看了不同类型的沉积盆地。回到北京后，苏联专家组写了长达537页的调查报告《中国的油气田》。这个报告对我国主要盆地做出了积极评价。通过这次调查，使我国对几大主要盆地的地质构造、含油气远景等，有了更为详尽的了解；使我国石油工作者在祖国大地上找到大中型油田，较以前更有信心了；使我国从战略上把过去只重视山前凹陷地带寻找石油，开始转向了地域辽阔的几大盆地。1951年至1954年，我国燃料工业部石油管理总局及所属东北石油管理局，多次派人到东北地区进行油苗调查，发现和证实了阜新和承德的石油、扎赉诺尔和安图的沥青、依兰的油页岩等矿苗。

李四光向中央汇报我国油气资源是丰富的

1953年底，毛泽东主席邀请地质部部长李四光到中南海菊香书屋，征询他对中国石油资源前景的看法，提出咨询建议。在座的有刘少奇、周恩来和朱德等党和国家领导人。李四光依据自己的大地构造理论和对油气形成移聚条件的看法，明确回答中央领导同志说："中国油气资源的蕴藏量是丰富的，关键在于抓紧做好全国范围的石油地质勘查工作，找几个希望大、面积广的可能含油区，作为勘探开发基地。"

随后，经毛泽东主席同意，党中央做出了两项重大决定：一是由陈云副总理具体组织推动进行全国范围内的找油工作，改变偏于西北一隅的局面；二是1954年底国务院下令地质部和中国科学院参与全国找油工作，并明确规定地质部从1955年起负责全国石油天然气普查工作、中国科学院负责石油天然气的科学研究工作、燃料工业部石油管理总局担负油气资源的详查与勘探开发工作。

1954年3月，李四光应邀到燃料工业部石油管理总局做报告，他说："大家知道，我对大地构造是有些特殊的看法，因此我要求专家和同志们给我一些耐心"，"在提具体问题以前，我先提出两点，这两点对我们石油勘探工作的方向，是有比较重要的关系。第一是沉积条件，第二是构造条件。这两点当然不是彼此孤立的，而是相互联系的。为了方便起见，我把这两点分开来论述"，"对于石油生成的沉积条件，最重要的是需要一个比较长的时期，同时不是太深，也不是太浅的地槽区域，便于继续进行沉积和便于转变为石油的机会。因为需要不太深也不太浅的条件，所以我们要找大地槽的边缘地带和比较深的大陆盆地。"李四光报告开头就要求专家和同志们给他点耐心听他讲下去，这表明他是有研究的、有信心的。

准噶尔盆地发现了克拉玛依油田

时任石油管理总局局长康世恩后来在回忆这次调查时谈过，当时请苏联专家组帮助进行石油地质大调查，既是搞清我国石油资源的良机，也是现场结合实际向苏联专家学习的良机。同时，这也是他从事石油工业一生中一个重大的转折，在石油地质理论上有了很大的提高。当时，康世恩曾带领其中一组苏联专家翻过祁连雪峰，深入荒无人烟的青海柴达木盆地调查。这次历尽艰险的实地考察，成为后来开发青海冷湖油田的"初探"。从 1955 年开始，我国石油地质勘探相继在各大盆地有了一些新的发现。1956 年 9 月，在新疆准噶尔盆地发现了克拉玛依油田。那首脍炙人口的《克拉玛依之歌》，从此唱遍全中国，成为我国石油工业的第一曲壮歌。当时，康世恩提出请地质部帮助，在两至三年内建立大区域内统一的地质分层，以便有效地进行区域勘探。他预言："这样，在做好区域勘探的基础上，我们将能很快地找出更多更大的油区和油田。"

不久，又陆续在酒泉、柴达木、塔里木、四川、鄂尔多斯等盆地找到了油气田，这一切都有力证明了陆相地层含油气资源的良好远景。我国第一个石油基地——玉门油田建成。1956 年，全国原油产量第一次突破了 100 万吨，这使中国石油工人挺直了腰杆，距离甩掉"中国贫油论"的帽子又向前迈出了可喜的一步。由此断定，"陆相生油"论是对"海相生油"论的创新与发展。"陆相生油"论从科学角度，为中国找到陆相构造中的大油田提供了科学理论支撑，反过来讲，在陆相构造中发现大油田也是对"陆相生油"论的重要印证。

但是，由于经济和国防发展对石油需求越来越多，到国家第一个五年计划末期，石油工业仍然处于国民经济中最薄弱的环节，石油产品仍然是国家计划中缺口最大的产品。另外，由于这些石油生产基地大多位于西北省区，不便于石油运输，而且很难满足东部沿海各省市需求。同时，沿海地区各省市又是中国工业发展最集中的地区，对石油的潜在需求量也在不断增大。

中央在部署经济社会发展的"二五"计划时，毛泽东主席曾说过，石油钻探第二个五年计划，应该搞得更多些。为了落实好毛泽东主席的指示，石油工业部领导在全国人民代表大会上坚定地表示："二五"期间一定要实现"一吨钢一吨油"的目标。但实际上，到1957年底，全国钢产量为535万吨，但原油产量仅有173万吨，石油与钢铁同步发展的目标没能实现。

在此期间，李四光等地质学家们开始研究探索一个重大问题，就是在我国东部地区能不能找到油田呢？当然，也有着许多不同的论断。最具代表性的地质学家是李四光、黄汲清、谢家荣等人。李四光科学分析了石油蕴藏储存的地质条件，明确提出了华北平原、松辽平原是我国的含油远景区。其他地质学家也在这一时期发表论著，从我国大地构造角度预测未来石油勘探方向，认为华北、松辽两大平原地下深处很有可能蕴藏石油。

地质部第一次石油普查工作会议

1955年1月，地质部召开了第一次石油普查工作会议，李四光致开幕词，副部长许杰做了《关于1955年石油天然气普查工作与任务》的报告。会议在研究分析已有地质资料的基础上，着重研究了8个地区的情况，确定先以准噶尔盆地、吐鲁番盆地、柴达木盆地、鄂尔多斯与六盘山、四川盆地和华北平原6个地区为重点，成立了5个石油普查大队。同时，还决定于1955年下半年由东北地质局组织力量对松辽平原、中南地质局组织力量对广西百色盆地、西南地质局对滇中地区进行地质踏勘工作。

鉴于华北平原和松辽平原普遍为第四纪所覆盖，地表地质勘探工作困难，地质部领导采纳了苏联物探专家建议，把物探工作做在地质工作之前，开展综合地球物理调查，主要查明平原地下深部构造。当时石油局并没有配备物探力量，而是由地质部物探局组织力量，按照李四光的指示开展工作的。地质调查先是从华北平原入手做试点，依照再东北、再渤海的顺序进行。华北平原石油普查由第226物探队担任，该队于1955年3月成立，由黄绪德任物探技术负责人；松辽平原石油普查由南满物探队（后改称松辽物探队）担任，该队于1955年3月成立，王懋基任技术负责人，普查工作从南向北开展，1956—1957年进入全面工作时期。

期间，石油局也开始部署对松辽盆地的地质踏勘工作，其方案是由石油局总工程师黄汲清提出的，从9月份开始工作，比地质部松辽物探队的物探工作晚了约半年时间。当时，黄汲清设计了三条踏勘线：第一条线是沈阳—阜新一线，阜新盆地有油苗显示，日本占领时期还打了20多口探井，最深的为1 400米，物探测量也是从这里开始的；第二条线是从沈阳沿铁路两侧向北到第二松花江桥；第三条线是从第二松花江桥沿第二松花江向东南到达吉林市的哈达湾。尽管这一踏勘区域距西北方向的大庆油田几百公里之遥，但选择松辽盆地的踏勘大方略是对的。不仅如此，黄汲清等人为新中国绘制了第一张《我国含油气远景分布图》。这要追溯到1954年新中国组建全国矿产普查委员会时，地质学家黄汲清和谢家荣皆为常委，都是技术方面的负责人，也都是最早提出陆相生油理论的权威学者。在此期间，黄汲清、翁文波、谢家荣、邱振馨共同编制了《中国大陆含油远景分区图》，第一次圈定了我国含油地区面积125万平方公里，并于1955年1月在石油管理总局召开的第六次全国石油勘探会议上将该图进行展示。1955年6月，黄汲清以技术负责人的身份，亲自督促并下达了松辽平原的《石油踏勘任务书》。

康世恩率石油部代表团赴苏联学习考察

1955年7月30日，中央为了加强石油工业领导，经全国人大一届二次会议决定，成立中华人民共和国石油工业部。石油工业部成立不久，部党组决定由康世恩率中国石油代表团赴苏联考察访问，全面学习苏联石油勘探和油田开发的经验。1955年9月10日，中国石油代表团抵达莫斯科。期间，听取了苏联石油部石油地质专家关于世界各石油大国和苏联石油勘探开发方面的学术报告，了解苏联老巴库、乌拉尔、喀尔巴阡山地区、西伯利亚盆地，以及北非、中东、北美等油田和盆地的找油找气经验和教训，并到苏联几个大油区现场考察各种油田勘探技术装备，还与苏联专家们就中国石油勘探开采等进行了研究和讨论。所有参与考察的代表团各路成员，都结合专业撰写了考察报告，并在全国勘探工作会议上发言。当时，康世恩要求大家"回国后，不能光交上几份考察报告、一般地说说心得体会就算了，也不要书生之谈或学院式文章。我们带回的是一本什么样的经？不仅要包括学到的苏联人的成功经验、勘探开发方法，而且要包括我们信心的增加、认识的提高，包括对我国石油工业发展的设想与实际运用。"

1955年除夕，按预定日程，代表团完成任务回国。而康世恩继续留在苏联，与苏方协商聘请专家和购置装备器材等事宜。在谈判购置器材事项中，最后只剩下勘探所需要的重要仪器地震仪一项。由于苏方再三拖延推脱不付货，康世恩便每天去苏联石油部对外联络司催问。时任苏联石油部副部长阿鲁德烈夫深为感动，最后决定从正在使用的勘探队手里抽出10台"5·1"型地震仪，擦洗干净，运往中国。之后，正是这10台地震仪，对发现大庆和渤海湾等东部地区油田，发挥了非常重要的作用。

康世恩的一封长信改写了中国石油勘探史

康世恩在苏联考察期间，结合 1949 年到 1955 年这六年从事石油勘探工作的经历，以及在苏联考察的学习体会，在莫斯科写了一封题为《在中国如何寻找石油》的长信，寄给了石油部党组。李聚奎部长阅后，立即批示印发给正在参加全国石油勘探会议的所有与会代表。康世恩在信中讲道："各项工作都在用飞快的速度往前赶，石油的落后就愈加不能容忍，远景方案的速度显得蜗行了……而且所需的石油产品很快每年要达到几千万吨。只有大量地勘探和开发天然石油才有这种可能。当然我们可以利用、也必须利用现有页岩和煤的资源，建几个人造石油厂。但人造石油限于技术上的复杂和设备困难，在当前的世界水平还不可能搞多搞大。所以，只有集中全力，解决了天然石油的问题，才有出路……"他还提出亟待解决的主要问题是"什么时候能找到油田，找到什么样的油田，能找到多少？"康世恩讲道："这次在苏联参观，对我们启发很大……特别是在苏联看到了 1955 年世界石油会议的记载：近年法国用地球物理方法找到了油田，有的好井日产量高达 480 吨。西德已找到 20 多个油田。加拿大从 1947 年至 1954 年探明的可采储量达 3 亿多吨，采油量已达 1 000 多万吨。这些事实，更应坚定我们找到油田的信心。"他认为，"正确地采用苏联先进的勘探工作方法，克服困难，坚毅果敢地干下去，在两三年内，找到几个储量大的油田是可能的。"

康世恩在信中直言："当前在中国没有找到大油田，不是因为中国大地陆相沉积多，油藏不丰富；也不是因为陆相沉积地质情况复杂，不易找到大油田。根本的问题是勘探的战略和指导思想不对头。我们过去对每个可能含油区只从个别的地下地质构造着手，忽视了解决和认识整个区域的地质构造，缺乏全盘和大局的观念。"他首次提出"要把勘探的重点，从山前的小盆地移向大盆地，采取解剖整个区域和打基准井的方法，利用多种勘探手段，进行全面系统的区域勘探。"他的这些新观念、新方法,给人们打开了勘探领域的新视野,标志着我国石油勘探思想认识上的一个重大飞跃。

1956年年底,康世恩把寻找石油的眼光,从山前凹陷转向了大盆地,也开始关注到松辽盆地。1957年7月,石油工业部指示西安地质调查处,派出7人特地成立了编号为116地质综合研究队,队长是邱中建,专门负责松辽盆地的地质调查研究,他们的主要任务是"提出该盆地的初步含油评价与下一步进行工作的意见"。同时,把调查研究进展情况直接向石油部勘探司汇报。

地质部召开第二次石油普查工作会议

1956年初,地质部部长李四光再次指出,新华夏系是我国东部控制油气区的主导构造体系,它的沉降带是远景的含油气带。1956年2月,地质部召开了第二次石油普查工作会议,总结了1955年的工作,会议决定还要进一步扩大石油普查工作的规模,实现全国石油普查。决定除继续原定的6个重点地区外,再新开辟6个地区工作。这6个地区是:塔里木盆地、西藏黑河、贵州、华东、内蒙古二连及海南岛,再加上松辽平原。为此,地质部组成了14个石油普查大队及24个物探队、29个浅钻队,对全国开展了较大范围内的踏勘工作。

在这次会议上,鉴于松辽平原先期工作较好,会议还决定:一是成立松辽石油普查队,由韩景行担任技术负责人,一面在盆地边缘进行概查,一面开展大面积的重磁力普查,并在吉林省部分地区进行了地质剖面详测;二是成立112物探队,由王懋基担任技术负责人,进行重力预查和少量电测深剖面测量。1957年,李四光部长又把在鄂尔多斯地区工作的116物探队(中匈合作地震队),调到东北地区开展石油普查工作。这些队伍重点负责在松辽盆地内全面开展石油普查工作,在1956—1957年间,相继完成了全区1:106的重力及航磁调查,还完成了5条横贯全平原的电测深剖面和一些地震剖面。另外,又在平原边缘和山区做地质路线调查，特别是在一些地段还进行了150~1 000米深的地下钻探，以揭露下伏地层情况，验证物探推断的地质结果。非常重要的是，大庆长垣就是在完全覆盖区内用电测深和重力法圈定的，然后又用地震法精确定位的。期间，地质部物探局904队在松辽盆地及其附近40万平方公里范围内开展航空磁测普查。通过这些普查工作，初步确定了盆地内部构造格局。这表明，地下找油必须尊重科学，没有多学科、多工种的联合作战，没有科学仪器进行探测，也就不会对大庆长垣地区进行比较精准的圈定。

地质部召开第三次石油普查工作会议

1957年3月，地质部召开第三次石油普查工作会议，黄汲清在会上做了《对我国含油气远景分区的初步意见》的报告，并附有1:300×104的《中国大陆含油远景分区图》。报告中提到："4至5年内将鄂尔多斯、四川、华北平原、松辽平原四大地区作为普查工作重点是正确的。云梦盆地也应包括在内，这里经济技术条件很好。广西、滇中肯定要做，今年力量小不能做，也许它们的价值很大。"在这次会议上，谢家荣也做了《对于中国若干油气区的看法》的报告，并建议普查铺开面要大一些。

1957年秋季，鉴于我国东部地区多个盆地普查结果较好，地质部党组做出了石油勘探战略东移的重大决定，将原在新疆、青海、四川、鄂尔多斯等地区的石油普查队伍及地质技术骨干，以及一些物探队伍陆续调往华北、东北和华东地区，进一步加强东部地区油气勘察工作。主要目的是先撒下普查大网，待找出远景较好的地区后，再集中技术力量，实施战略性的重点突破。

可见，在发现大庆油田的历史进程中，李四光是做出了重要贡献的：一是向党和国家领导人科学阐述了中国是有石油蕴藏的；二是经毛泽东主席同意，由陈云副总理负责进行全国范围内找油工作，改变了过去偏重西北地区找油工作的局面；三是国务院下令地质部从1955年起承担全国范围内石油天然气普查工作；四是地质部在鄂尔多斯的 116 物探队（中匈合作地震队）于 1957 年转到东北地区参加找油工作；五是地质部经过三年全国石油普查后做出决定，加强东部地区找油工作，正式实施战略东移。

6 大庆油田究竟是怎样发现的？

在新中国放眼全国普查找油的岁月里，特别是面向松辽平原、华北平原踏勘期间，地质部和石油部之间每年召开一次会议，共同讨论年度工作计划部署，并相互协调开展工作。

地质部和石油部团结协作共同找油

到 1957 年底，地质部的地质、地球物理和钻探工作已取得了比较丰富的成果，相继在 5 条区域剖面上进行了物探和钻探，共完成综合性大剖面 10 余条，全松辽盆地的 1:106 航空磁力测量、1:106 地面重力测量和电法大剖面测量，局部重点地区的地震剖面，打了浅钻井 276 口，进尺 7.14×10^4 米等，为我国石油勘探实施战略东移做了大量基础性、实质性的工作。

到 1958 年初，石油部和地质部把初步地质踏勘等地球物理勘探情况，进行了地质剖面详查分析，并钻了一批浅层探井。初步断定，在地质历史上，松辽盆地是我国东北地区由大小兴安岭、长白山环绕而成的一个沉积大盆地，横跨辽宁省、吉林省和黑龙江省，总面积约 26 万平方公里，盆地里有松花江和辽河穿过；在距今 7 000 万年以前的中生代侏罗纪和白垩纪时期，这里曾是一个大型内陆湖盆，大湖里和四周繁衍着丰富的浮游生物和许多动植物，进入新生代之后，便沉积了丰富的有机物质，使湖盆逐渐上升和萎缩，慢慢形成了如今沼泽遍布、广袤无垠的大平原。无疑，这里是一个含油远景极有希望的地区。其实，在20世纪上半叶，美国、日本的地质工作者也都曾在这一带进行过石油调查和勘探，但并没有发现石油。

两部携手展开对松辽盆地地质大普查

1958年2月，邓小平同志做出了石油勘探"战略东移"的指示，石油部党组在讨论研究贯彻落实时，根据石油勘探的战略东移安排，集中力量到东部地区开展了石油地质调查。地质部无条件地奉献出已取得的宝贵地质资料，并共同参加综合研究，标志着松辽平原地下沉睡亿万年的石油破土而出已为期不远。

康世恩作为主管勘探开发的副部长，首先提出了把松辽盆地作为实行"战略东移"的主战场。他提出的理由是，在1955年之前已经对松辽平原进行了一些油苗调查的基础工作，尽管地表岩石露头很少，覆盖层厚，但理论上具有较好的含油气前景。他当时讲："经过几年工作，对松辽盆地的构造格局有了初步的认识。松辽盆地在地质历史上曾发生油气生成、运移和聚集过程。松辽盆地是一个极有希望的地区。"

1958年4月中旬，石油部党组决定由西安地质调查处抽调人员成立石油部松辽勘探大队，宋世宽任大队长。5月16日，石油

1958年关于撤销石油部勘探处成立松辽石油勘探局的通知

部党组又决定成立松辽石油勘探处，由石油部直接领导，宋世宽任处长，除西安地质调查处部分人员外，又从玉门、新疆、青海、四川石油管理局抽调了一些干部，勘探处机关地址设在吉林省长春市，负责东北地区的地质勘探。7月，石油部又进一步加强了领导力量、技术力量，将松辽石油勘探处升格为松辽石油勘探局（同月，松辽石油勘探局在哈尔滨市设立办事处），同国家地质部的勘探力量一起，共同开展松辽盆地石油勘探工作。三个月内，将负责松辽盆地石油勘探机构从组织规格上连升三级，可见石油部对实施石油勘探重点东移的决心和意志。8月，石油部任命人事司司长李荆和为松辽石油勘探局党委书记兼局长。康世恩对李荆和局长要求"要尽快攻下松辽，在东北找到大油田"。

与此同时，石油部从西安地质调查处、玉门、克拉玛依、青海等石油管理局抽调成建制队伍，组织5个地质详查队、6个地质研究队、9个重磁力队，抽调两

石油工业部"关于松辽平原基准井位要求的公函"影印件

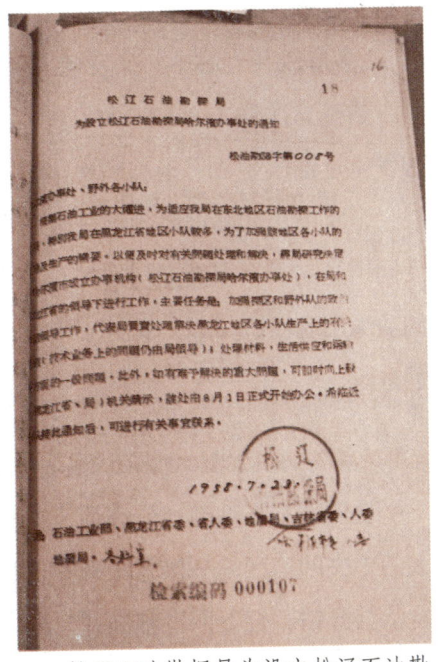

松辽石油勘探局为设立松辽石油勘探局哈尔滨办事处的通知

第一章 探秘历史背景 027

部大型钻机、一部中型钻机，组织3个钻井队，加上其他配套的队伍，共有32个队、1 000多名职工，分别组成辽宁、吉林、黑龙江三个大队，在松辽盆地开展大规模勘探行动。此时，松辽石油勘探局作为一支年轻的勘探队伍，尽管从各地抽调技术骨干充实进来，但技术力量仍然比较薄弱，全局只有1名主任地质师、两名地质师和30多名地质技术人员，平均年龄竟然不到24岁，平均参加工作的工龄仅3年多。

根据地质部与石油部的协议和分工，地质部在原有松辽石油普查大队的基础上，从四川、柴达木、陕甘宁地区等地调集人员，组建长春物探大队，配备有地震、电法、重磁力等15个分队，职工达1 000多人，全面展开对松辽盆地的石油普查工作。

期间，地质部于1958年4月17日在吉林省前郭尔罗斯蒙古族自治县境内，打下了松辽盆地第一口可见含油显示井——南17孔浅井，含油砂岩较薄，含油并不饱满，但却让人们看到了找油的希望。接下来，在松花江南北两岸，北起安达、肇州，南至扶余、怀德等，从相继打下的10多口浅井岩芯中，又发现了含油砂岩。

通过这次详查，有三大收获：一是发现了含油砂层，证明松辽盆地曾发生过油气生成、运移和聚集的过程；二是发现了多个可能储油的地层，证实中央凹陷区是盆地内较为有利的含油远景区；三是更加证实了大同镇隆起了一个大型构造带，在这个构造带上的高台子构造，显示出储油地层既明确可靠，又处于中央凹陷区的中心部位，具有更好的含油远景。

"松基一井"和"松基二井"并不理想

地质部和石油部经研究后，共同确定分别在松辽盆地沉积岩厚度最大的中央凹陷区——黑龙江省安达县任民镇、吉林省前郭尔罗斯蒙古族自治县开钻，打下两口基准井，即"松基一井"和"松基二井"。这是在打基准井，目的就是通过钻探手段获取基准点岩芯来判断地下宝藏到底有没有，在哪个位置，有多少储量。

1958年7月9日至11月1日，根据重力勘探资料提供的情况分析判断，首先在盆地东北斜坡地区，即安达县任民镇以东14公里处，距安达县城47公里，打下了第一口基准井——"松基一井"。"松基一井"的钻井施工任务是由松辽石油勘探局32118钻井队负责的，井队200余人都是从玉门油田整建制地调到松辽平原的。这是一支很有拼搏精神的钻井队，队长包世忠是位战功显赫的三等甲级残疾军人，15岁就参加抗日游击队，21岁就在第四野战军任营长，参加过攻克四平、锦州等许多大战役，后来又参加抗美援朝和鸭绿江保卫战，能打硬仗，善打硬仗。钻井队的拼搏苦干使得"松基一井"钻井深度达1 879米，钻穿了白垩纪地层，到达盆地基底的古老岩层上，但结果却一无所获，没有见到含油砂显示。

1958年8月6日，又在盆地东南部的隆起区，即吉林省前郭尔罗斯蒙古族自治县（现为吉拉吐乡咚勒赫村）打下了第二口基准井——"松基二井"。"松基二井"的钻井施工任务是由松辽石油勘探局32115钻井队负责的，队长叫王启智。"松基二井"打了整整13个月，井深达2 887米，遇到了一套致密的下白垩系地层，除了在井深168米到196米之间的岩屑里见过少量的油砂外，同样没有获得工业性油气流，效果也不理想。

"松基三井"　标志着正式发现大庆油田

由于前两口基准井出师不利，第三口基准井位置的确定就显得更为慎重了。1958年9月，石油部和地质部参加松辽勘探的有关技术人员联合召开会议，进行了深入讨论。勘探司和松辽局都一致认为，前面两口井的基底隆起高，生油层太薄，从区域背景分析，下一口井应布在沉积厚度较大的中央隆起带。但井位具体定在哪儿，未能最后确定。康世恩强调了第三口井对松辽盆地的突破具有十分重要的意义。他指出："重

松基三井

力、磁力、地震资料都是第二性的，要找出油来还要靠打井，真正看看地下是什么东西。"康世恩说："我和勘探司的同志几次审查你们的方案，觉得从大的方面，方向是对的，但要定下井位，论据还不够充分，资料也不够齐全。现在你们拿来了新的资料，同重力和电法资料相比较，对原有的井位做了小的改动，比较有说服力。"后来，经过两部门技术人员反复研究分析，最终达成共识，一致认为"松基三井"井位应该定在大同镇高台子隆起带上。9月下旬，松辽石油勘探局再次向石油部呈报了"松基三井"井位的补充依据。

1958年10月，松辽石油勘探局基准井研究大队队长钟其权等人，来到黑龙江明水县长春物探大队驻地，实地了解大同镇地区新的地震探测成果。在地震队当场提交的大同镇高台子地区地震构造图上，清楚地表明高台子构造的确是一个大型隆起带上的局部圈闭。根据新的资料，钟其权等人对原定"松基三井"井位做了小的移动，定在高台子与小西屯之间。随后，又到现场进行踏勘，在井位处下了木桩为据。

康世恩同志仔细审阅研究了各项资料、图幅，经过缜密研究，建议进一步收集资料。为此，松辽石油勘探局从地质部长春物探大队拿到了最新地震剖面图，这个大队的技术负责人是朱大绶，大家经过分析对比，认定地震资料和

1959年9月26日，松基三井喷出工业油流，标志大庆油田的发现。

电法资料是一致的，证实了含油气的地质构造是存在的。期间，康世恩还把相关情况电告了中共黑龙江省委。几经反复之后，最终于1958年11月29日拟定并经石油部批复同意了"松基三井"的井位，其地理位置位于黑龙江省肇州县大同镇一个叫"高台子"的小村庄旁边，史料称"大同镇西北，小西屯以东200公尺，高台子以西100公尺处"。

1959年2月11日（农历正月初四），在地质部副部长何长工家里召开了石油部、地质部的两部门协作会议。地质部参加会议的有：地质部副部长何长工、旷伏兆，物探局总工程师顾功叙、石油局副局长孟继声、松辽石油勘探局局长兼地质室主任张文昭。石油部参加会议的有：石油部部长余秋里、石油部副部长康世恩、石油部勘探司副司长沈晨，以及两部门其他司局长和工程师三四十人参加了这次会议。余秋里、何长工两位部领导首先宣布了开会目的，沈晨做全面汇报，张文昭做具体补充。会议讨论了松辽盆地石油勘探的形势，总结了松辽盆地找油的有利条件，统一了思想认识和工作部署，批准了两部联合编制的1959年勘探总体设计，进一步明确了两部的勘

（松基三井）大庆从这里走来

第一章　探秘历史背景　031

探分工。会间，部长们明确指出打深钻井是很昂贵的，必须慎重定好井位。根据物探资料所推测的松辽平原深部地质构造情况，经过大家讨论后认为，必须在松辽平原布置7个深钻井来加以验证。由于室内没有挂图的装置，余秋里部长就跪在铺在地上的地图上，用右臂指着松辽平原地图为大家讲解，无臂的左袖筒空悬在另一边。他清楚地说明了确定7个钻井位置的理由。会议开到下午两点钟才结束。随后，余秋里部长又回去具体布置了深井钻探工作。

经松辽石油勘探局研究决定，"松基三井"的钻井施工任务由32118钻井队负责。32118队自结束钻探"松基一井"任务后，在队长包世忠的带领下，便利用冬季休整时间开展业务大练兵，全队上下个个心中憋着一股劲，技术培训和技术操作水平又有了较大提高。当32118队全体职工接到再战"松基三井"的任务后，一片欢腾，精神饱满，斗志昂扬。

1959年4月11日开钻的当天，32118队里几个年轻人在41米高的钻塔上插好红旗，还特意到镇上买了几串鞭炮。全体队员列队站在钻台上，随着队长下达开钻命令，顿时五台300马力的柴油机齐声怒吼，飞速旋转的钻杆直插地心，泥浆带着水花，溅向四方，几百名围观村民一阵阵欢呼叫好。这口具有重要历史意义的油井，设计井深为3 200米，该井下钻至井深1 050米处开始，连续在6个井段取出的粉砂岩和细砂岩岩芯中，见到了油浸和含油现象。

8月下旬，石油部正式通知要求"松基三井"停钻，并专门聘请玉门油田总工程师彭佐猷来现场任固井总指挥，苏联专家达玛佐夫任顾问，指派勘探司工程师赵声振、邱中建和蒋学明作为部工作组人员，协助松辽局搞好"松基三井"的试油工作。8月29日，当钻到井深1 461.75米时，在场和赶来的专家经过认真研究，果断决定提前固井，用原钻试油。"松基三井"固井试油工作严细、认真、万无一失，固井前设计周全，分工明确、反复演习，待每个岗位操作熟练后才正式开始，技术人员亲自在现场拌水泥、做记录。试油前为了保证射孔质量，在地面挖了一个模型井，下了套管固井，作射孔试验，验证炮弹的穿透深度。工作组住在井上与工人同吃、同住、同劳动、同商量。没人计较工作条件差，也没人计较生活的艰苦。从8月到11月，连续3个月一直阴雨绵绵，交通阻隔，所有机械工程故障都要就地自己解决，完井试油时无井口法兰盘，赵声振和包世忠队长组织井队自己设计加工，安装好井口。测井队长赖维民负责探井射孔，蒋学明亲自指挥，同时大家还在现场积极协助丈量电缆、计算深度等细节工作。"松基三井"的试油工作比任何一次都要耐心和仔细，所有参与人员生怕出现一点儿差错。

9月6日晚上8时左右，"松基三井"射孔试油。工人们用5方水压井射孔，射孔后没有任何显示，未见出油迹象，井中液面反而下降。9月7日，继续开始下提捞筒抽汲，下油管、打清水，替换出井筒中的泥浆，但仍未出油。为保证试油质量，并开始提捞井筒中的水，以降低井筒水柱对油层的压力。直到9月8日清晨，提捞液面下降至300米左右时，才发现有油气味和油花。因工人们没有经验，担心是钢丝绳上的油污被带入井内所致，并为此争论不休。清晨天刚蒙蒙亮，井上值班工人到宿舍叫醒了地质室主任张文昭，待张文昭来到井场仔细观察，见到捞筒捞出的水中先是一颗颗像黄豆大的油珠浮在水面上，随着液面下降捞出的油愈来愈多，计量罐中已经飘浮了一层暗绿色原油，断定是油层中出来的原油，当天已累计捞出近4方油。这让在场所有钻探人员喜出望外，试油人员继续坚持捞井中的水，一定要捞个"水落油出"。张文昭使用东北老乡的"葫芦瓢"捞了一勺原油，到会场报捷。当时，黑龙江石油勘探大队正在井上开党委扩大会议。听到这个消息后，大家都非常兴奋。当即向石油部发了电报，康世恩副部长回电指示要加深提捞，只捞水不要捞油，以便排净井内压井波和泥浆滤液，疏通油层污染。经过20天耐心提捞试油，水落油出，共捞出油113方、水52方。接着下油管关井憋压，套压上升至11个大气压、油压上升至4个大气压。1959年9月26日下午4时25分，也就是在新中国成立10周年前夕，液面恢复到井口并开始外溢原油，用21毫米和9.5毫米油嘴放喷，经测试日喷油量达13.02吨，喷出了具有划时代意义的、具有重要价值的工业油流，标志着我国在陆相构造地质找油上取得了重大突破。

大撒网围歼"葡、太、高"

"松基三井"喷出工业油流后，根据各方面资料分析，康世恩认为大同镇长垣是一个有利于含油的二级构造带。因此，为了迅速扩大战果，应该立足于这个二级构造带，坚持甩开勘探的原则，撒大网，捞大鱼，围歼葡（葡萄花）太（太平屯）高（高台子）。经过充分讨论研究，决定先部署探井63口。其中，大同镇长垣内部探井56口、外围探井7口。事实表明，在"松基三井"所在的高台子构造以南，有一个面积大约300平方公里的大背斜构造，叫葡萄花；东面，也有个构造，叫太平屯。后经浅井钻探，发现葡萄花构造上有多层油砂，新中国终于找到了一个大型油田。

当时，由于打的井少，只知道这个油田很大，但容量究竟有多大，哪里产量低，哪里产量高，还没有真正搞清楚，也就拿不准应该把会战大军重点放在哪里。因此，根据当时的出油情况，便把会战大军重点部署在油田南部，后来又发现北部地质情况比南部更好，油层比南部更厚，产量比南部更高，随即调整部署，把会战大军由南向北移动了100多公里，集中优势力量先开发北部。这样一来，很快就拿下了油田。期间，地质学家们对勘探情况进行了缜密的科学分析，发现产自白垩系陆相储层的原油，其油源岩也由陆相湖泊沉积物形成，厚度达1 000米以上，初步确定油田面积超过200平方公里，远景有望超过500平方公里。后经多次勘探，面积达到了2 000平方公里。再后来，通过不断勘探拓展油区范围，面积竟然高达6 000平方公里。

在松辽盆地勘探找油取得这一重大突破，不仅是勘探实践上的重大进展，更是对石油地质学的极大丰富和完善。大庆油田的发现，雄辩地证明了陆相油气矿藏的形成不仅是可能的，且可存在规模巨大的油气聚集区，能够形成大中型乃至特大型油田。由此，陆相石油地质研究在短时期内，从勘探实践到确立理论，就取得了这么重大的新突破，也确实使世界石油地质界的一部分科学家们难以理解和接受。直到1966年，仍有一些国外著名地质学家发表文章，认为中国在陆相沉积区找到大油田是"不可能的，是耸人听闻的说法"。但是，事实胜于雄辩，"松基三井"的成功钻探，使我国在松辽盆地发现了特大型油田，让国外地质学术权威们不曾想到，也让32118钻井队的队员们不曾想到，一钻下去，开创了中国陆相地层科学研究取得重大突破的奇迹；一钻下去，沉睡万年的松辽大地，被刺破了封闭的大门；一钻下去，中国找到了一个储量富集的世界级大油田；一钻下去，新中国从此甩掉了"贫油"的帽子；一钻下去，中国近现代石油工业从无到有并飞速发展起来！

国家对发现大庆油田的功臣进行了排序和表彰

一提起大庆油田，中国的很多老百姓就会很自然地认为，大庆油田的发现者是"铁人"王进喜，也有很多人把发现大庆油田归功于地质学家李四光的"地质力学"。那么，哪些人是发现大庆油田的功臣呢？

1981年，国家科委做出了对新中国成立以来科技领域的重大发明、发现成果进行表彰的决定，这也是新中国历史上规模最大的一次评奖。1982年10月，国家科委举行隆重的颁奖仪式，表彰为发现大庆油田做出重大贡献的23位科学家，并进行了永载史册的重要排名：李四光、黄汲清、谢家荣、韩景行、朱大绶、吕华、王懋基、朱夏、关士聪、张文昭、杨继良、钟其权、翁文波、余伯良、邱中健、田在艺、胡朝元、赵声振、李德生、张文佑、侯德封、顾功叙、顾知微。

非常值得一提的是，1994年，政府将一项专门为当代中国最杰出的科学家设立的"何梁何利奖"，颁发给了钱学森、黄汲清、王淦昌、王大珩四人，每人各得奖金一百万元港币。本次颁奖除奖励研制"两弹一星"的三名科学家外，就是对发现大庆油田做出重大贡献且排序第二名的地质学家黄汲清予以奖励。那么，什么是"何梁何利奖"呢？这是由香港何善衡基金有限公司、梁銶琚先生、何添先生、利国伟先生的伟伦有限公司共同捐资，于1994年在香港注册成立的科技奖励基金，其宗旨是通过奖励取得杰出成就的科技工作者，倡导尊重知识、尊重人才、崇尚科学的良好社会风尚，激励科技工作者勇攀科技高峰，加速国家现代化建设。这是专门用于奖励当代中国最杰出的科学家的重要奖项，能够获得这个奖项的科学家，都是国内最顶尖的科技精英和做出重大贡献的科学家。

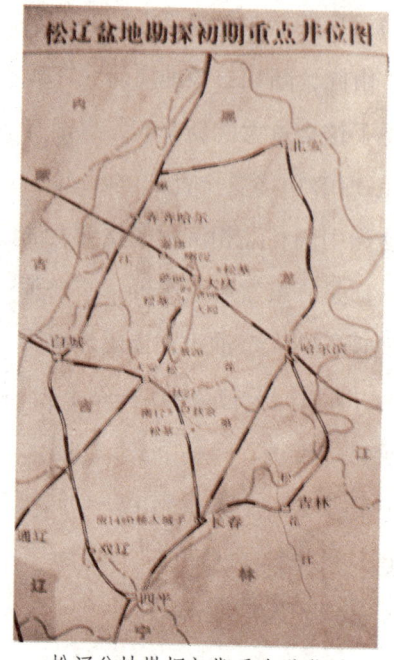

松辽盆地勘探初期重点井位图

7. "大庆"这个喜庆名字是谁给起的？

"松基三井"喷油之后，松辽石油勘探局立即派人前往中共黑龙江省委报捷。1959年10月8日，时任省委第一书记欧阳钦，第二书记、省长李范五，以及强晓初、李剑白、陈剑飞等领导冒着严寒，驱车200余公里，从哈尔滨赶往大同镇，听取勘探情况汇报后，又亲临"松基三井"及"葡一井"井场，看望并慰问了石油职工。第二天，在大同镇召开的庆祝大会上，欧阳钦在讲话中说："你们到这里搞石油，全国要支援，我们黑龙江省委、省政府、有关的县乡和广大人民群众要尽地主之谊。从省委起要讲大局，顾大局，要教育干部群众，认识石油是关系全国大局的大事，要组织全省支援石油勘探。今冬明春，继续组织力量修筑公路，同石油工人一起大干，尽快把这个油田的大小勘探清楚。"

当时，欧阳钦书记就与同行省委、省政府领导商量，为了庆祝新中国成立10周年大庆和"松基三井"喜获工业油流，且考虑到随着油区大发展，如果将来大同镇一旦要设市的话，必须要避免与山西省大同市重名。欧阳钦当即提议把"松基三井"所在地肇州县大同镇，改为"大庆区"。这项提议得到了与会人员的一致赞同。1959年10月22日，中共黑龙江省委〔黑发59〕883号文件正式公布如下决定：以大同镇为中心，包括周围有石油构造地区在内，成立"大庆区"，并将大同镇改名为"大庆镇"。石油部领导了解情况后，也一致同意将这个新发现的

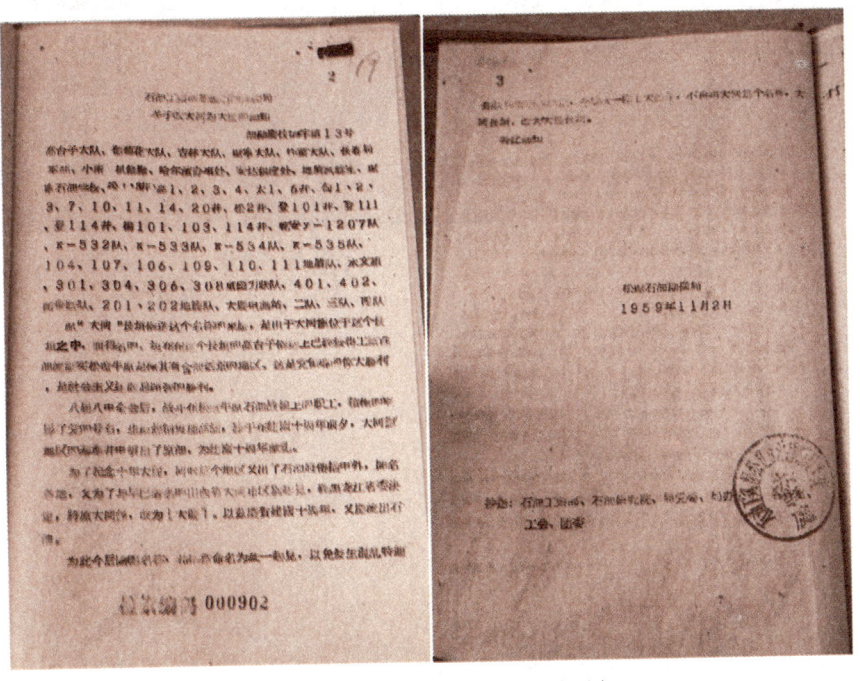

关于改"大同"为"大庆"的通知

油田命名为"大庆油田"。"大庆"也就由此而得名。之后，在石油地质资料上，原来的"大同镇长垣"改称为"大庆长垣"。

大庆油田横空出世，验证了"陆相生油理论"是正确的，否定了"中国贫油"的论断，掀开了中国石油工业崭新的一页。

大庆油田的发现，也预示着一场轰轰烈烈的石油大会战即将开始，特别是这种特定条件和艰苦环境，为大庆精神的产生与形成，提供了客观物质基础和条件。

踏着铁人的脚步走（版画照）　创作年代：1976年　作者：沈尧伊、周秀芬

哲思随语

1

《梦溪笔谈》的预言

追溯大庆精神,从古老华夏发现和利用石油的过往历史中,感叹"穿越"的魅力。世界上最早预言石油具有广阔发展前景的人是谁呢?最早使用"石油"这个词的人是谁呢?

公元 977 年,距今 1 000 多年的北宋时期编著的《太平广记》中,最早出现了"石油"一词。而正式将其命名为"石油"的却是北宋时期的政治家、科学家沈括(公元 1031—1095 年)。距今约 900 多年前,时任宋朝延安府经略使的沈括,就对陕北高原的石油露头进行过实地勘察,他还把勘察情况和他对石油的认识记录下来。沈括在流传后世的《梦溪笔谈》中,用"生于水际,砂石与泉水相杂,惘惘而出"来描写"石油",称石油为"魔鬼的汗珠""发光的水"。他说"延境内有石油,予知其烟可用,试扫其烟为墨,黑光如漆,松墨不及也。"且对石油发展前景进行了大胆预言"此物后必大行于世,自予始为之,盖石油至多,生于地中无穷,不若松木之有时而竭"。结果,在沈括发出预言的 700 多年之后也就是 1846 年,加拿大人发明了煤油提取方法,从而开启了现代石油发展史的新纪元。

在沈括预言石油具有良好发展前景之前,我国就早已发现和利用石油及天然气了，也是世界上最早发现和利用石油及天然气的国家之一。早在 3 000 多年前，中国古老经典之著《易经》中，就有了"泽中有火"的记载。公元前 4 世纪，距今约 2 400 年前，华夏祖先就发明了石油照明法和天然气照明法。公元前 1、2 世纪，距今 2 000 多年前，华夏祖先在陕北一带发现了石油。当发现漂浮在水面上的石油"燃之极明"，就将其收集装在容器里，用以点灯。秦汉时期，人们又在钻凿水井和盐井过程中，发现了天然气的可燃现象，并形象地称这种井为"火井"。我国历史名著《汉书》地理志中有"高奴，有洧水可燃"，"高奴县"属"上郡"，在今陕西延安一带，"洧水"为延水支流。这是最早关于陕北地区有石油的历史记载。

北魏时期，我国最早的地理学家郦道元所著《水经注》（成书年代约公元 512—518 年）中就有石油 "膏车"的记载。唐朝至宋朝以后，逐渐发展到人们开始用石油制作"石烛"和石墨。北宋时期，京都开封出现了炼制"猛火油"的小作坊，所制作的"猛火油"被主要用于军事作战中。北宋中期后，古代钻井技术又有了重大创新，四川地区的人们发明了用简单机械冲击钻凿方法，代替了过去以手工掘凿的方法，钻凿井径有如碗口大，称之为"卓筒井"。明朝时期，又有人发明了一套完整的钻井、打捞、完井的开采工艺程序，且与现代开采工艺程序一致。可见，沈括对石油具有良好发展前景的预言，随着时间推移和人类社会的科技进步，正缓慢地一步一步走向现实。

克里孟梭的预言

追溯大庆精神，从国际社会把石油作为战略资源的近现代战争史中，

人们不禁要慨叹那些"胜利"的奇迹。在世界近现代史上，出现了一位跟我国宋代沈括一样，非常看重石油发展前景的人，并预言石油在未来战争中的重要性。这个人就是第一次世界大战期间，时任法国总理的克里孟梭，他把石油比喻为"地球之血""胜利之血"，并预言"在未来战争中，汽油像血一样重要，没有汽油供应，军队会立即瘫痪"。

20世纪初，德国依靠对铁和煤的控制优势，在第一次世界大战中妄想重新瓜分早就被英、法等老牌殖民帝国控制的殖民地。1911年7月，德国战舰抵达摩洛哥的阿加迪尔港，对英、法协约国公然进行海上挑战。当时，英军战舰主要以煤为燃料，苦于速度和作战半径比较有限，无法对德国军舰形成作战优势。而丘吉尔却从石油联想到战争，及时、果断地决定建造以石油为燃料的军舰，进一步提升了英国海军的机动能力和战斗力，最终痛击德国海军，取得了胜利。也就是说，德国军舰败在了石油上。这也恰好印证了法国总理克里孟梭的有关石油在未来战争中的重要性的预言。

克里孟梭的预言在此后的第二次世界大战，乃至二战后的全球局部战争中，都得到了无数次的证明。可以说，在血与火的战争背后，有一只"看不见的手"左右着战争，这就是石油。因此，有专家称20世纪上半叶发生的两次世界大战可称之为"石油战争"。可见，石油作为一种能源类商品，从它被开采的那一刻起，就与国家战略、国际政治、军事斗争紧密地联系在一起了。石油在战争中的出现，直接将战争升级为机械化战争，导致石油成了现代战争最重要的战略物资。任何一个国家的最高统治者，如果忽略了"地球之血"的重要作用，也就难以建设强大的现代工业，更谈不上建立强大的现代化军队。早在新中国成立前夕，斯大林就曾让苏共政治局委员米高扬转告我党中央高层，要战胜敌人，必须重视发展钢铁、橡胶和石油。

美国前国务卿基辛格曾经说过一句惊人之语："如果你控制了石油，你就控制了所有国家；如果你控制了粮食，你就控制了所有的人……"

美国石油专家海因伯格曾这样评价石油:"尽管不到两百年的时间,但石油对现代社会的影响之深远,可与几千年前的农业革命相比。"可以说,现代石油工业发展史,让世人看到了石油的无限魅力。简言之,石油的出现与应用彻底改变和影响了世界。

身在钻台,放眼全国(版画照) 创作年代:1972年 作者:晁楣

第二章
追溯如歌岁月

20世纪60年代初，在中国东北地区的松辽大平原上，来自全国各地的数万名复转军人、石油工人、专业技术人员、职工家属和各方面后勤保障人员，在极端恶劣的环境下，克服了当代年轻人难以想象的艰难困苦，展开了一场气壮山河的石油大会战，开创了中国石油工业发展的新纪元，并由此孕育产生了大庆精神。

★ 铁人语录

鼓足干劲篇

★ 干革命就得有个干劲；没有干劲，就不是干革命。

★ 有条件要上，没有条件创造条件也要上，天大的困难也要上。

★ 我们这支队伍，首先就是要思想过硬，思想不过硬不行，思想过硬就可以解决一切问题。

★ 干活就要拿出劲头来，"我"字当头，一切就好办。

★ 石油工人一声吼，地球也要抖三抖；石油工人干劲大，天大困难也不怕。

寻源探究

1 XYTJ

中央何时批准石油大会战的？

发现了大庆这样一个大型油田后，接下来的事情，就是怎样把它尽快拿下来，如果搞石油大会战，主攻方向在哪里呢？

余秋里实地考察大同镇

1959年12月中旬，石油工业部部长余秋里、副部长李人俊随同周恩来总理到哈尔滨，参加东北经济协作区会议。会后，余秋里从哈尔滨乘火车到安达，于12月26日到达大同镇，实地考察石油勘探情况。先后看了"松基三井"和葡萄花、高台子几口井的情况，重点了解地质条件和勘探等情况。余秋里又与松辽石油勘探局、部专家工作组及地质技术人员进行了两天座谈。他们一致认为，松辽盆地勘探基础比较可靠，地下地质构造和地

中央批转石油勘探报告

层划分都比较清楚。"松基三井"已稳定生产3个月，正在钻进的葡1井、葡7井、葡20井也都有了良好的油气显示，这几口井打到的标准层、油层、水层，都能对比得上，证明油层是稳定的。

12月30日，松辽石油勘探局召开了大庆地区井队、车间以上干部大会。分析了大庆地区找油的有利条件，主要是含油构造多，面积大，油层多；含油层位比较稳定，埋藏不算深；地层比较松软，有利钻井。在这里有可能找到较大面积的油田。余秋里在会上提出1960年勘探任务主要是以大庆地区为中心，在几个主要构造上探明油田面积，搞清油田生产能力，建立一套完整的地质资料。

大庆长垣的油气富集区在哪里呢？最有利的构造高点在哪里呢？当时，青年技术员王毓俊认为，萨尔图一带可能是大庆长垣的油气富集地带，他建议把钻探的步子向北甩得更大一些。说来也巧，地质部长春物探大队也认为，大庆长垣除南部构造外，从北部杏树岗、萨尔图、喇嘛甸子三个面积各为100~300多平方公里的地质构造上，可以明显看到三个高点与勘探调查相吻合。由此，余秋里决定在这3个构造的高点，各定1口预探井，先上萨尔图，进行"火力侦察"。这是一个打破常规的做法，等于把勘探区域从南部高台子、葡萄花地区，向北部萨尔图移动了近70公里。3个月后，就是这3口预探井，成功发现了高产油区。

1960年1月4日下午，余秋里部长回京后主持召开部党组会议。会上，周文龙传达了中央领导关于松辽石油勘探的指示精神：1959年12月底，中央书记处开会讨论八年计划问题，周文龙在会上汇报了石油工业情况，当汇报到明年一季度拟在松辽摸出样子，上半年见个分晓，3年内拿下松辽、四川，突破鄂尔多斯、苏北、贵州，巩固和扩大现有油田时，中央书记处书记邓小平当即指出"这样搞完全正确。要集中力量，不要把力量分散！"由此，会议讨论决定改变原定的松辽地区冬春钻探计划，改以葡萄花、高台子为中心，采取"三点合一"的方法，采取快钻快探的办法，尽快搞清含油面积，同时向长垣北部甩开钻探，为实施石油大会战提前摆开战场。

向毛泽东主席报告好消息

1960年1月7日，中央政治局扩大会议在上海召开。会间，毛泽东主席问余秋里有没有好消息时，余秋里向毛泽东主席汇报到："从目前勘探情况来看，松辽有大油田！""留有余地地说，有可能找到大油田；如果不留余地，大胆地说，大油田已经找到了。我们正在加紧勘探，半年左右就有眉目了。"毛泽东主席听了非常高兴，并鼓励道："好哇！有可能的。能在半年内找到也好啊！"

就在上海会议期间，从松辽大地便接二连三地传来喜讯，部署在葡萄花构造上最早开钻的一批深井相继喷油。葡萄花地区最先喷油的是葡7井，于1959年11月12日开钻，12月29日钻完，设计井深992米。1960年1月6日射开3个油层，共厚3.8米。1月7日喷油，先后用3~7毫米油嘴试油，日产原油为9~39吨，明显高于"松基三井"。接着，葡20井、葡11井、葡4井等也陆续喷出工业油流。到1960年1月底，大庆长垣南部高台子、葡萄花、太平屯地区，已完成钻探6口井，用5毫米油嘴试采，自喷日产原油10~24吨。同时，还有7口探井也已钻到油层，根据取芯、电测和钻进中的油气显示，油层情况良好。这13口井所控范围约200平方公里，初步测算石油储量超过1亿吨，相当于克拉玛依油田的规模。这就更加证明了葡萄花、高台子地区有望建成较大规模的稳产油田。

中央批转石油会战报告

到1960年初时，从有利条件看，大庆长垣南部油层多，比较厚，分布稳定，地层松软。在南北27公里、东西8公里的布井面积内，岩相变化不大。油层埋藏不深，浅的在1 000米左右，深的也不超过1 500米，钻探开发都比较方便。从不利因素看，主要是原油含气量少，油气比低，饱和压力高，弹性能量小；原油含蜡量高，凝固点高，黏度高，加之松辽地区属于高寒地带，给大开发增加了很多困难。但综合各种情况看，有利条件远远大于不利因素，在这一地区开展一场石油大会战的时机已经成熟。

1960年2月1日，石油工业部党组连续8天召开扩大会议，余秋里、李人俊、周文龙、孙敬文、康世恩、刘放等党组全体成员和部机关部分司、局长参加了会议，赴松辽专家工作组的一些成员也列席了会议。会上，首先由专家工作组的李德生、童宪章、翁文波和张俊等人汇报了大庆长垣的地质情况和勘探形势，还研究分析松辽盆地石油勘探情况，并就1960年的勘探工作部署和油田开发试验区等问题提出了具体的建议。会议经过热烈讨论，党组的几位领导成员先后都发了言。一致认为，松辽盆地石油勘探形势很好，虽然有些情况还没有完全搞清，但是，我们毕竟已经掌握了一定的可靠资源，有了进一步开展勘探的牢固阵地和必要条件，再加上油田处于富饶的东北平原，工业基础雄厚，交通发达，在勘探和开发建设速度上可以比其他地区来得快。大家在讨论中提出了石油大会战的想法，设想从全国各油田、厂矿抽调最好的队伍、最好的技术、最好的设备、最好的材料上去。再组织2 000人左右的专业技术队伍，同时抽调石油科学研究院、各油田的专家，以及石油学院教授、讲师、学生等到现场参加大会战，开展技术攻关活动。会战各项工作都要求坚持高速度、高水平、高质量，要经得起历史检验，经得起任何人分析和批判。同时，还要通过这次会战调动广大职工积极性，掀起你追我赶、声势浩大的群众运动，提高领导水平，丰富工作经验，培养锻炼出过硬的石油职工队伍。会议还认为，必须下定决心，从全国石油系统调集力量，背水一战，全力以赴，尽快拿下这个大油田。这次党组扩大会议连续开了5天，接着党组会议又开了3天。会议决定，组织松辽石油会战，集中兵力打歼灭战，要抽调头等的队伍、头等的技术、头等的设备、头等的材料参加大会战；组织松辽石油大会战，由石油部党组直接领导，党组成员中余秋里、孙敬文、康世恩到前线指挥，李人俊、周文龙、刘放主持部里日常工作，负责后方支援，部机关抽调一半干部参加会战。会战队伍由石油系统各企事业单位抽调组成，各单位带队的主要领导干部由石油部点名指定。由于事关重大，会议还讨论了会战部署和任务，待向中央的报告批准后，再统一安排。

1960年2月6日，余秋里部长给李富春、薄一波两位副总理写信，信中汇报了松辽石油勘探情况和准备在松辽地区组织石油会战的想法，并请求国家增加部分投资、设备和器材等。李富春副总理收信后，对余秋里说，目前各部门都在下马，而你们却要上马，这是个大行动，要给中央书记处写报告。几天后，余秋里部长和李人俊副部长向邓小平总书记当面做了汇报，并提出，准备集中石油系统主要力量，在松辽地区组织勘探开发石油大会战。邓小平同志当即表示同意。

2月13日，石油工业部党组把《关于东北松辽地区石油勘探情况和今后工作部署问题的报告》，上报周恩来总理、李富春、薄一波两位副总理并中央。

2月20日，也就是这个报告呈报到中央书记处7天后，中共中央以（60）129号中国共产党中央委员会（批示），向中共上海、黑龙江、吉林、辽宁、甘肃、青海、四川省委，新疆维吾尔自治区党委，国家计委、经委、建委党组，地质、冶金、一机、农机、铁道、交通、劳动、外贸、水电、邮电、石油部党组批转了松辽大会战的这份报告。而且，为了保证石油会战的顺利进行，中央在批准会战报告的同时，还特别批准了在计划外给会战拨两亿元经费和几万吨钢材、设备。紧接着，周恩来总理做了具体指示和部署。于是，一场甩掉"中国贫油"帽子的石油大会战即将拉开序幕。

2 到底从全国各地调集多少人参加石油大会战？

1960年2月21日，康世恩副部长亲临哈尔滨安排石油大会战。在哈尔滨市的黑龙江省委107招待所召开了石油工业部大庆石油会战第一次筹备会议。康世恩主持会议，参加会议的有全国石油系统37个局、厂、院、校的主要领导。会议首先传达了党中央的指示和部党组给中央的报告，讨论了大会战的指导思想、工作方针和主要任务。会议还确定成立大庆石油会战领导小组，成员由13人组成，康世恩任组长，石油部地质勘探司副司长唐克、石油部机关党委书记吴星峰任副组长。同时，会议也确定了在全国石油系统37个局、厂、矿、院、校挑选精兵强将，由主要领导带队，自带设备奔赴大庆参加石油会战。

第一次筹备会议于3月3日结束，会议将参战单位划分为5个战区——葡萄花地区、太平屯地区、萨尔图地区、杏树岗地区、高台子地区，明确了各参战单位的任务及所负责的战区，并对队伍组织、人员集结、设备材料调度等提出了具体要求。会战重点地区定在长垣南部的大同镇附近地区，在葡萄花、高台子、太平屯构造上部署了比较多的探井，油田开发试验区也准备放在葡萄花一带。会议明确了石油会战的三项任务：第一，在2 000平方公里的面积上甩开勘探，争取打200口左右的探井，迅速探明油田面积，找到10亿吨的可靠储量；第二，选择已经探明的有利地区，打出200口左右的生产试验井，进行油田开采试验，实行早期注水，当年生产原油50万吨，年底达到日产0.4万吨的水平和年产150万吨的生产能力；第三，在大庆长垣周边地区，进一步开展地震勘探，完成地震细测4万公里，选择有利构造进行钻探，争取再找到一些新的油田。

在时间安排上，会议提出3月份集结队伍，4月份开始动手，5月初正式打响。所有各参战单位的钻井队、安装队及指挥机关务于3月15日前赶赴会战地点。在会战队伍组织与集中上，康世恩提出主要采取三种形式，并赋予每种形式一个较为形象的比喻：一是"拔萝卜"，点名抽调一些标杆队，如玉门的王进喜钻井队、新疆的张云清钻井队等；二是"割韭菜"，把原来的队伍成建制一个不剩地调来；三是"切西瓜"，把原来的队伍一分为二，调来一半，留下一半。

千军万马奔大庆

筹备会后，各单位参加会议的领导急如星火，从哈尔滨赶回原单位，立即传达并贯彻，搭班子、调队伍、拆钻机、运设备。各单位石油工人经过宣传教育，层层动员，都以能参加会战为荣，就像战士上战场一样，个个争先恐后请缨和要求参加石油会战。参加这次石油会战的各路石油队伍，包括国务院各部门、解放军转业退伍军人、黑龙江省支援石油会战的干部和工人，一路上集体行动、纪律严明，相继于3、4月间陆续抵达大庆地区。到第一次筹备会议规定的3月15日，各单位到达大庆地区的人员已达1 000多人，部队转业官兵也到达了1.1万多人，加上松辽局原有的5 000余人，集结在大庆油田的会战队伍已达1.7万余人。运抵安达的设备、器材已有247个车皮，重达1万余吨。

据当年4月统计，参加石油会战人员已达4万多人。其中，总工程师、总地质师、大学教授、工程师和地质师等各类工程技术干部达1 000多人。同时，从全国各地运来的各种器材、设备已达数十万吨。后经整理统计核对，1960年的石油会战参战队伍超过5万人。其中，黑龙江省等地方单位和石油工业部以外的兄弟部门约5 000人，当年转业退伍官兵3.3万人，石油系统1.5万人。

几万人的会战大军在非常短暂的时间内，一起涌向萨尔图这个仅有500户人家的小地方。从安达站到萨尔图站，沿途约50公里的铁路线上，每个站台都有人员下车及货物卸下。一眼望去，铁路两侧随处堆满了各种设备、器材、货物、行李等物资，导致有些车皮甚至几天都难以把货物卸下来，因搬运设备缺少，许多物资滞留好几天也运不到施工现场。

初春的3、4月份，萨尔图仍然是寒冷的季节，一望无边的草原上，覆盖着的冰雪还没有融化。会战人员一没有房子住，二没有床铺用，有的寄住在牧场牛棚里、马圈里，有的到"地窝子"里挤，有的到马架子里挤，有的睡在帐篷里。不光住的难，吃的方面也面临困难，缺锅灶、缺炊具、缺粮食、缺蔬菜，常常用脸盆煮汤，用铝盔盛饭，用树枝当筷子，甚至两个人共用一个碗、一双筷子、一把勺子，要多苦，有多苦。在生产上，不是设备不配套，就是缺吊车；不是缺汽车，就是缺工具。农村水井连生活用水都保障不了，更谈不上工业用水，生产用水只能到水泡子里凿冰取水。再加上通讯不畅通，电话不好使，影响了正常的施工指挥和组织生产工作。

1960年3月25日至27日，在哈尔滨市召开了大庆石油会战第二次筹备会议。余秋里部长在会上宣布，石油会战领导机关立即迁往第一线办公，成立松辽石油会战临时工作委员会，余秋里兼任书记。到4月上旬，石油工业部机关党委、各司局领导干部和松辽石油勘探局，相继搬迁到黑龙江省安达县。后来，随着油田勘探向北移动，会战指挥机构由安达迁往萨尔图（蒙古族语"红色草原"的意思）。按照保密要求，出于国家战略考虑，整个石油会战区域对外称为"安达农垦农场"。

中央军委动员三万名退伍军人参加会战

大庆石油会战怎么会有3万多转业退伍官兵参加呢？这是因为：1960年初，石油工业部党组酝酿组织会战时，认为遇到的首要问题是人力不足。想来想去，最后还是决定找人民军队帮助解决。先由分工负责松辽会战人力物力保障的周文龙副部长,给罗瑞卿总参谋长、张爱萍副总参谋长写了一封信,汇报一下松辽地区石油勘探情况和准备组织会战的打算,并提出了分配3万名转业退伍官兵的请求。

2月初,余秋里部长又亲自向周恩来总理做了报告,总理当即表态说:"这个想法很好嘛!主席(毛泽东)正在广州召开军委扩大会议,你快到广州去!"

2月中旬,余秋里部长专程去广州见中国人民解放军总参谋长罗瑞卿,罗瑞卿风趣地说:"余秋里哟,一下子就要改编我军3万部队呀!就你想得出来!你真会找窍门啊!"余秋里带着解释的口吻说:"总长,我们有困难,是没得办法啊!"罗瑞卿笑着说:"没问题,自己人嘛!我去向主席报告一下。"在罗瑞卿报告的同时,余秋里又去见了刘伯承、贺龙两位老帅,并向两位老帅汇报了这次广州之行的目的。刘帅说:"对头嘛!打虎要靠亲兄弟,出征还得父子兵嘛!"

顷刻,工作人员进来通知说,主席请老帅们到会客室去,余秋里也被叫进去了。原来,毛泽东主席想了解松辽勘探的情况,也想让老帅们听听。余秋里就按照向中央报告的内容做了汇报。毛泽东主席一边抽烟,一边专心地听,不时点头,说:"好嘛……好嘛……这很好嘛!"旁边有人插话说:"余秋里要在松辽搞个大会战!"余秋里接着说:"正准备调克拉玛依、玉门、柴达木、四川的队伍到松辽会战。"主席说:"听说你们有个报告,要搞会战。好哇!准备上阵喽!"无疑,毛泽东主席对大庆会战寄予了厚望。也更加说明,毛泽东主席、党中央和中央军委都在高度关注和支持大庆石油会战。

当余秋里从广州返回北京时,张爱萍副总参谋长已在周文龙副部长写的信上做了批示,建议拨给2.5万至3万人。

2月22日,中央下达了"中央决定动员3万名退伍兵给石油部"的指示,并明确指出:"为了集中力量迅速开采在东北大庆地区发现的新油田,决定从部队今年度退伍兵中动员3万人交石油部参加开采大庆地区新油田的工作。"不久，中央军委又决定给大庆分配3 000名转业军官。从3月份起，这3万名退伍战士和3 000名转业军官，分别从沈阳部队（1.5万人）、南京部队（1万人）和济南部队（5 000人）奔赴大庆，参加石油大会战。这些转业退伍官兵中有不少是党员和团员，有的还参加过抗美援朝战争，他们是大庆会战中一支特别顾大局、特别守纪律、特别能吃苦、特别能战斗、特别能奉献的生力军，占全体会战总人数85%还多，这也是大庆精神中蕴含人民军队优良传统和作风的关键原因所在。

国家"三委"组织全国力量支援大庆会战

党中央批准石油部党组报告后，中央书记处指示：要搞好对大庆会战检查督促和组织支援工作，并由薄一波副总理主持，国家计委、经委、建委负责，并由三委的三位副主任组成领导小组，负责日常组织领导工作。由此，根据中央批示精神，国家计委、经委和建委立即组织有关部门，以及各省市支援大庆石油会战。

1960年3月3日，三委给冶金、水电、农机、外贸、交通、一机各部和上海、黑龙江省计委、经委发出电文，要求迅速调剂一批钢材、设备，支援松辽石油勘探。合计钢材1.8万吨，发电机组6 000千瓦，载重汽车100辆，吉普车30辆，45马力拖拉机60台，机床50台，压路机两台，油井水泥1万吨，轴承4 000至6 000套，木材由黑龙江省就地调整支援。

3月9日，薄一波副总理亲自主持召开国务院有关部门及黑龙江、吉林、辽宁三省和东北协作区负责同志参加的协调会议。参加会议的有：石油部余秋里、李人俊、康世恩，地质部何长工，工业部于江震，国家计委安志文、董铣，国家建委柴树藩，铁道部郭鲁，水电部程明升，化工部李苏，建工部刘裕民，商业部阎顾行，冶金部王大伟，一机部李克，交通部伍坤山，邮电部赵步云，劳动部李正停，中央办公厅贾步彬以及国家经委孙志远等人,东北协作区办公厅倪伟,黑龙江省陈雷,吉林省肖靖,辽宁省孙洪志、余迈。会议专题研究支援大庆油田勘探与开发事宜。会上,余秋里和康世恩汇报了大庆油田的勘探情况、会战部署和需要解决的问题;黑龙江省副省长兼省经济委员会主任陈雷汇报了该省支援油田勘探开发情况,以及从省里角度请求国务院有关部门帮助解决的问题。薄一波副总理充分肯定了石油部和黑龙江省的工作,并对提出的一些问题都做了明确答复,在会上讲了四点意见:一是党中央对大庆油田十分关心。它对于国家解决石油"翻身"问题具有重大意义;二是开采原油按年产2 000万吨规划,修两条输油管;三是黑龙江省支援石油开发的办法很好,今后要继续照办;四是具体工作分工负责问题,如由安志文负责建设项目与投资审查并提出方案;由孙志远负责研究解决物资问题;由郭鲁等人负责解决运输问题。这次会议纪要中写道:"党中央和毛泽东主席都很关心松辽石油会战,中央对于开发这块油田很重视,决心很

水电部支援大庆会战的列车发电站

上海支援大庆会战的物资起运

林业部支援大庆会战的木材卸下火车

长春一汽支援大庆会战的汽车

大，决定大力支援。"国家经委随后发出[60]31号文件明确要求"关于松辽油田大会战的进展情况，石油部每隔十天、半月要向中央和有关部委写一个报告"。

3月13日、17日，国家计委、经委、建委发出电报，督促有关单位迅速调拨钢材、汽车、水泥、拖拉机、机床、木材等设备物资，支援松辽地区的石油勘探和开发。

3月21日，国家经委向毛泽东主席提交报告，汇报了大庆会战部署和组织支援工作情况。报告中正式同意增加投资2亿元、钢材3.8万吨；会战按年产2 000万吨原油安排工作。

中央关于批准三万转业官兵参加石油会战的批示

至此，大庆石油会战在党中央、国务院及有关部门的亲切关怀下，在黑龙江省委、省政府的大力支持下，经过紧张的准备，正式开始了。

3 "大庆石油会战"为何也称"松辽石油会战"？

1960年3月，安达县萨尔图镇地区发现了大油田，中央随即决定开展大庆石油大会战，会战中心及会战大军由黑龙江省肇州县大庆区北上向安达县萨尔图镇转移。松辽石油勘探局按照石油工业部党组的指示，也由长春迁至安达县。4月1日,松辽石油勘探局正式对外办公,大庆石油会战正式启动。事实上,松辽石油勘探局进驻安达县,标志着中央酝酿已久的大庆石油大会战进入了实施阶段。为什么这么说呢?其理由有三条:

其一,进驻安达县的松辽石油勘探局党委机构有:政治部下设宣传部、组织部、监委、办公室;工会下设办公室、组织部、宣传部、文体部、女工部、劳保福利部、生产部;团委下设办公室、组织部、宣传部;报社、卫生所、汽车队。

其二,进驻安达县的松辽石油勘探局机构有:办公室、科研大队、运输处、行政处、人事处、保卫处、设计预算处、财务处、计划处、基建处、供应处、生产技术处、地质处、采油处、检查室、安全室、生产调度室、试验室。

其三,进驻安达县的松辽石油勘探局人员有:司局级以上干部40人,科级以上干部150人,高级技术人员30人,一般干部1 000人,工人2 130人,合计3 350人。

这就说明,松辽石油勘探局实际上也是大庆石油会战指挥部,由石油工业部党组直接领导,为了保密起见,二者合一。大庆石油大会战从1959年在高台子发现大庆油田开始酝酿,到1960年4月末正式实施,前前后后紧张筹备了6个多月。期间,对这次石油大会战的称呼有:"松辽会战""松辽石油会战""松辽石油大会战""大庆会战""大庆油田会战""大庆石油大会战",等等。直到三年后,石油部余秋里部长向毛泽东主席汇报时,称其为"大庆石油会战"。

闻名华夏的"三钻定乾坤"是怎么回事?

从会战筹备到会战正式打响的这段时间里,人们始终关注着余秋里1959年年底确定在萨尔图、杏树岗、喇嘛甸子打的那3口探井——"萨66井""杏66井"和"喇1井"。当石油会战队伍迅速集中的同时,勘探工作仍在紧张地进行着。

1960年3月11日,位于萨尔图构造中央部位的第一口探井——"萨66井"完钻喷油,日产原油50吨左右。会战领导小组根据这一新情况,且考虑到萨尔图拥有通往哈

1960年3月11日,国家经济委员会会议纪要——讨论关于大力支援东北松辽油田的勘探与开发问题。

尔滨至满洲里的铁路线,交通便利,利于油田勘探、开发和建设。大家商议后,一致认为,必须从结合实际出发,对2月下旬做出的会战部署区域和任务,进行相应的战略性调整,决定把石油会战重点从大庆长垣南部转移到北部萨尔图地区。3月17日,会战队伍由大同镇一带挥师北上,以萨尔图地区为重点展开了石油会战。

那么,另外两口井喷油情况怎么样呢?1960年4月9日,位于高

台子以北、萨尔图以南的杏树岗构造上的第一口探井——"杏66井"完钻喷油,日产原油27吨。同年4月25日,位于大庆长垣最北部喇嘛甸构造上的第一口探井——"喇72井"也完钻喷油,用5毫米油嘴试油,日产原油48吨;用14毫米油嘴试油,日产原油174吨。

这三口探井成功喷油的意义十分重大。因为"萨66井""杏66井"和"喇72井"三口探井相继喷油,表明大庆长垣地区的含油面积又继续进一步向北延伸。在南起敖包塔、北到喇嘛甸的800余平方公里范围内,都发现了工业油流,显示出了大油田的轮廓。也就是说,大庆长垣北部地区的地质条件优于南部地区,越往北地下油层越厚,油井产量越高。及时调整会战部署,将石油会战重点从大庆长垣南部转移到北部地区的决策,是完全正确的。后来,人们把"萨66井""杏66井"和"喇72井"三口探井喷油,誉为"三钻定乾坤"。也正是有了"三钻定乾坤",对石油会战重点地区实施战略调整起了决定性作用,才能为取得大庆石油会战胜利奠定坚实的基础。

5

大庆石油会战指挥机构是怎样组成的?

1960年4月1日,松辽石油勘探局从长春迁至安达并正式对外办公。同时,制定了大庆石油会战方案,成立了相应的领导机构,并于1960年4月1日起实行。大庆石油会战(前线)指挥部领导人名单和各探区指挥人员名单如下:

一、会战领导小组成员名单

组　长:康世恩

副组长：唐克　吴星峰

成　员：张俊　阎子元　张文彬　焦力人　张兆美　李荆和
　　　　陈李中　宗世鉴　李镇静

二、会战指挥部所属各级组织机构及负责干部名单

（一）各组、室负责干部名单

1. 工程组：张文彬　彭佐猷　黎岚　郑浩　虞国珍

调度室：郑浩　李一民

工务室：虞国珍　龚子卿

钻井室：阎家正

泥浆室：张理中

固井室：（不详）

机械动力室：刘子汗

安全室：梁帮民　梁相

水井大队：黎岚　雒永起

2. 油田组：焦力人　范元绥　童宪章　李德生

地质组：沈匡

油田开发室：谭文彬

试油试采室：赵声振　董恩环

试验室：吴崇筠

矿场地球物理室：蒋学明　余家国

注水室：杨育之

测绘室：陈世泰　马力

3. 研究组：唐克　刘树人　史久光　余伯良　温子荨
　　　　　王纲道　秦同洛

地质综合研究室：余伯良　王纲道

采油研究室：秦同洛

钻井研究室：史久光

机械研究设计院：温子蓉　于志坚

4. 办公室：李荆和　刘汉　吕凤翔

秘书处：吕凤翔

计划处：吴凤林

财务处：李祥麟

人事处：马振华

保卫处：（不详）

行政处：刘金栋

哈尔滨办事处：史炳和　孙靖韬

5. 群众工作组：吴星峰　张兆美　宋惠　雷震

技术革命室：（不详）

研究室：（不详）

（二）各探区指挥部负责干部名单

1. 葡萄花探区指挥部（对外名称：松辽石油勘探局大庆办事处）

指挥：宋世宽　只金耀　陈国润

主任钻井工程师：邓承德

主任地质师：张文昭

试油试采工程师：李国才　曹东明

机械工程师：邹延年

2. 高台子探区指挥部

指挥：杜志福　郭庆春　黄正斌

钻井工程师：朱玄

地质师：赵光明

3. 南萨尔图探区指挥部

指挥：李镇静　李井敬

钻井工程师：杨禄

地质师：王殿玉

试油工程师：陈继善

机械技师：唐玉田

4. 中萨尔图探区指挥部

指挥：宋振明　李虞庚　刘文明　乐文彬

总工程师：李虞庚（兼）

采油工程师：王麟甲

钻井工程师：杨锂

地质师：叶大信

机械工程师：汪培元

5. 北萨尔图探区指挥部

指挥：李云　王炳诚　孙燕文　张文清　闵豫

总工程师：王炳诚（兼）

地质师：闵豫

（三）基建指挥部负责干部名单

指挥：陈李中　柏映群　王连志　刘洪参

办公室：徐霞　傅兆

经理室：曹国光　王贵元

工程师调度室：王连志　孙柏成

设计室：柏映群　耿培元

（四）供应运输指挥部负责干部名单

指挥：宗世鉴　邹明　姜辅志　高琨

供应处：张振海　叶泽宏　宋凤鸶

运输处：廉秉善　史汝先　李荣发

（五）地质调查处（驻吉林省长春市）负责干部名单

负责人：田在艺　王有田　柳正英

总地质师：田在艺（兼）

地球物理总工程师：孟尔盛

（六）总机械修理厂（五厂工作组）

1960年4月16日，大庆石油会战开始前夕，松辽石油勘探局又提出为适应当前形势的发展，加强各探区的组织领导工作，将五个探区调整为三个探区，并于1960年4月16日起实行。各探区其管辖范围调整及领导人员如下：

第一探区：以敖包塔、葡萄花、太平屯、高台子、升平井，杏96井以南一线的南部地区组成。由松辽勘探局负责，对外名义为"松辽石油勘探局大庆办事处"，领导人员照旧（吉林大队仍归第一探区领导）。

第二探区：以杏树岗、龙虎泡井，杏96井以南一线之北，杏16井以北一线之南地区组成。对外名义为"松辽石油勘探局第二探区"，其领导人员是：

指挥兼党委书记：李镇静

副指挥：李井敬　杜志福

党委副书记：郭庆春

主任工程师：朱玄

副主任工程师：杨禄

主任地质师：王殿玉

副主任地质师：赵光明

第三探区：以萨尔图、喇嘛甸子、林甸井，杏16井以北一线的北部地区组成。对外名义为"松辽石油勘探局第三探区"，其领导人员是：

指挥：宋振明

党委书记：李云

副指挥：孙燕文　刘文明

总工程师：王炳成

副总工程师：李虞庚

主任地质师：闵豫

副主任地质师：叶大信

大庆石油会战在余秋里、康世恩关于"指挥靠前再靠前"的推动下，会战总部不设在哈尔滨、齐齐哈尔等大中城市，连安达县城也不考虑，而是设在萨尔图镇，建在油井旁边。所有二级单位离总部少则三五公里，多则几十公里上百公里。二级（处）所属大队、生产队也都分散建在自己管辖的集油站或油井旁。在几千平方公里的油田范围内，星罗棋布地建成配套的生产、生活、教育、医疗服务等设施，形成了大庆市（局）、镇（处）、队（科）的格局。而且，大庆石油会战组织机构在设立上，基本是按解放军编制组建会战队伍和运作各项工作。局、处两级在党委集体领导下，设生产办公室（类似军队的司令部）和政治部（处），基层单位设政治教导员、政治指导员，大大提高了石油会战的上传下达、指挥通畅和运行效率。

"万人誓师动员大会"是怎么召开的？

1960年4月29日，大庆石油会战指挥部在萨尔图大草原上召开了万人誓师动员大会。誓师大会主席台上布置得庄严朴素，很有气势，会场四周和通往会场的道路两旁插满了彩旗和标语牌，主席台正中挂着毛泽东主席像，两边是五星红旗。主席台前方高悬"石油大会战誓师大会"的巨幅会标，两侧悬挂着两条巨幅标语："高举毛泽东思想红旗，敢想敢说敢做，高速度高水平拿下大油田"，"沿着总路线的光辉道路，苦干实干巧干，多快好省建设我国石油工业"。石油部部长余秋里、副部长康世恩、黑龙江省委组织部副部长曲常川，会战指挥领导小组成员唐克、吴星峰、张俊、阎子元、张文彬、焦力人、李荆和、陈李中、李镇静等，以及先进井队代表王进喜等被选为主席团成员。

这是令人难忘的一天，从清晨开始，参加誓师大会的干部和工人从四面八方赶往会场。参会人员除各探区指挥、井队负责人、机关干部代表外，还有地质部参战队伍的代表，以及当地的工、农、商、学、兵代表和文艺工作者，共计1万多人。上午10时许，会场上锣鼓齐鸣、礼炮声声，誓师大会在《社会主义好》的军乐声中开始。余秋里部长做了大会战的动员报告："同志们，今天的大会是来自全国石油战线的各路英雄的会师大会，又是检阅我们力量的誓师大会！我们集中石油战线各个方面的精兵强将，进行大会战，就是为了高速度、高水平地拿下大油田！这标志着我国石油工业的发展进入了一个新阶段！因此我们要猛上！快上！坚决地上……"整个上午，余秋里在台上不时挥动拳头，台下参战干部和职工群情高昂。

接着，黑龙江省委组织部副部长曲常川同志讲话，他要求当地军民全力以赴支援石油大会战，做好后勤保障工作；再接着，各探区纷纷向大会报捷献礼。之后，康世恩代表石油部党组宣布石油大会战"第一战役"从1960年5月1日起正式开始，并下达了"第一战役"的作战任务："拿下大油田、探明几个构造是否含油、搞出一块油田开发的生产试验区。为完成这三大光荣任务，一切工作都要高速度、高水平。""钻井队伍要打头阵，猛攻猛打，钻得快、钻得多、质量好，拿出生龙活虎的劲头来；采油队伍要爱护油田，做好试油、试采工作，做到'四全四准'，使每口油井的产量正常，井井高产；基本建设队伍必须在五、六两个月

1960年，大庆油田召开万人誓师大会，开展"学铁人、做铁人"活动。

铺设各种集输管道，解决供水问题，保证搞出一定容量的非金属油池，要把从探井喷出来的原油收集起来，运出去，并抓紧建设目前生产急需的一切工程。"同时，康世恩还对地质调查队伍、测井队伍、实验室、修路队伍、电讯工程队伍、建筑队伍、运输队伍、后勤供应队伍及各指挥部的科室机构一一具体布置了会战任务。康世恩的讲话不时引起热烈的掌声，大家为能够参加这场石油大会战而感到欢欣鼓舞和自豪。

成立政治部的文件

康世恩部署完工作，杨继清副书记宣读领导小组关于授予王进喜井队等14个单位以"钢铁单位"称号的决定后，打擂比武开始。主席台前后排满了要求发言的工人、干部、技术人员，他们争先恐后地表决心，纷纷表示要在这场石油会战中贡献出自己的力量和智慧。以红旗和锣鼓队为先导，17个一级红旗单位、14个先进集体的代表和223名红旗手步入会场。"铁人"王进喜和马德仁、段兴枝、薛国邦、朱洪昌五大标兵披双红、戴大花，分别骑在枣红色的高头大马上，由探区领导牵马引镫，从松枝搭成的"英雄门"进入会场并绕场一周。

王进喜在打第一口井时，腿部受伤，仍然坚守在工作岗位上。

在人们的欢呼声

中，王进喜登上主席台大声说："盼了多少年了，大油田终于找到了。我们1205队一定要创造条件上，快安装，早开钻。没有水，尿尿也要开钻。石油工人一声吼，地球也要抖三抖！我们要把地球钻穿，让大油海'翻个儿'，把大金娃娃抱出来！"说到这里，他摘下前进帽并举过头顶高声说："今后党指向哪里，我就干到哪里！""人活一口气，拼死干到底，为了把贫油落后帽子摘掉，宁可少活20年，拼命也要拿下大油田！""铁人"誓言道出了广大会战职工的心声，这时，余秋里部长举起仅有的右臂，对准麦克风高声喊道："向'铁人'学习！向'铁人'学习！""向'铁人'学习，人人争做'铁人'！"顿时，人群沸腾起来，口号声响彻会场。一场大规模、气壮山河的石油大会战，在一望无际的荒原上打响了。岁月可以消磨记忆，但万人誓师大会将永远铭记在中国石油人的心里。

7

为什么说大庆油田是靠"两论起家"的？

　　大庆石油会战之初，到底有多难？久经沙场的余秋里部长，多年后曾经发出这样的感慨："到了现场，才知道困难和矛盾要比预料的多得多。"这位能征善战的"独臂将军"，为什么会有这样的感慨呢？

　　这是因为几万人的会战大军，在同一时间聚集到冰雪尚未消融的荒原上，生活艰苦，资金不足，设备和材料缺乏，队伍技术素质低，没有开发大型油田的经验。而且，一些干部也觉得这里不像搞工业的样子，对石油会战心存疑虑。更有少部分职工产生了畏难情绪，时常出现开小差现象，高峰时甚至有1 000多人流失。

　　试想，这样一支几万人的会战队伍，来到这茫茫荒原上，去干这么一项从来都闻所未闻、见所未见、关乎国家和民族命运前途的大工程，还住不好、吃不饱、穿不暖，与北风为伍，与荒原为伴，有的人闹情绪、有想法、开小差，是在所难免的。那么，怎样才能使大家心往一处想、劲往一处使呢？

王进喜常常讲："干工作要为油田负责一辈子，要经得起子孙万代的检查。"

怎样才能鼓舞士气、激励斗志、振奋精神、安心工作呢？

余秋里号召用"两论"解决问题

"两论"是毛泽东于1937年7月写的文章《实践论》，以及同年8月写的文章《矛盾论》，这是毛泽东最杰出的哲学论著，旨在用辩证唯物主义的认识论和辩证法，教育党内克服严重的教条主义、经验主义和冒险主义。以《实践论》为例，其要旨是实事求是，一切从实际出发，理论与实践相结合。

余秋里部长号召学习"两论"，一方面是因为他虽为军人出身，但却偏爱读书，在战火硝烟中，读书助思考、助谋略，久而久之，用理论武装人、鼓舞人、激励人，便成为余秋里克敌制胜、干好事业的"法宝"；另一方面是余秋里想起了1959年12月向周恩来总理汇报开展石油会战时，周总理预见这场会战将是一场"大仗""恶仗"，嘱咐他"要用毛泽东思想指导大会战，用辩证唯物主义的立场、观点、方法，分析、解决会战中可能遇到的各种问题。"由此，针对建设大油田毫无经验可循、会战队伍亟待激励斗志，以及生产和生活中出现种种矛盾和困难的实际，余秋里号召学习"两论"。4月10日，石油部机关党委做出了《关于学习毛泽东同志所著〈实践论〉和〈矛盾论〉的决定》,"两论"从此成为石油会战中的指导思想。

余秋里要求学"两论"的主要目的,就是让石油职工们都能够明白:千矛盾,万矛盾,国家缺油是最主要的矛盾;这困难,那困难,别人用石油卡我们的脖子是最大的困难。

参加会战的广大职工通过学习,逐渐开始从思想上解决了遇到的矛盾与困难,他们慢慢地认识到,生活上再困难,比不上国家困难大;生产问题再大,比不上国家缺油问题大。通过学习使职工们看到了石油工作者的岗位在地下、问题是油层。通过边学边议,摆问题、讲困难、找矛盾,共同研究攻坚克难的办法和措施,引导职工们面对国家缺油的严峻现实,明白这样一个道理:面对眼前的诸多困难,只有继续往前冲,决不能半途退下来;只有迎难而上,决不能被困难所吓倒。这样一来,通过研究分析重重困难和种种矛盾,大家逐渐清醒地认识到,眼前困难是暂时的、局部的,不是主要矛盾,国家缺油才是全局性困难,才是主要矛盾,为了国家和民族利益,一定要迎难而上。就这样,以"两论"为指导,统一了思想,统一了认识,凝聚了人心,鼓起了干劲。后来,人们就有了大庆石油会战是靠"两论"起家的说法和定论。

余秋里号召学"铁人"攻难克难

参加石油会战的广大职工通过学习"两论",更加奋发图强,致力艰苦创业,自觉为国家多找石油、多产石油,多做贡献,也涌现出了一大批先进模范人物。其中,最突出的代表就是"铁人"王进喜,他是1205钻井队队长、共产党员、全国著名劳动模范。1960年,他奉命从玉门油田带领1205钻井队千里迢迢来到大庆油田后,一不问吃,二不问住,下车先问三句话:"钻机运到了没有?""钻井的井位在哪里?""这里的钻井纪录是多少?"当钻机运到后,他知道吊车和拖拉机不足,没有向上级伸手,而是带领职工,使用撬杠和棕绳,人拉肩扛,把五六十吨重的钻机部件卸下火车,又靠人拉肩扛,装卸汽车,在现场安装设备,竖起了井架。开钻时需用大量水调制泥浆,但既没供水管线,也没水罐车,他不等不靠,带领职工从500米外的水泡子里,用脸盆一盆盆地端水,争取时间提前开了钻。在一次钻进中,突然发现井涌迹象,一旦井喷,整部钻机可能被陷进地层,还会引起火灾,烧毁设备。为了防止井喷,急需加大泥浆比重,但现场没有搅拌设备。在这紧要关头,王进喜和几名工人奋不顾身地跳进泥浆池,用身体搅拌泥浆。经过两小时的搏斗,一场井喷事故避免了,可是王进喜和两个工人的身上已被碱性很强的泥浆,烧起了许多大泡。王进喜吃苦能干,那是出了名的。他还带领1205钻井队用5天零4个小时的时间打完了"萨55井",创造了当时的最高纪录。为此,康世恩还特别招待了这位英雄。而且,康世恩与王进喜的感情非比寻常,总是叫他"老铁",两人亲热得像兄弟俩。逢年过节,康世恩总要亲自登门看看王进喜,有一年没啥可拿的,便随手提

萨55井是王进喜带领1205钻井队打下的第一口油井。

上几块豆腐。

余秋里和康世恩发现王进喜这个典型后，都感到王进喜这种心甘情愿吃苦耐劳，临危不惧，不惜牺牲个人的一切，为国家和人民多找石油、多产石油的崇高精神，是中国工人阶级优秀品质的集中体现。而且，余秋里是第一个提出学习王进喜的领导。1960年4月9日至11日，在油田技术座谈会上，余秋里在讲到解决职工畏难情绪问题时，他说，前几天，有位老大娘跟我讲，你们那个王队长在工地上饿了啃几口干粮，困了裹着老羊皮袄往地上一躺，七天七夜不离开井场，一连50多个小时没睡觉，他真是个"铁人"哪！随后，余秋里充分肯定了王进喜这个典型，并首次提出要向"铁人"王进喜同志学习。

1960年4月29日，在召开的大庆石油会战誓师大会上，"铁人"王进喜作为会战中涌现的第一个标兵，披红戴花，骑着由领导干部牵着的高头大马，被职工们敲锣打鼓送进会场，拥上主席台。与此同时，余秋里的"向铁人学习，人人争做铁人！"的口号响彻整个会场。

8

为什么说大庆石油会战"气壮山河"？

石油会战是在困难的地点、困难的时间、困难的条件下开始的，会战大军通过战胜一切艰难困苦，最终才取得了伟大胜利。而且，大庆精神也正是在这场波澜壮阔的石油大会战中孕育产生的。

忍受饥饿与疾病的折磨

会战初期，时逢自然灾害，吃不饱肚子便成了最大困难。刚开始的时候，职工吃的粮食基本上能按工种定量供应。随着会战的逐步推进，工作量越来越大，粮食供应却越来越少，最严重的时候达到了"五两保三餐"，也就是一天只吃五两粮食，等于一顿饭改为三顿吃。一个二两玉米面"窝窝头"一多半是大白菜帮子，一两小米稀饭稀到能照出人影，常年没有肉腥。一天仅五两粮食，就是身体再好，又能支撑多长时间呢？每天干的又都是重体力活，扛的、抬的都是重达几十公斤的铁疙瘩。当时有的职工饿得难受，就跑到冰天雪地里捡秋收后的白菜帮子、甜菜叶子、冻土豆来吃。有的职工饿得不行了，就喝点盐水，喝口酱油汤，就这也不是天天都有的。不仅如此，余秋里、康世恩还规定，为了抢时间、抢进度，整个油田只休息"大礼拜"，即每月逢十休息一天。

王进喜用创新的办法把40米高的井架实施整体搬迁的场景。

为提高工人的技术本领，王进喜经常在1205钻井队向工人传授技艺。

时间不长，由于缺乏营养，会战初始就已有4 000多人得了浮肿病，竟然占到会战职工人数的10%。有一天，余秋里部长去医院看望，那些患浮肿病的职工躺在病床上，本想和部长握一下手，但却抬不起胳膊，甚至连说一声"部长好"的力气都没有。当余秋里握着一名职工的手，发现是软软的，轻轻地按了一下，可按下去的地方半天也弹不起来，他半天都没有说出话来。这时,旁边病床有位职工还勉强支撑着手臂,抖动着给部长敬个军礼,余部长再也忍不住泪水,不停地对大家说:"同志们,会好的!会好的!"

遭遇四十年不遇的连绵降雨

1960年初春后,大庆地区的雨季提前到了,大地刚解冻,就开始下雨,不仅比往年来得早,而且雨量大、雨期长。据气象记载,这次石油会战赶上了40年不遇的连绵降雨,从4月26日起到9月底,三天两头下雨,草原上遍地积水,处处泥泞。油田建设工人蹚着没膝泥泞,坚持施工。司机们开动脑筋,用汽车轮胎"穿铁鞋"的办法,解决了泥泞中行车困难的问题。很多人没有雨衣雨鞋,只能赤脚蹚在水中。衣服根本就晾不干,只能整天湿乎乎地穿在身上。住的帐篷、活动板房、牛棚马圈大多是四处漏雨,屋外下大雨,屋内下小雨,屋外已不下,屋里还滴答。床是湿的,被子是湿的,睡不能睡,坐不能坐。当时,就连余秋里、康世恩这两位"战地"最高统帅住的牛棚内的床铺,也因为要避雨而在一个晚上内被挪动了七次。职工们的住处自然也不会比他俩好。

无晴的天气,连绵的雨季,给会战施工和生产带来了很大的困难,许多工地和井场都被泡在水塘中,工人们只能站在没膝深的水中劳

大庆石油会战时期创办的《战报》

动。所有土路经过车压人走，遍地烂泥使得车辆寸步难行。由于长时间下雨，洪水来袭，隔绝了与外界的交通，生活用品运不进来，器材设备运不进来，支援队伍上不去，甚至连音讯也时而断绝了。油建有个5人工作小分队，因为在荒原深处施工，被突来暴雨隔绝，失去联系，困在野外。没办法，只能靠吃野菜充饥，用雨水解渴，就这样度过了7天7夜。面对困难，会战队伍没有退缩，不管雨多大，哪怕天上下刀子，会战也不能停。抢晴天，战阴天，最终战胜了雨季，站稳了脚跟，恶劣环境没有难倒这些会战勇士们。

艰难度过冷秋和寒冬

艰难的雨季总算熬过去了，转眼间，却又迎来了阴冷的秋季。刚进10月，天降霜雪，气温一下子就冷了下来，寒冷的冬季也要提前来到。可是，石油工人们仍在野外作业，工期一天也不能停下来，泥水浇在身上很快会结冰，如同穿了冰冻盔甲，经常是先用木棍在身上敲一遍才能走路。很明显，如果没有可靠的御寒保温手段，无论如何都难以维持生活和施工。那么，当地人是怎么过冬的呢？由于这里冬季最冷时可达零下40摄氏度，冻土厚达两米，当地老百姓入冬后都在家里"猫冬"，人称"三九、四九，棒打不走"。然而，这时候，几万名会战职工却仍然住在帐篷或活动板房里。人要住暖房、换棉衣，生产设施要保温、要照常。工人们说："任凭零下四十度，石油工人无冬天！北风当电扇，大雪是炒面，天南海北来会战，誓夺头号大油田。"全战区从机关到基层，每天都有许多人挖沟覆土，把输油、供水管线深埋地下，以保持油水温度。地震工人破土勘探，钻井工人冒雪打井，采油工人坚守井场，确保油流顺畅奔涌。

此时，有人主张在冬季来临前，把会战队伍撤到哈尔滨、长春、沈阳等地，等到来年春天再干。如果这样做，会战部署会被打乱，会战目标就无法如期实现，一场石油大会战就会变成拉锯战、消耗战。怎么办？

为了保障冬季正常生产建设,会战领导小组研究决定,这次会战只许上,不许下!只许前进,不许后退!会战职工虽喊出了"任凭零下四十度,石油工人无冬天",可是问题怎么解决呢?指挥部果断决定每天动用上万人挖沟覆土,尽快把新铺设的输油和供水管线深埋于地下。就是在这种常人难以想象的艰苦条件下,大大激发了创新热情,采油技术人员和工人创造了"长烟道""热风吹""平顶盘管加热炉"等多种多样的保温设施,较好地解决了油井和输油输气管线的保温问题。

在解决居住问题上,会战领导小组派人考察了当地居民住的一种被称为"干打垒"的土房子,冬暖夏凉适合居住,且施工简单,易于搭建。于是,指挥部号召学习当地人民群众这种盖房子的方法,迅速掀起一场盖"干打垒"房子的建设热潮。从领导干部、总工程师、大学教授到生产工人、学徒工和炊事员,男女老少齐上阵,靠自己动手盖,下了班就卷起袖子动手挖土打夯,挑水和泥,脱坯抹墙,一起建房子,盖"干打垒"。人心齐,泰山移。仅三个月的日夜奋战,就建成30多万平方米"干打垒"房子,在荒原上第一次出现了一批新的村落,当年实现了"人进屋、机进房、菜进窖、车进库"的目标。"干打垒"是特定历史条件下的产物,它体现了白手起家、勤俭节约的创业精神,当时建造30万平方米"干打垒"只投资了900万元,如果建成砖瓦结构的房屋,大约需要6 000万元,在1960年国家经济建设最困难的时期,为国家节省了半个多亿的资金。这不仅较好地解决了几万人的过冬问题,也对保障石油会战顺利开展起了很大的支撑作用。

运用了1 708万次地层对比资料

历尽艰难困苦的石油大会战,不仅需要石油职工付出体力,也需要石油职工付出智慧,更需要石油职工始终保持严谨、认真的敬业精神。为了切实弄清油田特性和地质储量情况,他们以"两论"为指导,坚持理论与实践相结合,坚持用事实说话,坚持要认清油田地下情况,必须收集海量的第一手地质资料数据，并对这些数据进行精准分析。因此，石油会战伊始，会战领导小组就明确提出在勘探和开发大庆油田过程中，对录取资料提出了"四全四准"的要求，即录井资料要全、测井资料要全、岩芯资料要全、分析化验资料要全、各种仪表要校正准确、压力测试要准确、油和气计量要准确、各种资料数据要准确。还提出了每钻一口井都必须取全取准"20项资料和72个数据"，做到一个不能少，一点不准错。同时，地质技术人员在地质储量测算过程中，总共运用了13 400米岩芯的50万次分析资料、160万个化验数据、1 708万次地层对比资料，严谨地测定了含油面积，实事求是地确定了油层有效厚度、孔隙度、原始含油饱和度等一系列计算参数，科学地测算出了大庆油田的储量。

会战期间，领导小组进行了大量的科学研究工作，解决了世界油田开发史上的几个重大技术难题。在科学制定油田开发方案上，大庆油田的开发方案资料依据比较充分，符合油田实际情况，执行得比较顺利。当时苏联在为杜依玛兹油田制订开发方案时，只有16口探井的资料以及1 270多块岩芯样品的分析数据。而我方在为大庆油田制订开发方案时，就有85口探井的资料、28 000多块岩芯样品的分析数据。在开采多油层油田上，需要有个封隔器，用以分层开采，分层注水。国外一般是采用钢制封隔器很不安全。根据大庆油田多油层的特点，自主创新了水力皮球式多级封隔器，使用起来很安全，可封隔五六个油层。有了这种工具，在井下，就可以做到要封隔哪一层，就封隔哪一层；注水要注哪一层，就注哪一层。在这方面，通过石油会战，彻底改变技术干部以往那种搞不清油田情况就效仿洋人、照抄洋书的局面。在遇到技术难题时，人们也不再望而生畏，半途而废，而是解放思想，反复试验，大胆创造，敢于和国际水平较量，攀登世界科学技术高峰。

在大庆炼油厂建设中，他们完全靠自行设计、自行施工。从开始设计的每一张图纸，一直到施工的每一道工序，都非常严格，一丝不苟。从基础到安装，无论一个螺丝、一个闸门、一条管线，还是焊接、绝缘、防腐、保温,都样样合格、步步落实。工程建成投产以前,领导小组又组织了大练兵、大演习,动作很标准,协同很熟练,设备运转正常,生产产品合格。这说明,鼓足干劲和科学严谨结合起来,就会让人们看到精神的力量是多么的伟大。

创纪录源于惊人速度

1960 年,1202 钻井队作为全国著名标杆钻井队,曾出席过 1959 年的全国群英会。在大庆石油会战中,队长马德仁、指导员韩荣华带领全队首创 1 个月钻井 "五开五完" 的纪录,获钢铁钻井队的光荣称号。1961 年 1 月 11 日,《人民日报》登载了苏联格林尼亚钻井队用 11 个半月时间完成钻井进尺 31 300 米的纪录,被苏联部长会议正式命名为功勋钻井队的报道。1202 钻井队职工看到后,向会战领导小组请战,决心赶超苏联功勋钻井队。他们 3 月初冒着严寒开钻,当月就新开钻 3 口井,完钻 3 口井。到 11 月 12 日,他们已钻井 30 000 米,交井 27 口,又创造了全国最高纪录。这时,寒潮来临,呵气成冰,1202 钻井队职工不怕严寒,提出 "再打一口井,坚决超'功勋',为国争光荣。" 在凛冽的寒风中,供水管线已全部冻结,他们背冰化水,顽强拼搏 10 多天,终于在 1961 年 11 月 29 日 22 时,钻完了全年第 28 口井,只用 9 个月时间,完成钻井进尺 31 746 米,实现了超苏联功勋钻井队的誓言。

经过半年多的苦战,到 1960 年底,各探区共完成探井 91 口,试油 63 口 73 层。这样惊人的速度,进一步证实了大庆长垣各含油构造连片,大庆油田是一个面积大、油层多、原油性质好、产量高的特大型油田。1960 年 12 月 10 日,当大庆油田的气温下降到零下 30 多度时,那天的原油产量达到了 7 219 吨,创造了大庆石油会战九个月来原油日产量最高纪录。

会战三年,打了 1 000 多口油井,都是 1 000 多米深井。每台钻机平均每月打井的速度,同 1958 年和 1959 年两年相比,要快 1 倍多;同

1957年相比，要快3倍多。也就是说，现在1台钻机顶1957年的4台使用。这不仅反映了打井速度的提高，也反映了打井技术水平的提高。

苦战三年甩掉"中国贫油"帽子

从1960年5月1日正式开始，到1963年年底结束，历时3年多时间，石油会战队伍以常人没有的勇气和魄力，英勇顽强地战斗着，为拿下大油田，甩掉中国石油工业落后的帽子，他们奉献了青春、热血、家庭、生命，乃至一切，并取得了骄人的业绩：1960年6月1日8时45分，首列满载原油的列车缓缓驶出东油库，标志着大庆油田开始源源不断地为伟大祖国输送工业血液，掀开了中国石油工业的新纪元。1960年底，大庆油田生产原油97.3万吨，缓解了国家缺油的局面。到1963年底，大庆油田生产原油439.3万吨，占全国原油总产量的67.8%。持续三年的石油会战，共探明面积达860多平方公里的特大油田，建成年产原油500万吨的生产能力，累计生产原油1 166.2万吨，占全国同期原油产量的51.3%。共用国家投资7.1亿元，上缴财政10.6亿元，投资回收率达到149%，除回收投资外，为国家积累资金3.5亿元，从根本上改变了中国石油工业落后的面貌。1963年12月4日，《第二届全国人民代表大会第四次会议新闻公报》宣布：我国需要的石油过去绝大部分依靠进口，现在已经可以基本自给了。

大庆石油会战不仅为我国石油工业打下坚实的基础，同时也涌现出王进喜等一批具有时代精神的劳动模范，孕育形成了"大庆精神"和"铁人精神"。这是石油战线老一辈领导人和广大石油职工在困难的时候、困难的地方、困难的条件下，继承和发扬我党我军优良作风和中华民族传统美德，在开发建设大庆油田的实践中，逐步培育和形成的。大庆精神与井冈山精神、延安精神并称为我党的三大精神，大庆精神已成为中华民族精神的重要组成部分。

大庆石油会战取得决定性的胜利，得益于党的坚强领导，得益于全国人民的大力支持，充分体现了社会主义制度的优越性。这是党和国家调集全国力量，成就了大庆油田；这是包括黑龙江省在内的全国人民对大庆石油会战的鼎力支持，成就了大庆油田；这是解放军广大官兵勇于踏上石油会战征途，挺起石油工业脊梁，成就了大庆油田；这是余秋里、康世恩和王进喜等老一辈石油人，为国找油，披肝沥胆，鞠躬尽瘁，成就了大庆油田。他们不愧为新中国石油工业的奠基者！

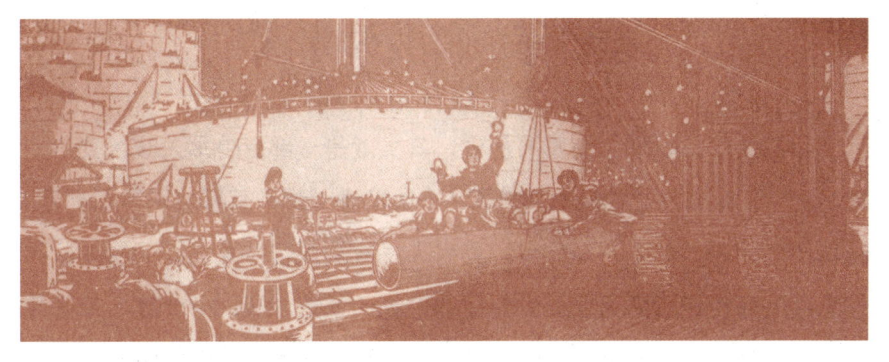

日日夜夜（版画照） 创作年代：1976年 作者：李延斌

哲思随语

有那样一群复转军人

追溯新中国石油工业发展历程,其实就是一部复转军人艰苦创业的壮丽史诗。参加石油会战的复转军人,他们身上都具有解放军组织严密、纪律严格、令行禁止的好作风,具有人民军队艰苦奋斗、顽强拼搏、不怕牺牲的好传统。更为重要的是,他们把这些好作风、好传统,带进并融入了石油会战队伍之中,这为建设一支具有严格组织纪律性、职业献身精神、艰苦创业的石油产业大军打下了良好基础,更成了孕育形成大庆精神的原动力和重要力量。

复转军人占全体会战总人数超 85%

1960 年 1 月,大庆石油会战伊始,党中央抽调 3.3 万名解放军官兵参加石油会战。而且,在全国石油系统支援大庆石油会战的 10 万人中,就有石油工程第一师中的 2 000 多人,他们是 1952 年由解放军 19 军 57 师(8 000 人)改编而来的,奔赴大庆,参加会战。如果 3.3 万名转业退伍官兵是主力,那么这 2 000 名石油师人就是种子,这些复转军人占全体会战总人数 85% 还多。在这支石油大军中不但有余秋里、季铁中这样的解放军将军,还有康世恩、张文彬、宋振明、陈烈民、许世杰这样的解放军师团级干部。值得一提的是,这 2 000 名支援大庆会战的石油

师人中,宋振明、许士杰、秦文彩、秦峰、张瑞清等人后来都成为石油战线的副部长级领导干部。其中,原57师政治委员张文彬,不仅参与组织了松辽石油会战,还参与组织了胜利油田会战、四川石油会战、华北石油会战,后来成为石油工业部常务副部长。还有一批成为部机关和各油田司局级干部,他们不单是大庆石油会战的种子,也是中国石油工业的种子。而且,这些解放军转业官兵以大无畏的革命英雄主义精神、忘我的牺牲奉献精神投身于大庆石油会战当中,他们艰苦奋斗、英勇顽强、不怕困难、纪律严明、冲锋陷阵、团结互助、积极进取、埋头苦干,大都在较短的时间内掌握了技术业务管理知识,熟悉了基本操作技能,不仅始终保持高度组织性、纪律性的战斗队特征,也成为拥有熟练技术的重要骨干,更成为石油会战乃至我国石油工业建设的突击队。

世界独一无二的"队伍"

石油会战开始后,会战领导小组就提出要把石油大军建设成一支"不穿军装的解放军式"的队伍,而中国人民解放军是世界独一无二的队伍。这是因为石油职工队伍中有一大批骨干是复转军人,且石油会战中的组织、领导和思想政治工作等重要职位,大多数由军队转业官兵来担任,他们把身上终生流淌着的人民解放军的"血脉",把解放军优良传统作风悉数带到石油职工队伍中来,不仅为大庆石油会战提供了思想政治工作经验、组织经验和领导经验,也传下了善打硬仗、敢打恶仗、能打大仗的过硬作风。会战初期,展现了石油工人风采的1202钻井队,就是1955年以石油师警卫连一个排为主干组建的。在这个井队里,当时全是清一色的石油师战士,个顶个的精壮,一声令下,一个班上去干活儿,保证只多不少,完成工作从不打折扣。在他们心中的自己,既是石油师的一名战士,又是大庆油田的一名普通职工,坚持服从组织安排,哪里艰难就去哪里,义无反顾地投身石油会战的洪流之中。1961年11月29日,1202钻井队以9个月零15天的时间钻井28口,总进尺31 746米,超过了苏联"功勋钻井队"的钻井纪录,成为与"铁人"王进喜的1205钻井队齐名的钻井队,被誉为"永不锩刃的尖刀"。会战领导小组做过统计,在参加石油会战的4万多名职工中,工人90%是退伍战士,领导干部中80%是转业军官。他们在会战乃至后来的长期工作实践中,把解放军一不怕苦、二不怕死的革命英雄主义融进了石油战线,以军人的爱国、忠诚、奉献、果敢和敬业精神,为大庆油田培养造就了一支以"铁人"王进喜为代表的有高度觉悟、高度组织性、高度文化和技术素质的工人队伍和干部队伍。

军队干部是管理层的主体

毛泽东在一次会议上说:"有人说我们的军队干部打仗可以,不能搞经济建设。我就不信!你们看,余秋里在搞石油大会战嘛!"其实,说"军队干部打仗可以,不能搞经济建设"这种话的人,根本就不懂解放军。独臂将军余秋里是新中国石油工业部第二任部长,是真正的职业军人出身。在解放军编制序列的职责分工中,按照作战要求分设司、政、后三大部门,这三大部门少了谁也不行。也就是说,军队既需要指挥军事作战的司令员,也需要会做思想政治工作的政治委员,更需要兵马未动、粮草先行的后勤部长。实际上,在中国军队里能兼具三种军事才能的复合型将帅并不多,但余秋里是一个,且是非常杰出的一个。余秋里之所以在解放战争中得到毛泽东、贺龙、彭德怀的特别赏识,和平建设时期又先后从解放军总后财务部部长、总后勤部政委,到转任石油工业部部长、国家计委主任、国务院副总理等重要职位,完全取决于他具有文武兼备、军地兼备、学用兼备的卓越领导才华和对党忠诚的报国之心。

余秋里部长指挥若定

余秋里部长站高望远、决策果断。1959年9月26日,"松基三井"喷出工业油流后,他深入勘探一线实地考察,广泛听取各方意见,总结吸取以往石油勘探的经验教训,并对松辽盆地勘探资料进行反复论证,以非凡的胆略和气魄，果断地提出集中全国石油系统的人力、物力，组织开展大庆石油大会战。同时，他认为要改变中国石油工业落后局面，必须下定决心，必须背水一战，必须全力拿下这个大油田。余秋里部长活用"两论"解难题。会战开始后，面对重重困难和错综复杂的矛盾，他做出的第一个重要决定就是《关于学习毛泽东同志所著〈实践论〉和〈矛盾论〉的决定》。余秋里部长善于树典型、传递正能量。在会战期间，他把培养和锻炼一支具有政治合格、作风优良、技术过硬的石油职工队伍放在重要位置，以"两论""两分法""三老四严"为牵动，竭力培育参战职工的爱国精神、创业精神、求实精神和奉献精神，相继树立了以"铁人"王进喜为代表的一大批英雄模范人物，为会战顺利推进提供精神动力。

康世恩是懂石油的军人

在大庆石油会战的全过程中，军人出身的康世恩始终是会战的实际领导人，他早年就读于清华大学地质系，后来投笔从戎，参加八路军，抗击日本侵略者。1949年9月，受彭德怀将军指派到当时中国最大油田——玉门油矿担任军事总代表，从此走上了石油工业的领导岗位，他是懂石油地质、懂石油厂矿、懂石油队伍建设的高级指挥员。1960年他担任大庆会战的总指挥，吃住在现场四年，以军人的果敢和坚毅指挥着这场石油大会战，乃至亲自总结出大庆经验。1965年升任石油部部长，全面领导石油工业持续前进，直到1982年离任，他为大庆油田乃至中国石油工业做出了重要贡献。

军旅作风是石油工人的"根"

曾经有人千万次地问，为什么石油工人职业素质那么高呢？答案很简单，就是他们传承了解放军下级服从上级、个人服从组织的好传统，做到随着勘探任务变动而服从调动，处处体现会战任务一盘棋思想，处处体现石油勘探队伍是一支坚强的野战队伍。一方面，大庆石油会战的军事化色彩一开始就很浓厚,石油勘探开发称"石油会战",油田称"战区",领导机构称"指挥部",干部称"指挥",一个阶段称"一个战役",等等。大庆石油会战一开始强调一切行动听指挥,纪律是一个军队生存和作战的保障,军队没有纪律,就像一盘散沙。这些军人出身的石油工人,不论何时、何地、何事,始终做到听组织的、跟领导走,始终发扬解放军艰苦奋斗、不怕困难、无私奉献的优良作风。这也促使每一位油田员工都必须服从上级安排,如同军人必须服从上级命令一样,始终体现出至高无上的组织纪律性。特别是"把支部建在连上"的优良传统,直接改造为"把支部建在井队",并一直沿用到今,对建设一流现代石油企业起到了重要推动作用。

直到许多年后,当老一代石油人回忆起中国石油工业发展历程时,一致认为,在新中国石油工业队伍中,最具实力的家底、最过硬的家底、最听党的话的家底,就是来自于解放军的大批转业干部和退伍军人,以及解放军成建制转入石油工业的军人们,他们是我国石油产业大军中的生力军。

有那样一群石油工人

参加石油会战的老一代石油工人,他们具有中国工人阶级优秀品质,成为孕育形成大庆精神的宝贵源泉和重要基础。

在大庆油田会战中,来自玉门、新疆、青海各油田,以及兰州炼油厂、抚顺炼油厂等全国石油行业的大批老工人,尤其是从玉门油矿等老油田来参加会战的石油工人,总数1.5万人左右,就是他们成了大庆石油会战队伍的业务、技术骨干,更是形成大庆石油产业大军的基础。

饱受苦难的人

这批老一代油田工人,大部分是旧中国从事石油生产、技术研发或管理工作的人,个性豪放粗犷,为人耿直真诚。他们在旧中国既受外国资产阶级的压榨和奴役,也受官僚资本和封建势力的剥削和统治。他们为了自身生存和解放,曾经进行过英勇顽强、不屈不挠的斗争。玉门油矿解放前夕,油矿职工在中共地下党的组织下,进行了英勇的护矿斗争,积极踊跃配合和支持人民解放军。玉门油矿解放后,他们积极恢复和发展生产,为发展新中国石油工业做出了贡献。

自强不息的人

这批老一代油田工人,怀着为国家争气,为中华民族争气的理想,奋发图强,自力更生,以不怕任何艰难困苦,拼命也要拿下大油田的决心和勇气,吃大苦,耐大劳,不计个人得失,在最困难的时期,最困难的条件下,起到了稳定队伍、坚持会战的支撑作用。

意志顽强的人

这批老一代油田工人,他们具有钢铁般的顽强意志,不仅表现在能够顶得住任何艰难困苦,更能够长期埋头苦干,把爱国热情和冲天干劲与求实创新相结合,把坚忍毅力同遵循科学实践相结合,不论做哪件事,干哪项工作,事事严格要求自己,自觉践行"当老实人、说老实话、办老实事",以及"严格的要求、严密的组织、严肃的态度、严明的纪律",即"三老四严"的好传统、好作风。

站在时代前列的人

历史证明,中国工人阶级始终站在时代前列,之所以能成为主力军,成为中坚力量,正是因为有王进喜等工人阶级先进代表的不断涌现。1960年,当生产试验区的第一口油井——"萨66井"完钻后,薛国邦队长带领采油队接管了这口井,他不分白天黑夜地奋战在油井上,饿了啃口干馒头，困了就打个盹，最终取得了"四全四准"资料，为石油大会战的全面展开创造了良好条件。这批老一代油田工人能够在那样艰苦的环境下，仅用了3年多的时间就在一片荒原上建起一个世界级的大油田，从根本上改变了中国石油工业的落后面貌，体现了中国工人阶级靠实干建功立业的精神。在平凡中感动人心，切实把吃大苦、耐大劳、识大体、顾大局、乐于奉献等优秀品质根植于大庆油田，成就了中国石油工业发展史上的一个重要里程碑。

回顾光辉历史，追溯大庆精神，正是因为有了这样一支石油工人队伍，才能够无所畏惧，艰苦创业，不顾个人安危，不顾个人得失，去做前人不曾做过的事情，去闯前人不曾闯过的难关，这对确保石油会战任务胜利完成，彻底改变石油工业落后面貌，是至关重要的。石油会战用事实告诉世人，他们是中国石油工业真正的开拓者、先行者和创造者。

3

有那样一群知识分子

参加石油会战的科技工作者，他们以自己的苦心钻研和实践打破了陆相地层没有大油田的旧观念，丰富了石油勘探理论，为中国石油科学技术的发展，做出了突出贡献，也成为孕育形成大庆精神的关键支撑和重要基石。

事关会战成败

会战初期，石油工业部就提早抽调石油科学研究院和各油田专家、石油学院教授、讲师、学生等组成1 000多人的专业技术队伍，到现场参加会战，搞技术攻关。会战初期的科学研究队伍和工程技术队伍，平均年龄只有二十多岁,总地质师、钻井总工程师、采油总工程师等平均年龄也只有三十几岁,是一支十分年轻的队伍。如何发挥好这支年轻科技队伍的重要作用,充分调动科技人员的积极性和创造性,以科学精神和科学态度搞好油田勘探开发,是决定石油会战成败的关键。1962 年 7 月 10 日,会战技术干部会议明确指出:会战的技术干部绝大多数是在社会主义制度下长大的,技术干部对国家的最大贡献就是在技术工作上做出成绩。

担当攻关重任

会战中,在组织机构上设置了八大总工程师,实行技术责任制,有职有权;各职级技术干部,都是同级机构的领导成员之一,负责具体制定技术工作的方针和政策,承担油田勘探和开发等重大科研攻关;鼓励技术干部加强思想政治学习,学会用辩证唯物主义观点去观察问题、分析问题和处理问题;发扬独创精神,树立敢想敢说敢干、严格严肃严密的作风,勇于攀登油田科学技术高峰。

勇于技术创新

会战中,组织大学教授、工程师、技术人员成立油层研究队,白天上井收集资料,晚上在"干打垒"里进行研究,调动和发挥知识分子的积极性。1962 年完成的《萨尔图油田开发、设计方案的初步研究》,1963 年完成的《碎屑沉积油藏注水开发油层研究》,以及后来完成的《利用平面物理模型研究油水运动规律》和《小层动态分析方案研究》,先后获得国家科学技术委员会和全国科技大会奖。

他们培养重用年轻人

会战中,老石油技术干部只有 100 多人,而会战需要大批石油技术干部。当时,会战领导在注重发挥老工程技术人员作用的同时,把目光转向了新中国成立后学校培养出来的年轻知识分子身上,打破"唯资格论""唯学历论"的框框,从中发现优秀人才,大胆提拔人才,有意识地培养锻炼年轻技术干部,并重用了一批思想好、意志强、有能力的年轻技术干部。3年会战,共提拔总工程师8名、主任工程师63名、工程师和地质师307名。这些人大多数在30岁左右,如采油总工程师李虞庚、钻井总工程师王炳诚、总地质师闵豫等。任用这些年轻干部对取得石油会战胜利起到了至关重要的作用。

这些石油技术人员在会战中,能够克服各种困难,敢于挑战极限,勇于自主创新,探求科学真理,超越权威,超越前人,超越自我。如果没有那么多技术超越,中国永远甩不掉贫油的帽子,他们做出的贡献利在油田,功在千秋!

"两论"起家(版画照)　创作年代:1972年　作者:晁楣

第三章
诠释精神真谛

大庆精神——爱国、创业、求实、奉献。爱国是一种责任,创业是一种追求,求实是一种品格,奉献是一种境界。大庆精神既是一种行业精神,也是一种自强精神,更是一种时代精神,因为它是中华民族精神和革命优良传统的传承和升华。

铁人语录

爱岗敬业篇

★一个人每天要做工作，如果责任心不强，就没有压力，就轻飘飘地过去了。我们说的压力，不是哪个领导给的压力，而是我们自觉自愿的压力。

★要有责任心，对党负责，对国家负责，对自己负责，就应该有压力。

★要打直井，首先我们脑子里要有个井。脑子里没有这个井，一辈子也打不直它。人的因素第一。

★我是个钻工，当了干部还是个钻工，要永远参加劳动。

★忘了劳动，就会忘掉党，忘掉阶级兄弟。我要永远参加劳动。不劳动，就不算个工人了。

寻源探究

1

"两分法"是怎样产生的？

毛泽东认为对事物要采取辩证的分析态度，既要看到积极的方面，又要看到消极的方面，不能以偏概全，攻其一点不及其余。哲学上一分为二的方法，指一切客观事物和主观思维都分为既对立又统一的两部分，这两部分既统一又斗争，由此推动事物的运动和变化。

1959年9月至1960年底，大庆会战只用了1年多的时间就基本探明了油田面积，也测算出了大致储量，到1963年年生产能力已达500万吨，累计生产1 000多万吨原油，财政上缴累计10亿多元。在得到毛泽东主席和党中央、国务院的表扬后，广大职工憋足一股劲，一心要搞大名堂，一股劲地要猛打猛冲。当时，有些领导干部头脑也发热了，看成绩多，看缺点少，看有利条件多，看不利条件少，盲目地率领群众打冲锋，生产质量上出现了一些不好的苗头。会战工委敏锐地意识到，摆在面前的一个突出问题，就是在胜利的时候，在受到表扬的时候，能否谦虚谨慎、继续前进，这是一个很大的考验。在这种情况下，如何引导职工朝正确的方向前进，是一个迫切需要解决的问题。正在这时，毛泽东关于加强相互学习克服故步自封、骄傲自满的指示传达到了油田。会战工委组织各级领导干部认真学习，并用"两分法"检查工作，检查自己，先后摸了5个钻井队，用"两分法"一个队一个队地进行分析，成绩是怎么取得的，缺点是如何发生的，用鲜活的事实，广泛地向职工宣传。有的干部说："脑子里没有'两分法'，打了胜仗，光说不要骄傲，可是骄傲自满还是出来了。只有学好了'两分法'，提高了认识，才能头脑清醒，勇往直前。"大家认识到，成绩只能说明过去，不能说明未来，我们应当像登山运动员那样，把脚印留在后面，永远向新的高峰攀登。

1964年1月3日，《战报》发表会战工委副书记吴星峰的长篇文章《要学会用"两分法"看问题》。会战指挥部还遵照毛泽东"要把别部、别省、别市、别区、别单位的好经验、好作风、好方法学过来"的指示，派出3个学习团到沈阳军区和解放军政治学院学习取经，派人到沈阳、哈尔滨、齐齐哈尔等地学习先进单位的经验。与此同时，在全油田发动群众揭露矛盾，找出缺点，对照先进找差距，从外部找到内部，从工作找到思想作风。找出的大量差距、问题，反映了队伍的思想作风不过硬，也反映了领导工作上的缺点、错误。对照先进共计找出了18条差距，将其印发后由油田职工讨论。有的同志讲："问题出在工人身上，根子却在干部那里。"会战工委领导在各级领导干部和工人代表参加的大会上，首先检查了自己思想作风上的问题。随后，各指挥部的领导干部，分别在大小会议上，向职工以面对面的形式进行了检查。在领导干部的带动下，很多工人也主动进行自我检查。有的工人说："井打斜了，不能都怪领导，主要是我们思想上有问题。人的思想出了毛病，井就打不好。"通过两个月时间，会战工人们在油田上下开展了"从高标准着眼，从大量的、常见的低标准、老毛病入手"的找差距活动，从人到物、从工作到思想作风、从施工质量到执行规章制度，大家找出了许多问题。这些问题在领导干部中引起了很大的震动，他们进一步认识到骄傲自满、要求不严、工作不扎实的严重性和危害性。在此基础上，全面认真整改，从而形成了一套用"两分法"总结工作的制度和做法，如完井整训，阶段整训，单项工程总结，战役总结，年终的全面检查、总结、评比。"两分法"自1964年初提出后，经过不断完善，形成了四条主要经验：（1）在任何时候，对任何事情,都要用"两分法"。成绩越大,形势越好,越要一分为二,只看成绩,只看好的一面,思想上骄傲自满,成绩就会变成包袱,大好形势也会向反面转化。(2)对待干劲也要用"两分法"。干劲一来,引导不好,就会只图速度,不顾质量,结果好心肠出不来好效果,反而会挫伤职工的积极性。(3)领导要及时提出新的、鲜明的、经过努力能够达到的高标准,引导职工始终向前看。(4)坚持以"两分法"总结工作,走上步看下步,走一步总结一步,步步有提高,方向始终明确。这正是:脑子里有了"两分法",取得成绩喜不倒,有了困难吓不倒,碰了钉子弯不了,靠'两论'起家,靠'两分法'前进。

"三老四严"是何时形成的?

"三老四严"是大庆精神的主要内容之一。"三老四严"即在事业上,当老实人,说老实话,办老实事;在工作上,有严格的要求,严密的组织,严肃的态度,严明的纪律。

会战初期,由于会战队伍来自四面八方,虽然有革命干劲,但也带来了一些旧习惯和坏毛病,不适应大规模的石油会战。特别是针对几万人、150多个工种分散在上千平方公里的草原上,班组作战,单兵顶岗,昼夜施工,四季生产,既需要协同配合,更需要集中统一,怎么办?1962年,会战指挥部针对会战以来的工作经验和教训,为了更好地促进石油会战的深入展开,注重强调培养干部职工的良好工作作风,并先从领导严起,在平时工作中,事事讲作风,时时讲作风,处处讲作风,人人讲作风。凡是好作风,就给予表扬和提倡,对常见"一粗、二松、三不狠"的低标准,对大量"马虎、凑合、不在乎"的老毛病,反复进行批评教育，加以纠正。

当时，在大庆采油三矿四队曾发生过这样一件事：一名学徒工由于操作失误，挤扁了刮蜡片，隐瞒不报，队长辛玉和知道了这件事后，组织全队在这口井前召开事故分析现场会，进行深入的讨论。经总结提炼后提出要当老实人，说老实话，办老实事。

1962年底，四队党支部发动全队职工对所管的油水井、站进行了详细认真的检查。技术员傅孝余逐井逐站认真细致地检查验收。除夕晚上，他检查到最后一口油井时，发现套管法兰缺一个螺丝，这时已是晚上9点钟了。为了装上这个螺丝，他从一个井排找到另一个井排，从材料库找到维修队，终于找到一个适用的螺丝，然后回到井上把它配好。

老工人李广志，在西7排3井检查闸门池的设备时，发现回压闸门下面有颗亮晶晶的油珠。他反复检查了各个闸门，并无渗漏，也不像是外面沾上的。晚上，他把情况向井长做了汇报。第二天，井长和他一道来到井场，顺着油痕的地方，一段一段挖出管线，接着又擦干净，逐段检查。经过4天紧张奋战，终于查出了油珠的来历，原来是干线穿孔渗漏出来的。通过这番检查，他们及时消除了一个重大的事故隐患。

有一次，队里小尹家来了客人，喝了两盅酒。接班时，被19岁的徒工小李闻出来了。小李不准他接班，叫他在井场上铲草，等酒味没有了再来接班。小尹无可奈何，只好拿着锄头铲了两个小时的草。就这样，在全队逐渐形成了严细的作风。全队职工对每盘长达1500米的清蜡钢丝都要用放大镜一寸一寸地检查，确认合格后才准使用。在交接班时，发现刮蜡片直径差0.2毫米，生产报表涂改一个字，灭火器上有一点灰尘，开关闸门差半圈或工具摆得稍微不整齐，都要交班人一一改正，才能接班。由于大家严格执行制度，坚持严细作风，扎扎实实地干工作，确保了油井的安全生产。据统计，建队3年共录取3万多个数据，无一差错，在用设备台台完好，井井站站达到一类，连续多年被评为油田标杆单位。

1963年9月13日，《战报》首次宣传"三老四严"，且与"四个一样"

的经验做法同期推出来，在油田职工中反响很大。

1964年2月20日，三矿四队在石油部召开的全国油田电话会议上介绍了经验。大庆会战工委做出了《关于开展向采油三矿四队学习的决定》。全油田迅速掀起了"学三矿四队、赶三矿四队、超三矿四队"的活动。同年5月，石油部在召开的第一次政治工作会议上，授予三矿四队为"高度觉悟，严细成风"的石油部标杆单位，石油部领导为全队职工每人胸前戴上大红花。同时，把他们在实践中摸索并创造的一些经验，概括为"三老四严"的革命作风，即对待革命事业，要当老实人、说老实话、办老实事；干革命工作，要有严格的要求、严密的组织、严肃的态度、严明的纪律。

"三老"的具体要求是：一是当老实人。鼓足干劲，艰苦奋斗，不图安逸，不怕困难；埋头苦干，少说多做，一切从实际出发，尊重科学；有全局观点，向上级要东西不能越多越好，交东西不能越少越好，不闹分散主义；有团结协作精神，不能只图自己方便，不顾别人困难；对同志讲原则，以诚相见，有意见当面提，不当面一套，背后一套，不要手段。二是说老实话。向上反映情况，向下做报告，必须有什么说什么，有多少说多少，不夸大成绩，不缩小缺点，不隐蔽错误，更不能封锁消息、报喜不报忧、夸夸其谈、哗众取宠；凡做计划、要投资、要材料、要人员、做统计报表以及对上报告，都必须实事求是，是多少要多少，坚决反对弄虚作假，宽打窄用，打埋伏，藏一手。三是做老实事。必须提倡调查研究，工作要越做越细，不怕麻烦，认真负责，讲求实效；要一件事一件事，一个问题一个问题，一点一滴去干，搞个水落石出；不做表面花哨、内容空洞的事，反对粗枝大叶，马马虎虎，道听途说，指手画脚的坏作风。

"四严"的具体要求是：一是严格的要求。一切行动都要严格按照党的政策和上级指示办事，各个方面的工作都要有严格的标准，要做就要做彻底，绝不允许凑合、应付。产品质量不合国家规格，坚决不出厂；工程质量没有达到设计要求坚决返工重来，设备检修质量不合格，坚决不许动。二是严密的组织。在生产建设各个环节、每个岗位上，必须做到人人职责分明，事事都有人管；各个环节、各个岗位都要紧密协调配合，使上下左右都工作、生活在严密的组织之中。坚决反对责任不明、无人负责和互不协作的混乱现象，绝不允许自由散漫，各行其是，自搞一套。三是严肃的态度。对党和国家的方针政策、上级指示，要做到严肃认真，雷厉风行，说干就干，干就干好，要抓紧、抓狠，一抓到底，反对囫囵吞枣、拖拖拉拉、疲疲沓沓的坏习气；对人对事必须坚持原则，划清正确与错误的界限，分清责任，自己有错误必须诚恳进行自我批评；一切正确的东西都要支持，一切错误的东西都要及时批评纠正，发扬正气，批判歪风邪气，不能是非不分，马虎迁就。四是严格的纪律。在生产、建设各项工作中，必须集中统一领导，严格遵守各种规章制度、工艺纪律和劳动组织，凡是遵守制度、积极工作的就要表扬鼓励；违反制度的，就要按照不同情况及时严肃处理，不能迁就姑息；在执行纪律时，应坚持原则，以说服教育为主，防止惩办主义。

"三老四严"经过会战时期的培养、磨炼、总结和推广，逐渐在数万职工队伍中形成了良好风气，增强了工作中的组织性和纪律性，生产中的主动性和科学性，执行制度的自觉性和严肃性，起到了单靠领导和制度管理不能完全起到的作用。

1978年4月22日，邓小平在《全国教育工作会议上的讲话》中明确指出："要极大地提高科学文化水平，没有'三老四严'的作风，没有从难从严的要求，没有严格训练，也不能达到目的。"不曾想到，"三老四严"在全社会的广泛宣扬和传播，其影响力和感染力已远远超出当时流行的众多名言警句，尤其是"当老实人，说老实话，办老实事"的"三老"更是流传甚广，家喻户晓。

"四个一样"是由谁最早提出的?

"四个一样"即对待工作黑天和白天一个样、坏天气和好天气一个样、领导不在场和领导在场一个样、没有人检查和有人检查一个样。会战初期,指挥部在实际工作中发现,什么样的领导就会带出什么样的队伍。只有领导以身作则,带头坚持优良作风和优良传统,才能把好作风、好传统传下去、带起来;只有领导用自己的一举一动、一言一行树立榜样,坚持哪里最困难、哪里最艰苦、哪里问题最多就到哪里去,和工人同甘共苦,才能战胜困难,带动职工树立优良作风。

"四个一样"最早是由李天照任井长的采油二矿五队 5-65 井组提出来的。这个井组是 1961 年 7 月成立的,当时,李天照井组掌管一口当月投产、地处油田边缘的油井,李天照组长注重培养全组工友的自律性,要求人人自觉从严做到"四个一样"。1962 年 3 月,大庆油田建立和推行岗位责任制后,会战工委结合生产实际,引导广大职工增强岗位责任心和执行制度的自觉性。会战工委提出"从大量的、常见的、细小的工作入手,全面管好生产"的号召,要求全油田建立和健全岗位责任制。每个井组都把岗位责任制写在纸上,贴在墙上。但制度是死的,人是活的,每个人能否认真执行,是摆在全体职工面前的一个严峻考验。李天照对他的井组说:执行岗位责任制的灵魂是责任心,只有树立起主人翁责任感,才能自觉地、始终如一地执行岗位责任制,才能管好生产。

1963 年 7 月的一天,天气突变,瓢泼大雨倾泻而下,片刻间,井场周围积满了没脚脖深的雨水。一小时一次的检查时间到了,雨还是下个不停。上 4 点钟班的学徒工刘玉智从值班房探出头来,望了望西边露出一线亮光的天空,转身问李天照:"井长,这雨下不长,等它住一住,咱再去检查吧!"李天照毫不犹豫地说了声:"不行!"抄起工具就冒雨冲出值班房。他按巡回检查路线逐点逐项地检查了采油树、分离器,最后沿着干线堤去检查加热炉。见到加热炉底部已经进水,便拿起铁锹挖了三条小沟,排出积水,重新调好合封。等他回到值班室,浑身上下已经湿透了。他对刘玉智说:"小刘啊,越是坏天气,越是容易出问题,以后可得要注意。"刘玉智感动地掏出钢笔,把井长的话一字一句地写在工作记录本上。

由于李天照的率先垂范,整个井组形成了"四个一样"的好作风。有一次,新工人张学玉操作不小心,把千分尺上的一个小螺丝弄丢了,他立即报告井长并做了检讨。当天,他从下午找到傍晚,没有找到。第二天天刚亮,他又到井场上找,还是没找到。他想,我们井组自成立以来,管理和使用的几十件工具、仪表及生产设备至今件件完好,没有丢过一个螺丝,今天自己弄丢了一颗螺丝事小,破坏了老师傅们辛辛苦苦养成的好作风,这可是大事。于是,他请了半天假,赶到萨尔图,问遍了所有的自行车修理部、钟表和收音机修理店,想买一颗小螺丝配上,结果不是没有,就是规格不合适,都未如愿。想来想去,他想到了生产厂家。他工工整整地给厂家写了封信,说明事由,请技术人员根据形状画了一张草图,标明尺寸,并附上一元钱,要求厂家破例卖给他一颗小螺丝。厂家被他的这种对工作的高度责任心所感动,破例送给他一颗螺丝。他们扣除寄信花去的两角钱邮费,把剩下的钱附在一封信里用挂号信又给寄了回来。在信中,厂家写道:"你们自觉地爱护设备,在自己的岗位上严细认真,一丝不苟,这种精神值得我们学习。"

5-65井自投产以来,油井记录的上万个产量和压力等数据,经反复检查无一差错;油井长期安全生产,月月超额完成原油生产任务;井场设备没有一个漏油漏气;使用的大小工具无一损坏丢失,未发生过一次事故。会战工委总结推广他们的先进经验,1963年9月13日,《战报》

首次宣传"四个一样",相继涌现出以李天照井组为代表的一大批先进单位和个人,使"四个一样"逐步成为大庆职工队伍的优良作风。

截止到 1964 年,李天照井组没有发生任何大小生产事故,成为安全生产过得硬的井组,累计录取各种资料数据上万个无差错,设备配件定期维修保养过得硬,井组 1 860 个设备部件不渗、不漏、不松、不锈,井场清洁平整,始终保持标杆井水平。在原油生产上,天天超产,月月超产,年年获油田"标杆井组"的光荣称号。期间,经过上级领导 3 000 多次明察暗访和 20 多次大检查,没有一次脱岗、串岗、睡岗的。在井上录取的 2 万多个地质数据无一差错;油井各种设备上的 863 道焊口、156 个大小闸门没有一处漏油跑气的,多次被评为全油田的"五好红旗井组"。

1964 年 5 月 6 日,《人民日报》发表了袁木、冯健采写的通讯《在岗位上》,报道了大庆油田李天照采油井组的事迹。这种建立在主人翁基础上的高度自律精神,能够促使各项制度扎实贯彻,各项工作扎实开展,任何一个小队、一个班组、一个人即使单独执行任务,也能令人信得过,完成工作过得硬。

1965 年 8 月,该井组被石油部授予首创"四个一样"的李天照井组称号,先后被中共大庆市委市政府确定为爱国主义教育基地,被中国石油天然气集团公司命名为企业精神教育基地,被黑龙江省委省政府确定为爱国主义教育基地。

4 孕育大庆精神的"三要"和"十不"是什么？

1960年5月27日，召开大庆油田第一次思想政治工作会议。会上，石油工业部党组高度赞扬石油会战职工"三要、十不"精神。"三要"是要甩掉中国石油落后帽子；要高速度、高水平地拿下大油田；要赶超世界先进水平，为国争光。"十不"是不怕苦、不怕死、不为名、不为利、不讲工作条件好坏、不讲工作时间长短、不讲报酬多少、不分职务高低、不分分内分外、不分前线后方，一心为了石油会战的胜利。这种通俗易记的"三要、十不"精神，第一次最全面地体现了大庆精神"爱国、创业、求实、奉献"的丰富内涵，对大庆精神的形成起到重要的助推作用。后来，学习"三要、十不"在大庆油田蔚然成风，激励着石油会战职工奋发向上，锐意进取。此时，大庆精神已从孕育到形成，走过了一个艰辛历程。从此，大庆精神开始进入了历练成熟时期。

另据考证，当时石油工业部上报给中央的《关于大庆石油会战情况的报告》中记述"十不"的内容，有着更为详尽的规定，即"第一不讲条件，就是说有条件上，没有条件创造条件也要上；第二不讲时间，特别是工作紧张时，大家都不分白天黑夜地干；第三不讲报酬，革命不是为个人物质报酬而劳动；第四不分级别，有工作大家一起干；第五不讲职务高低，不管是局长、队长都一齐来；第六不分你我，互相支援；第七不分南北东西，不分玉门来的、四川来的、新疆来的，为了会战大家一齐上；第八不管有无命令，只要是该干的活抢着就干；第九不分部门，大家同心协力干；第十不分男女老少，能干就干，什么需要就干什么。就像打仗一样，到了时候，不管卫生队、担架队、伙夫都要上。"尽管这两个"十不"在内容上有不一致的地方,但也说明会战是在不断发展中进行的,各项规定通过实践不断被修正和改进。

1960年7月28日,会战领导小组做出决定,在全油田开展学习王、马、段、薛、朱活动。这五个先进典型,被誉为大庆石油会战中的"五面红旗"。不久,又从"五面红旗"很快发展到"百名标兵",比学赶帮活动热气腾腾,激励着石油会战职工克服各种困难,纷纷把完成会战任务作为首要的目标。从1960年4月29日举行石油会战誓师大会,到6月1日,仅1个月时间,一辆挂着21节油罐的列车,就从萨尔图装油外运。到8月份,原油日产量已达3 000多吨。

5 什么是"三敢三严"的科学态度?

"三敢"即敢想、敢说、敢干;"三严"即严肃、严格、严密。敢想,就是解放思想,开拓创新,挑战极限,向国内外先进的采油工艺技术进军。敢说,就是在科学论证的基础上,以事实为根据,敢于发表自己的思想和观点,敢于向权威挑战,敢于在技术上较真儿。敢干,就是敢于承担风险,敢于探索未知领域,敢于攻关油田难题,敢于进军国内外市场。严肃,就是各项工作认真负责,克尽职责,严于律己,遵章守纪。严格,就是各项工作有高目标、高起点、高标准、高要求。严密,就是各项工作从大处着眼,小处着手,科学规划,强化管理,规避风险,谋求高效。"三敢三严"既解放思想,又求真务实;既体现敬业精神,又体现科学精神;既有庄严承诺,又有信誉保证。

在大庆油田开发极端困难的初期,为了加强采油工程工艺研究和攻关，于 1962 年成立了我国石油工业领域第一个采油工艺研究所，其工作领域涵盖分层注水、分层采油、分层测试、增产增注、油水井大修、人工提升、三次采油等。由于会战初期正处于早期注水阶段，最紧迫的任务就是急于解决分层注水的技术难题。刘文章、王启宏等人带领技术人员，经过反复研究和设计，最终确定以水力压差式封隔器为攻关方向。

大家克服各种困难，在一缺资料、二无设备的情况下，将爱国之心化为报国之举，以"敢想、敢说、敢干"的精神，以"严肃、严格、严密"的态度对待工作，敢于走前人没有走过的路，做前人没有做过的事。以"莫看毛头小伙子，敢笑天下第一流"及"瞄准世界先进水平，勇攀科技高峰"的英雄气概，凭着两把管钳、一台手压泵、两栋木板房的简陋条件，"七嘴八舌提方案，七手八脚搞试验"。一次，在野外进行技术实验时，工人钟明友正在记录数据，忽然天降大雨，数据记在哪里呢？他看到近处有几块红砖头，便急中生智把数据一个一个地刻在上面，到实验结束，整整刻了 4 块红砖。一天，技术员王一仁在从井场取资料回来的路上，也遇大雨，没有穿雨衣的他担心资料被淋湿，情急之下把靴子脱下来，把资料塞在靴子里，光脚走了六里多路回到单位，而资料却毫无损失。在这种艰苦条件下，技术人员先后经过 1 018 次地面试验和 133 次地下试验。1963 年 7 月 11 日，我国第一代水力压差式封隔器和配注工艺试验成功。同年 12 月 26 日，把 BY-40 型钻机由柴油机驱动改为电动机驱动，并配备大功率泥浆泵和大功率钻盘，钻机功率提高一倍多。这些都为油田实现早期注水、内部注水、分层注水开采做出了贡献，并且为实现"六分四清"开采提供了技术保证。这些新技术的陆续投入使用，标志着大庆油田生产进入分层注水、分层采油、分层管理的新阶段。当康世恩在观看打压张开的一串封隔器时，无比兴奋地说："这一串张起来的胶筒很像糖葫芦。"由此，"糖葫芦拍克"成为封隔器的昵称。

1964 年 9 月 4 日，油田水力皮球式封隔器、水套加热炉、镶装阶梯式刮刀钻头获国家重大革新奖；同年 9 月 28 日，由油田自行设计、制造的第一个卡籀式采油树试制成功。

1965年9月12日，会战工委做出了《关于开展向采油工艺研究所和刘文章同志学习的决定》。决定指出："采油工艺研究所发扬革命精神和科学态度，密切联系生产实际，大搞科学技术革命，在建所后短短的三年时间里，独创出一整套以多级封隔器为核心的油田分层开发新技术，对合理开发油田，提高油田采收率，做出了巨大的贡献。"同年10月，刘文章被授予"石油工业标兵"称号，科研一室被评为"大庆油田标杆单位"。从此，"三敢三严"精神作为采油院的宝贵精神财富代代相传，一直激励着一代又一代采油院的科研人员，在油田的发展建设中攻坚啃硬，取得了一批又一批高水平的科研成果。

大庆精神是怎样科学表述的？

1990年2月25日，时任中共中央总书记的江泽民同志来到大庆视察，在讲话中对大庆精神总结归纳为：为国争光、为民族争气的爱国主义精神；艰苦奋斗、自力更生的创业精神；讲究科学、尊重科学的求实精神；胸怀全局、为国分忧的奉献精神。这四种精神统一构成了大庆精神的基本内涵，概括地讲就是"爱国、创业、求实、奉献"八个字。

大庆精神与铁人精神的关系是怎样的？

　　大庆精神是石油战线老一辈石油职工在困难的时候、困难的地方、困难的条件下，继承和发扬中国共产党、中国工人阶级和中国人民解放军的优良传统，在开发建设大庆油田的实践中逐步培育和形成的，是战争年代革命精神的继承和发展，是中华民族精神的重要组成部分。也就是说，石油会战产生和形成的大庆精神，来源于数万会战大军集体战胜艰难困苦的伟大实践，来源于所有参加过、支持过和帮助过石油会战的地区、行业、部门和单位的伟大实践。无论过去、现在，还是将来，大庆精神都是激励人们不断奋进的重要精神力量。大庆精神主要包括为国争光、为民族争气的爱国主义精神；独立自主、自力更生的艰苦创业精神；讲求科学、"三老四严"的科学求实精神；胸怀全局、为国分忧的奉献精神。概括地说就是"爱国、创业、求实、奉献"。

　　铁人精神是大庆精神的具体化、典型化和人格化，是王进喜崇高思想和优秀品德的高度概括，是我国石油工人精神风貌的集中体现。铁人精神浸透着中国工人的朴素情感，凝聚着中国人民的坚强意志，体现着中华民族的崇高气节。"铁人"不仅仅是一群先进人物的代表，更体现着一种可贵精神。铁人精神主要包括"为国分忧、为民争气"的爱国主义精神；为"早日把中国石油落后的帽子甩到太平洋里去"，"宁肯少活20年，拼命也要拿下大油田"的忘我拼搏精神；为革命"有条件要上、没有条件创造条件也要上"的艰苦奋斗精神；"要为油田负责一辈子"，"干工作要经得起子孙万代检查"，对技术精益求精、为革命"练一身硬功夫、真本事"的科学求实精神；"甘愿为党和人民当一辈子老黄牛"，不计名利、不计报酬、埋头苦干的无私奉献精神。

铁人精神是王进喜自身品格与许多石油战线先进人物精神境界的高度融合，也正是这些具体化、典型化和人格化的人物特征才会处处体现出大庆精神的光辉所在。铁人精神不仅表现在对伟大祖国的无比热爱，也表现在对伟大祖国的赤胆忠心和执着追求。铁人精神是在全身心投入到伟大祖国的石油事业中表现出来的，是在实事求是、讲究科学的实践中表现出来的，是通过对每件工作的高度责任心表现出来的。因为老一辈石油职工在改造客观世界中，充分表现出那种对事业的最坚决、最彻底、最自觉的赤诚之心，全身心地倾注于石油事业，能够最大限度地发挥主动性、能动性、创造性，能够站得高、想得深、看得远，敢想、敢说、敢干，能够自觉从难从严，自觉树立远大目标，自觉给自己加压，自觉抬高起点，拼搏进取，敬业爱国，永不停步。

8

"工业学大庆"是怎样兴起的？

1963年下半年，大庆会战已取得了决定性胜利。在石油行业内部早已轰轰烈烈，但在其他行业仍鲜为人知。会战指挥部对外称"萨尔图农垦总场"，下属单位称"农垦分场"。曾发生过有的职工冬季穿"杠杠"棉工作服回家探亲，走出火车站即被警察误以"劳改逃犯"拘留的故事，就是当时情况的生动反映。

1963年10月下旬，"东北地区基层工业企业经验交流座谈会"在大庆召开。参加会

工业学大庆

议的有东北地区大型国有企业的厂长,国家经委、东北局经委的专家与负责人,共100多人。会议由国家经委第一副主任谷牧、东北局经委主任顾卓新主持。

会间,由副总指挥兼生产办公室主任张文彬汇报"三年石油会战进展情况",副总指挥陈李中汇报"油田地面建设,集中优势兵力打歼灭战情况",会战指挥部生产办公室副主任宋振明汇报"坚持基层岗位责任制情况",以及副书记吴星峰汇报"加强思想政治工作情况"。通过这些参观考察与听取情况汇报,与会代表给予好评。大家认为大庆石油会战是我国工业战线的一大创举,称赞大庆工人的艰苦奋斗精神,以及在科研创新和生产管理上取得的成就。同时,按照会议安排,参加会议的代表轮流参观了20个基层单位,包括钻井队、采油队、施工现场、集油站、家属缝补厂以及"地宫"、油库、新建的炼油厂,等等。在会议结束的前一天,余秋里从北京专门赶来做了一个简短发言,重点谈了大庆石油会战中积累的一些好的经验和做法。

这次座谈会的情况很快传到北京。国家经委决定宣扬大庆事迹与经验,指定康世恩做报告。1963年11月6日,康世恩在国家经委召开的全国工交工作会议上做报告后,反响也很热烈。11月19日,余秋里以康世恩的报告为蓝本,略加增删和修改,在全国人大二届四次会议上做了汇报。12月,石油部党组正式向中央上报了"关于大庆石油会战情况的汇报提纲"。12月24日、28日在人民大会堂由彭真主持报告会,先后由康世恩、余秋里向中央、国家机关和北京市领导干部数万人做了汇报。

1964年1月,毛泽东听了大庆会战情况汇报后,非常高兴,说政治局的同志都到大庆去看看。1964年2月5日,中央专门发出《关于传达石油工业部关于大庆石油会战情况的报告的通知》,肯定了大庆的经验。从此,学大庆的热潮很快在全国展开。

1964年12月,周恩来在三届全国人大一次会议上的《政府工作报告》中,对大庆石油会战的基本经验做了评价。他指出:"这个油田的建设,是学习毛泽东思想的典范,是靠两论起家。""这个油田也是大学解放军、具体运用解放军政治工作经验的典范。这个油田自始至终坚持了集中领导同群众运动相结合的原则,坚持了高度革命精神同严格的科学态度相结合的原则,坚持革命精神和勘探建设相结合的原则,全面体现了社会主义建设总路线的多快好省的要求。"从当时历史环境和形势看,周恩来总理对大庆石油会战的总体评价,确实反映了当时的实际情况。

从1964年起到1966年"文革"发生之前,全国各省区、各行业每天到大庆参观学习的多达几百人甚至上千人。期间,除毛泽东本人和林彪没来过大庆外,其余的政治局成员和当时党政军界的主要领导大都视察过大庆。有的还不止一次,周恩来总理就曾三次到过大庆。"文化大革命"后,历届党和国家领导人也都视察过大庆。据不完全统计,毛泽东主席发出"工业学大庆"的号召后,全国到大庆参观学习的人数高达125万多人次。当时,大庆油田临时建设了两个大型接待站,免费招待川流不息的参访者。

9 中央对大庆正式做出了怎样的结论?

1978年12月18日,中共中央召开了第十一届中央委员会第三次会议,这是一次拨乱反正、走上改革发展之路的重要会议。之后,在全党全国范围内,对"左"的思想进行了彻底清查。在这个过程中,包括对"工业学大庆"等一些提法和要求也进行了审慎处理和定性。

1981年9月24日,国家经委党组给中央递交了《关于工业学大庆问题的报告》，这份报告在指出过去特定历史条件下一些"左"的问题的同时，充分肯定了大庆的许多宝贵经验。一方面，希望全国工交战线都要从自己的实际情况出发，学习和发展包括大庆在内的一切先进典型的好经验，以改进领导作风，建设职工队伍，加强企业管理，推进"四个现代化"建设。另一方面，希望大庆和整个石油战线要继承发扬优良传统，务必谦虚谨慎，坚持"两分法"前进。非常重要的是，这份报告把大庆精神概括为"发奋图强、自力更生、以实际行动为中国人民争气的爱国主义精神和民族自豪感；在严重困难面前，那种无所畏惧、勇挑重担、靠自己双手艰苦创业的革命精神；在生产建设中，那种一丝不苟、认真负责、讲究科学、'三老四严'、踏踏实实做好本职工作的求实精神；在处理国家和个人关系上，那种胸怀全局、忘我劳动、为国家分担困难、不计较个人得失的献身精神"。

1981年12月28日《中共中央转发国家经委党组〈关于工业学大庆问题的报告〉的通知》［1981中发（47）号］印发全国省部级以上党政军机构和部门及人民团体。《通知》总结历史经验教训，继承传统，创新前进。明确指出"过去在长期'左'的思想影响下，把大庆……有些经验绝对化、模式化，在宣传和推广中出现了这样或那样的问题，这是在特定的历史条件下造成的，主要责任在当时的党中央。"并客观提出中央不再推广"工业学大庆"运动，学大庆的口号也不再宣传了。同时，对大庆精神进行了高度概括和肯定，特别指出大庆精神"是需要大大提倡和发扬的"，"过去我们靠这种精神，甩掉了石油工业的落后帽子；今后还要靠这种精神，推进社会主义现代化建设。"

哲思随语

大庆精神是一种什么样的精神？

大庆精神是在极其艰难的背景下产生的，是在气壮山河的石油会战中形成的，是中华民族精神的重要组成部分，是得到党和国家领导人精心培育和赞誉的。过去、现在、将来永远是我们战胜困难、迎接挑战的强大精神动力。大庆精神是为国争光、为民族争气的爱国主义精神，独立自主、自力更生的艰苦创业精神，讲究科学、"三老四严"的求实精神，胸怀大局、为国分忧的奉献精神。

爱国是一种责任，更是一种精神

大庆精神之爱国情怀，对当今的国人来讲，那场石油大会战是气壮山河的惊世之举，它用感人事实提示人们在任何情况下，都要以国家利益为重。爱国是精神的力量，是观念的力量。只有这种力量，才真正激发出大庆石油人，以爱国之情怀，以国人之血气，绝不惧怕眼前的贫穷、艰苦、饥饿、寒冷等诸多小困难，誓言要取得石油会战的胜利，为新中国解决没有石油的大困难。从此，经过这场惊心动魄的石油大会战，使新中国一举挣脱了西方列强的石油封锁，向建设繁荣富强的新中国又迈出了坚实的一步。大庆精神之爱国情怀，源于中华民族的悠久文明历史。翻开中华民族五千年的文明发展史，我们就会发现：中国的力量，就是五千年的中华文明；中国的力量，就是传承炎黄血脉的中华儿女；中国的力量，就是中华民族的爱国精神。会战初期，面对那么多的困难和矛盾，"铁人"王进喜却说："这困难，那困难，国家缺油是最大的困难；这矛盾，那矛盾，国家需要油是最主要的矛盾。"他把满腔的爱国之情倾注于大庆石油会战。在大庆石油会战的前前后后，不管是石油人在中国万里海疆寻找和勘探石油，还是37路会战大军集结于松嫩千里荒原之上；无论条件多么艰苦、环境多么恶劣，哪怕是缺吃少穿、挨冷受冻、蚊虫叮咬，会战大军始终坚定"多打井，多出油，不能让西方列强卡住新中国的'脖子'，一定要把中国'贫油'的帽子甩到太平洋里去"的信念。所以，没有这种强烈的爱国情怀，就不会有气吞山河的大庆石油会战，也就不会有大庆石油会战的伟大胜利。

创业是一种追求，更是一种精神

大庆精神之创业意识，用事实告诉我们，创业尽管是件很艰苦的事，让创业者不得安宁，但也使创业者欲罢不能；越是高远的创业想法，越是会遇到更大的艰难，但也带来艰难过后的更多愉悦。正如毛泽东所说：与困难做斗争其乐无穷。创业者的坚定个性是执着、是坚韧，面对创业路上的艰难险阻，将会激发出无比持久的耐力。在那个激情燃烧的岁月，年轻的新中国，经济建设需要石油，国防建设需要石油，社会发展也需要石油，世界列强封锁我们、嘲笑我们、歧视我们，是爱国情怀唤醒了中国石油人的创业精神。创业是一个民族、一个国家、一个企业实现崇高理想和奋斗目标的意志体现。曾几何时，人们不停地在问什么是创业精神？通常人们认为是指在创业者的主观世界中，那些具有开创性的思想、观念、个性、意志、作风和品质等。纵观大庆石油会战就会发现，当会战勇士们看到望"油"兴叹的新中国，没有任何的现实依靠，只能独立自主；没有任何的外力支持，只能自力更生。懦弱的人会问，出路在哪里？而强者却高喊，出路在于独立自主地艰苦创业，在于自力更生地不懈创业。我们的创业者以不服输、不放弃、不气馁的勇气和智慧，克服一切困难，饱尝千辛万苦，不仅找到了石油宝藏，还打出了高产油井，更发展了中国石油化工产业。当毛泽东听完石油会战情况汇报后，深有感触地说："看来发展石油工业还得革命加拼命。"创业精神意味着要去追随那份执着的梦想，不停地去探索未来。大庆石油会战经验还告诉我们，创业者始终坚信自己的执着，执着将支撑正在进行中的创业，坚韧也将会坚守那份执着的创业，创业能够让国家、社会和个人充满活力，只有在创业的路上，才会看到灿烂的风景。

求实是一种品格，更是一种精神

大庆精神之求实是不唯书，不唯上，但唯实，更唯真。实事求是，事事求真，敢于坚持真理，说真话、办实事。在现实生活中，人若始终如一地把一切行为放在求实、求真上，却是不容易的。也正因为如此，求实才是最需要提倡的。王进喜有句名言："不干，半点马列主义也没有。"干，就要干出水平、干出名堂、干出辉煌。"王铁人"终生实干，征戈壁、战荒原，斗酷暑、抗严寒，生命不息，奋斗不止，把毕生精力献给了祖国的石油事业。求实就是要尊重实践，遵循事物发展的客观规律。当时，尽管油田找到了，但是油田有多大，油层有多厚，成条还是成块，是储量大的好油田，还是储量小的差油田等，都要靠实践去检验，在占有大量第一手资料的基础上去认识。按照一切经过实践的观点，首先开辟了一块30平方公里的生产试验区，开展了10项开发试验，并采取领导、工人和技术人员三结合的方式，充分发扬民主，确定了"早期内部注水，保持油层原始压力"的开发方针。在勤勉中求实。勤是做事尽力，不偷懒，勤快，勤劳；勉是自勉、自强、自我加压。参加石油会战的队伍所倡导的勤，就是当工人的为国家采出石油尽心尽力，勤勤恳恳，干实事、办实事；当领导的腿要迈出办公室，身子沉到第一线，学思进取，心想油田，工作不懒散，作风不漂浮，大兴勤勉之风，心勤、脑勤、体勤，亲知、真知、深知。"勤勉天下无难事。"古往今来，大凡有作为的人无不勤字当头，在细致中求实。细致就是从小处入手，从点滴抓起，有细心的态度、工作方式。石油会战队伍中没有人在利益关系和矛盾面前纠结不休，人人都明白工作不细、稍有不慎，就会导致新的矛盾和问题。细节决定成败，细节决定质量，工作重在细致，已在会战初期成为一种风气、一种标准，处处以细开路，处处以细求实，努力把石油会战的各个环节和步骤全部抓到位、落到位。在坚韧中求实。坚韧就是持久、耐心、恒心的代名词，不达目的绝不罢休。参加石油会战的队伍在工作中，从来不搞抓抓放放、朝令夕改的那一套，也不等到问题出现后造成严重后果时才给予重视，更不搞"一阵风"，过了这个阶段又是老样子，而是始终把难在持久、贵在恒心作为多打井、打好井、多出油的既定目标，持之以恒，重实干，更重真干。这就是求实的真谛，既需要求实的胆量，也需要求实的勇气，更道出了求实的巨大力量是不可战胜的。

哪里有石油哪安家（油画照） 创作年代：1970年 作者：张洪赞

奉献是一种境界，更是一种精神

　　大庆精神之奉献的"奉"即"捧"，意思是"给、献给"；"献"原意为"献祭"，"把实物或意见等诚挚送给集体或尊敬的人"。奉献就是"恭敬地交付和呈献"，是不计回报的给予，是"我为人人"的给予。奉献者付出的是青春，是汗水，是热情，是财富，是思想，是一种无私的爱心，甚至是无价的生命。奉献者收获的是一种幸福，一种崇高的情感，是他人的尊敬与爱戴，是自己生命的延长。大庆石油会战时期，奉献成为一种风气。人人都普遍升华了毫不利己、勇于奉献的思想，从基层一线到指挥部机关，从领导到工人，人人不计较个人利益得失，人人关心石油钻探和采油进展情况，人人无条件地奉献着智慧与汗水。王进喜是奉献者的楷模。他还说："自己的小本本只能记差距，不能记功劳。"王进喜的一生都在实践着他的诺言，只讲奉献，不讲索取。他心中想的是国家，是事业，是大局，是他人，从不打个人的小算盘。在事业上，他鞠躬尽瘁，死而后已，为了发展祖国的石油工业，他"宁肯少活20年，拼命也要拿下大油田"。奉献也是一种自律行为。王进喜始终实事求是地改造客观世界，严于律己地改造主观世界，把奉献作为克己奉公的自我约束。他始终坚持在荣誉、待遇、地位面前不张口、不伸手。当工人时，从不因私事找领导；当干部时，从不搞特殊，就是当了中央委员以后，他也仍旧认为"自己首先是个工人"，坚持身不离劳动，心不离群众。组织上为照顾他身体，逢年过节给他送些营养品，每次"铁人"都把这些营养品转送给了别人或食堂，他曾说："哪怕每人摊到一个油珠，也还是大家吃了好！""要用自己的缺点去比别人的优点，而不能用自己的优点去比别人的缺点！""讲进步不要忘了党，讲本领不要忘了群众，讲成绩不要忘了大多数，讲缺点不要忘了自己，讲现在不要割断历史。"王进喜的奉献精神不是独立存在的,这是一种群体行为,是大庆人的精神,是一种团队精神。

篝火学"两论"(国画照)　创作年代:1977年　作者:大庆文化馆编绘

第四章
回望寒地黑土

在大小兴安岭的莽莽林海间，在嫩江和松花江两岸的辽阔平原上，生活着纯朴、勤劳、善良、豪爽、勇敢的黑龙江各族人民。他们为这场石油大会战提供了一切能够提供的人力、物力，始终默默地奉献，甚至倾其所有，却从来不张扬、不索取，令人不得不肃然起敬。

铁人语录

求真务实篇

★ 干,才是马列主义;不干,半点儿马列主义也没有。我们要将心里想的,眼里看的,嘴上说的和手上干的结合起来。念了一火车书,光说不干,就不是马列主义。

★ 一切工作,总要一件一件地去做。要从一件事入手,一项一项落实任务,一项一项调查研究,然后一项一项具体解决。

★ 只要我们把敢于斗争、敢于胜利的革命精神,与扎扎实实的科学态度结合起来,就什么事都可以办得成、办得好。

寻源探究

1. 为什么说黑龙江省是石油会战的后勤部?

1959年10月12日上午，中共黑龙江省委根据"松基三井"和"葡一井"等陆续出油情况，在花园村一号会议室召开常委会，专门研究支援大庆石油勘探与开发的问题。这次会议讨论通过了省委《关于大力开发石油资源，发展石油工业的决议》。决议中指出："第一，黑龙江省石油工业的开发和建设已进入边普查、边勘探、边建设、边生产的新阶段。因此，省委认为必须特别重视，加强领导，大力支援，以更快地把黑龙江省建设成为一个新的石油工业基地；第二，全省各地区各部门都必须以积极的态度，主动地从各方面支援这一新兴工业的发展，使其迅速地成长壮大；第三，要求在全省所有的石油地质普查勘探队，保证按期完成中央部局交给的任务；第四，在国家总的规划下，黑龙江省明年应积极建设部分中小炼油厂和一批简易炼油厂，并安排建设一些为石油工业所需要的配套工厂。"

同年11月8日，黑龙江省在安达市大同镇召开油田勘探成果庆祝大会，欧阳钦、李范五、强晓初、李剑白、陈剑飞等黑龙江省党政领导亲临会场，欧阳钦还发表了热情洋溢的讲话。他说："此地出了油，是天大喜事。听到你们的介绍，感到石油事业在黑龙江大有希望。你们搞油的是野战军，找油、开发以及将来的建设是很复杂的，也是困难的。

你们的事业,是全党的事业,是我们社会主义建设事业的重要组成部分。石油大发展可以带动我们的机械化、现代化,使国家更富强。你们到这里搞石油,全国要支援。我们黑龙江省委、省人委(注:'省人委'即黑龙江省人民委员会的简称,当时是最高地方行政机构,1967年前后受'文化大革命'严重冲击,处于瘫痪或半瘫痪状态,后被黑龙江省革命委员会取代,简称'省革委')和有关县、乡和广大人民群众是这里的'地主',要尽'地主'之谊。"他还说:"石油工人是好样的。你们大部分同志是从部队转业的,为了改变我国石油工业的落后面貌,继承发扬了我们解放军不怕困难、一往无前的战斗精神。我们要像热爱志愿军那样,把石油工人当作最可爱的人。"

1960年1月2日上午,在哈尔滨市颐园街三号会议室,中共黑龙江省委召开常委会议。参加会议的有欧阳钦、李范五、强晓初、王一伦、王鹤丰、杨易辰、李剑白、陈雷、任仲夷、张开荆等,余秋里部长到会介绍了大庆石油钻探的情况和今后工作的打算。常委会听后认为,随着石油会战人员的集中,必须做好一切相关支援工作。会议决定:由杨易辰负责检查、安排和解决勘探队员有关粮食、副食品、煤炭、服装等物资供应问题;由陈雷负责安排有关油田勘探的机修厂、卫生医疗机构、学校的建立,解决电力供应与筑路等问题;责成省公安厅党组对大庆油田的保卫工作进行一次专门研究和部署,建立相应机构,确保勘探工作的安全。会议还决定由李范五省长率机械、粮食、商业、交通、卫生、公安、教育、电业等各有关部门负责人,赴大庆检查石油勘探工作中存在的问题,凡是能够解决的,就地解决;不能解决的,也要积极安排设法解决,以保证石油勘探工作的顺利进行。

按照省委常委会议的部署,1月中旬,省长李范五和省委常委、副省长兼省经委主任陈雷到大庆实地解决油田勘探中遇到的问题。松辽石油勘探局党委书记李荆和等人一路陪同,相继参观了葡萄花的"葡1井""葡7井""葡21井",并听取了勘探工作情况汇报。省长李范五听后提出:"大庆石油工人战天斗地,不畏严寒,克服了许多困难,在这么冷的天气里还坚持工作,我代表省委、省人委和全省人民对你们表示感谢和慰问。我们黑龙江省人民一定全力以赴支援你们的会战。"

2月中旬,康世恩由北京赶到哈尔滨,先到黑龙江省委向欧阳钦报告了石油部关于开展大庆石油会战的决定和部署,欧阳钦听了很高兴。当即表示:"党中央、毛泽东主席对大庆石油会战极为关心,它直接关系到我国能否摘掉贫油的帽子。黑龙江人民一定会全力以赴支援大庆石油会战,要人给人,要物给物。"

2月13日和18日,欧阳钦两次主持召开黑龙江省委常委会,专门研究支援大庆石油会战一事。会议决定:全省对大庆石油会战要采取"全力以赴、全力支援、统筹兼顾、全面安排"的方针,并要求全省各地区、各部门主动支援油田的开发工作。

2月21日,陈雷与陈剑飞一起参加了石油部在哈尔滨召开的松辽石油会战第一次筹备会议。会后,陈雷等立即向省委做了汇报。

2月25日,中共黑龙江省委致电中共中央,表示完全同意石油工业部的安排,并决心全力以赴支援石油会战。为了保证石油会战的顺利进行,决定成立省委支援大庆石油会战领导小组。省委常务书记强晓初任组长,副组长有省委常委、副省长陈雷,嫩江地委第二书记、专员于杰,哈尔滨市委第二书记、市长吕其恩;领导小组成员有:省委组织部副部长曲常川、省公安厅厅长卫之民、省委宣传部副部长王晋、省财委主任关舟、省经委副主任封仲斌和叶方、齐齐哈尔市委书记张立信、省交通厅副厅长陈法平、省邮电局局长白景文。领导小组下设办公室,封仲斌兼办公室主任。欧阳钦明确提出要"把这个领导机构作为支援大庆区石油工业基地的政治部和后勤部"。欧阳钦还对余秋里讲:"这个领导小组就是大庆油田大会战的强有力的后勤部,我来给你余秋里当这个后勤部政委。"他还说:"石油、黑龙江是一家。凡是黑龙江能解决的,就地拍板解决;不能解决的,也要积极设法解决。总之,省里的决心就是保证大会战的顺利进行。"

3月初，陈雷赴京参加在中南海召开的支援松辽会战协作会议。临行前，欧阳钦叮嘱他："要将省委对大庆石油区工作的领导、党的工作、政治思想工作、充实和加强领导力量、加强治安保卫工作以及物资供应工作等向会议做详细汇报。并请中央解决大庆区铁路、炼油厂、输油管、电站、工业用水等基本建设的投资、建筑材料、设备及交通工具等问题。"3月9日下午，薄一波在中南海召开会议，中央各部委及黑、吉、辽三省均派人参加。会上听取了石油部和黑龙江省委的工作汇报，薄一波称赞黑龙江支援石油开发的办法很好，今后要继续照办。第二天，陈雷到石油部与康世恩商定，将石油部和黑龙江省提出的要求汇成一个单子，统一向国家计委、经委、建委提出。次日，国家经委副主任孙志远听了陈雷的汇报后，表示你们支援石油会战的物资，原则上都可以解决，并当即拍板调给黑龙江省汽车100辆。

3月12日，陈雷再次找余秋里、康世恩、李人俊等石油部领导，就大庆地区当前建设与长远考虑，石油建设与其他各方面事业的相应发展，以及会战中石油部与黑龙江省在各项工作中的分工负责等问题，进行了深入的研究和磋商，最后取得了一致的意见。当天，陈雷和倪伟分别与国家计委副主任安志文、铁道部副部长郭鲁面谈，确定对萨尔图至大赉（今吉林省大安市境内）的150公里铁路进行勘察设计，做好施工准备；萨尔图、让胡路两个车站的扩建工作立即进行；20万千瓦的发电厂和炼油厂、钢管厂等基本建设项目，列入三年计划；运输修公路所需砂石的车皮，铁道部同意从3月份开始，省里能装多少车皮，就拨多少车皮，并列入正式计划。这些都对大庆石油会战和大庆日后的发展，起到了重要的推动作用。

为了保障会战期间的铁路运输便捷畅通，黑龙江省人委专门就此事给铁道部打了报告，请求把安达站划归齐齐哈尔铁路局。其原因是在1960年之前，安达站属于哈尔滨铁路局管辖，萨尔图站（大庆油区）

又在齐齐哈尔铁路局范围内，一点小事也得惊动两个铁路局，给工作带来了许多不便。铁道部接到报告后，很快就批复并同意把安达站划归齐齐哈尔铁路局。同时，铁道部在哈尔滨还专门成立了支援松辽会战指挥部。

为了保障会战期间的通讯及时上传下达，黑龙江省人委针对萨尔图地区仅有一个7人值守的小邮电所，根本无法满足石油会战需要的实际，责成省邮电局派出邮电工程队到油田架设通信线路，安装设备。截至1960年4月底，架通电话线路330对公里，年底完成了1 900对公里。

为了保障会战期间的电力供应，黑龙江省人委针对萨尔图一带原来一无电厂、二无输电线路的实际，责成省水电部门专门派来4个列车发电站，保证了会战初期的用电，并用两年时间建立了龙凤热电厂和新华电厂。且在会战初期，为了保证大庆石油会战的用电，黑龙江省还相应减少了齐齐哈尔市的供电量，尽管直接影响了齐齐哈尔的生产和居民生活，但为了保证大庆石油会战，一致认为这种付出是值得的。

为了解决油田开发的生产用房问题，黑龙江省委针对会战指挥部提出当年要建设完成生产用房32万多平方米，并要求6月底前竣工16万平方米的实际，由支援石油领导小组负责把基建工程分别承包给嫩江、松花江、省工程公司及安达、大庆施工队，保证按期完成。此外，10万平方米的"干打垒"任务，由安达市组织当地人民公社进行修建。

为了解决几万会战职工的过冬问题，会战指挥部专门成立了"干打垒建筑指挥部"，中共黑龙江省委也及时派来了技术顾问。可是，当"干打垒"的墙垒起来后，又因缺少木材，上不了门窗，封不了顶，工程被迫停工。当时，黑龙江省计划内木材早已调拨完毕，一时也有些束手无策。李范五、陈雷、陈剑飞等省委领导向欧阳钦汇报情况后，欧阳钦认为其他省市计划用的木材当然也是急需的，但几万会战大军亟待解决的过冬问题，是更为急迫的问题。决定从计划外先拨给大庆油田3万立方米木材，并下令在大庆"干打垒"用材尚未解决之前，从小兴安岭发往全国各地的木材列车，在南岔编组站一律换牌运往大庆。同时，还决定让大庆自己组织车队到山上往回运"困山材"。

大庆石油会战期间，中共黑龙江省委始终强调，凡油田需要的，就是国家需要的。只要是油田提出的，要什么，黑龙江就给什么；缺什么，黑龙江就解决什么，从不计较得与失。可以说，黑龙江大地以无私的大爱，以博大的胸怀，宁可苦了自己，也不能让会战干部职工受苦；宁可自己为难，也不能让会战干部职工受难。用全省人民的实际行动，证明了黑龙江省是这场石油大会战名副其实的"后勤部"。

2

为什么安达县曾经升格为地级安达市？

"安达"原名为"谙达"。"安达"是蒙古语"谙达"的音转，意为"伙伴"或"朋友"。1901年，中东铁路通车后，设安达站。1906年，清廷对黑龙江将军奏准，设安达厅。1913年，奉令将安达厅改为安达县。

从地理位置角度看，安达地处黑龙江省西南部松嫩平原腹地，位于东经124度53分—125度55分之间，北纬46度01分—47度01分之间，南距哈尔滨市120公里，北至齐齐哈尔市160公里，属于北温带大陆性半干旱季风气候，安达草原属世界三大优质草原之一（美国得克萨斯州、澳大利亚墨尔本、中国安达）盛产牧草、芦苇，是典型的农耕和畜牧兼容发展地区。

从历史传承角度看，安达之地历史悠久，早在古代商周至唐末时期，境内就生活着黑龙江地区三大族系之一的秽貊族。辽、金至明、清时期，这里被满族、蒙古族人占领，秽貊族人湮灭。安达开发的最快时期始于清朝末期，此时清王朝实施东北北部开禁，中原汉族移民开始大量涌入。

随后是中东铁路开工后,俄罗斯人也开始进入这里。当时,以俄罗斯为主的欧美籍居民总人数在20世纪20年代曾经高达数万人,如今这里居民99%是汉族人。

从精神文化角度看,清末至新中国建立前,正是这里特色文化的形成期,其特点是欧陆文化与中原文化兼容、满族文化与蒙古族文化并包,中原人的俭朴勤劳、女真人的患难相恤、蒙古人的热情豪气、欧俄人的奔放现代,至今仍在安达人身上有所体现。

从物质文化角度看,俄罗斯的香肠、啤酒、面包,满族的杀猪菜、黏豆包、酸汤子,蒙古族的涮羊肉、手把肉、马奶茶,中原的各色饮食,依然在大街小巷随处可见。

追溯历史,回望过去,当时的人们,谁也不会想到,就是这个称之为"安达"的地方,后来竟然发现了新中国陆地上的最大油田,同时还产生了穿越世纪的大庆精神。

1959年国庆节前夕,在黑龙江省肇州县大同镇的高台子至葡萄花一线发现油田后,中共中央决定在这里设立大庆区(今大庆市大同区),并着手筹备在大庆区的石油会战工作。

1960年2月底,随着石油勘探范围的不断扩大,又在安达县萨尔图镇发现了大油田。中共黑龙江省委考虑到大庆油田地处安达地区,应尽快调整安达的区划,加强这个地区的领导力量,以保证对石油会战第一线的支援工作,并向中共中央呈送了报告。3月,中共中央批准将安达县升格为地级安达市,把大庆区划归安达市,以安达市为大庆油田建设中心,开展石油大会战。计划用三年时间,集中力量开发大庆油田。

从安达市档案馆可查到这样一份文件——中共中央文件[中发第60号]全文:"黑龙江省委:4月20日电悉。中央同意:(一)嫩江地委与齐齐哈尔市委地市合一,合并为齐齐哈尔市委,原嫩江地委撤销,所属各县除安达、青冈、明水三县划归松花江地委外,由齐齐哈尔市委领导;(二)安达县改为安达市,撤销县委成立市委,把大庆石油区划归安达市委领导；（三）原属哈尔滨市委领导的肇东县划归松花江地委，原属松花江地委之双城、五常、巴彦、木兰、通河五县划归哈尔滨市委领导。中央。一九六〇年四月二十九日"

1960年［中发60号］文件第二条说明有两层含义：一是安达县改为安达市，撤销县委成立市委。也就是把安达县升格为比县高一级的地级安达市。这是因为当时的市是比县高一级的，与现在的县级市不是一回事，是与地区平级的市，且在政区升格的同时，把县委升格为市委；二是"大庆石油区"就是大庆区，大庆区的行政级别为县级。这份文件正式明确了把大庆油田划定为安达市的大庆油田。中央文件就是命令，从此所有文件、资料都把大庆油田称作"油区"，也就是"大庆油区"或"萨尔图油区"。

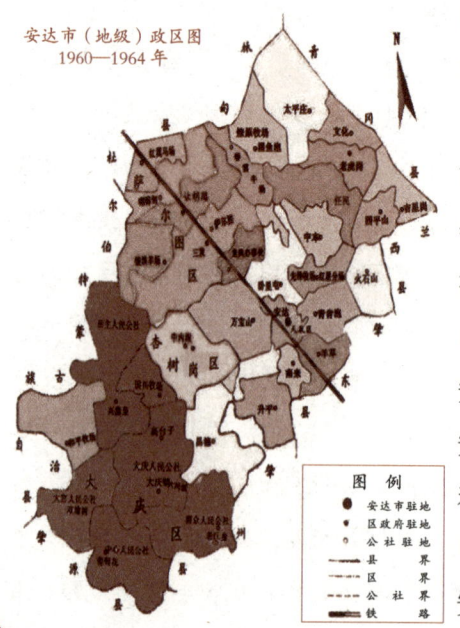

在中央文件下达之前，安达市委就已先期开展工作了。1960年3月5日，中共黑龙江省委指派省委组织部副部长曲常川同志出任安达市委第一书记，并先到安达开展工作。3月10日，中共安达市委成立并正式对外办公，着手组织领导石油大会战。4月7日，省委常委会议决定将原来的安达县和肇州县的大同地区划归安达市管辖。

4月29日，中央正式下文批准成立中共安达市委时，"石油大会战万人誓师大会"也于同日在萨尔图草原上召开，曲常川同志代表省委、省政府到会并讲话，号召全省工、农、商、学、兵各界全力支援大庆会战。

5月3日，省委正式任命下达。任命省委组织部副部长曲常川为安达市委第一书记，松花江地区副专员李介民任安达市委书记兼市长，松辽石油勘探局党委书记、局长李荆和兼任安达市委书记，哈尔滨市人委副秘书长杨祝民任安达市委书记兼副市长，齐齐哈尔市委财贸部长宋月涛、肇源县委第一书记张克孝任安达市委书记，省交通厅公路局局长刘华任安达市委书记兼副市长。无疑，这是一个很强的领导班子。

根据安达市档案馆的历史资料记载，地级安达市行政区划，东临青冈、兰西两县；南临肇东、肇州、肇源三县；西临杜尔伯特蒙古族自治县；北临林甸县。全市总面积为9 086平方公里，人口62.4万人。截止到1964年底，大庆油田分为5个区（处、县）级单位、31个人民公社、6个林牧场。其中，5个县级单位是大庆区、天泉区、萨尔图区、杏树岗区、龙凤办事处。

1964年6月23日，中共中央、国务院批复，撤销安达市，恢复安达县，与大庆油田区脱钩。同时，又设立了安达特区（大庆油田），但对外仍称安达市。恢复后的安达县和安达特区的管辖范围，由石油部和黑龙江省提出意见，并上报国务院批准。从安达市档案馆可查到这份重要文件——1964年中发[64]385号中共中央文件（秘密）《关于设立安达特区人民委员会的批复》全文如下："石油工业部党组、黑龙江省委、省人委并东北局：石油部党组、黑龙江省委关于大庆油田成立特区政府的报告收悉。中央、国务院同意撤销安达市，设立安达特区（称安达特区人民委员会，为了保密，对外仍沿用安达市人民委员会的名称），恢复安达县。安达特区和安达县的管辖范围，请石油部党组和黑龙江省委共同研究提出意见报国务院批准。关于特区的党的工作和政治工作，实行部党组织领导为主、省委领导为辅的双重领导制度；政府工作中有关企业工作以部领导为主，有关地方工作以省人民委员会领导为主。政企合一是一项新的工作，在试点过程中，应随时注意总结经验。

中共中央、国务院，一九六四年六月二十三日。"

1965年3月27日，国务院决定，恢复后的安达县，以原安达市的部分行政区域为安达县的行政区域。具体划分是：将原安达市所属的萨尔图、杏树岗、龙凤等油区划归安达特区管辖；其余地区归安达县管辖。同年四、五月份，中共黑龙江省委下发通知，恢复后的安达县委、县政府驻安达镇，归松花江专区管辖；安达特区移驻萨尔图。同年12月，中共黑龙江省委批准安达县撤销天泉区和大同区，设置安达镇、大同镇。

1978年4月，将兴隆泉、高台子、双榆树、八井子、葡萄花、庆阳山、老山头、祝三、大青山和大同镇10个公社及红旗林场、立志办事处划归安达特区管辖。

1984年11月17日，国务院批准，撤销安达县，设立安达市（县级），以原安达县的行政区域为安达市的行政区域，由绥化市代管。

1979年12月14日，中央正式批准将安达特区更名为现在的大庆市，由黑龙江省直辖。

3 石油人的"精神祖宅"是怎么回事?

大庆石油会战期间,常常以数字称呼办公、住宿、会议的房屋,如安达一至十号院、萨尔图一至三号院、东风一至九号院,都以数字命名,也出现了不少名字相同的院,仅"二号院"就有三个。但是,说起一号院,通常是指安达一号院;说起二号院,通常是指萨尔图二号院;说起九号院,通常是指东风九号院。也正是这些浓缩了大庆甚至是中国石油工业历史的房屋,后来竟然成为大庆石油人的"心灵故乡"和"精神祖宅"。

最初的大本营——安达一至十号院

1960年年初,几万会战大军一下子拥到大庆,头顶蓝天,脚踏荒原,住的问题迫在眉睫。为解决石油工人的临时住宿,中共黑龙江省委除责成安达当地动员居民腾出部分民房外,又在哈尔滨木器厂建立了一条活动房生产线,为大庆会战昼夜赶制出1 000座活动房。特别是安达人民积极响应市委提出的"一切为油田建设让路,一切为油田生产服务"的口号,万众一心,顾全大局,如同当年对待子弟兵一样,爱护广大石油工人。全市从市长到市民,人人为油田出力,人人为油田做贡献。

经查阅历史资料发现,1960年3月29日,在安达市石油工作汇报材料中,谈到了关于房屋占用情况:自1957年到1960年为止,安达县共拨给石油有关部门房屋为1 420间,基本上满足了农垦场(注:"农垦场"是对外保密的称谓)的需要。其中,松辽石油勘探局587间、省直汽车队61间、专署汽车队56间、物探大队21间、省水利设计院1—2队25间、普查三区队49间(自买24间不包括在内)、交通运输联合办公室22间、专署四工地38间、安达镇79间(原为军人留用)、萨尔图400间（原为军人留用）、太阳升82间。据不完全统计，仅会战初期，全市人民就腾出了各类民房16.1万平方米，保证了会战大军在荒原上安稳落脚。

1960年3月，松辽石油勘探局领导机关3 350人进驻安达县。中共安达县委根据黑龙江省委指示精神，为了解决为大庆石油大会战指挥机关——松辽石油勘探局的办公及驻地，安达县成立了以县主要领导为组长的筹建组，发动商户，动员群众让地盘、腾房舍、安置搬迁户，很快就在县城正阳大街路北三道街与四道街间腾出两座公、私混用的旧大院。当时，参与改造工程的各类工匠达300余人，在滴水成冰的季节里施工，仅用16天就完工了。后来，安达县又陆续将部分民房等完全无条件奉献给石油工人。出于保密原因，对外称之为一至八号院，共有房屋587间，之后又增加九至十号院，其房屋也逾百间。

安达一至十号院作为石油会战指挥系统,在其后的很长一段时间里，对外成了一种神秘的传说。

安达一号院：位于安达市城区北三至四道街中间，是老安达镇的办公楼（一号院原址已于20世纪90年代进行旧城改造时拆掉，现为抚顺楼一带），这个大四合院内共有房屋128间。此处曾经驻过解放军某部独立四团、省军区健康六团，属于军队营房，有二层小楼一栋，它是1960年时安达城里唯一的一栋楼房。会战初期，楼下是会议室，楼上是余秋里、康世恩的办公室。一号院作为松辽石油勘探局机关驻地,会议室、办公室、食堂、宿舍都设在这里，居住着石油部各司长、局长、总工程师、高级技术人员，设有办公室、科研大队、运输处、行政处、人事处、保卫处、设计预算处、财务处、计划处、基建处、供应处、生产技术处、地质处、采油处、物资室、安全室、生产调度室、试验室共18个处室。会战期间，许多会议都在这里召开。当时，安达县委只有一台吉普车，可一号院里有好几台，明眼人一看便知这里是个不寻常的地方。

安达二号院：位于安达市城区北一至二道街南100米处的第二个门

洞,是县里的第一国营旅社,共有青砖房屋39间,它与一号院相邻。这里居住着松辽石油勘探局党委4个部(办公室、组织部、宣传部、监委)、团委3个部(办公室、组织部、宣传部)、工会7个部(办公室、组织部、宣传部、文体部、女工部、劳动福利部、生产部)以及处级、科级、副科级人员,包括办公、宿舍、食堂及马厩等,最多时住有1000余人。这里作为大庆石油会战指挥部要地,从1960年4月8日起,以余秋里为书记,吴星峰、雷震为副书记的石油部机关党委开始进驻"二号院",领导大庆石油会战的政治工作。会战指挥部的康世恩、唐克、张俊、闫子元、张文彬、焦力人、张兆美、李荆和、陈李中、宋世宽、李镇静和黑龙江省石油局来的领导也都在"二号院"办公。在之后的半年时间里,"安达二号院"相继做出了大庆石油会战起步、发展、定型等各项重大决策。1960年4月15日至25日,会战指挥部全体成员们在"安达二号院"连续开会,研究部署会战前的各项工作,其中有撤销原萨中、萨北指挥部合并为会战第三探区、开辟萨尔图生产试验区、确定"三点定乾坤"等议题,并决定于4月29日召开具有历史意义的"石油大会战誓师大会",拉开大庆石油大会战的帷幕。6月25日在"安达二号院"大礼堂召开的为期四天的油田"五级三结合"会议,正式参会人员达500多名,会议总结"第一战役"经验,表彰先进,揭矛盾找差距,部署"第二战役"任务。据大庆油田后来所做的粗略统计看,在这200多天里,共召开大小重要会议64次,做出各项决定26项。

安达三号院:位于安达市城区正阳二道街以北(现为工业局北院),共有房屋43间。这里主要居住着松辽石油勘探局技术队,也包括物资供应站和文工团等单位,最多时住有500多人。后来,松辽石油勘探局技术队从这里搬走,1962年时职工医院搬来了一部分,后改称疗养院。

安达四号院:位于安达市城区北横二至三道街南100米处(现为武装部后院一带),共有青砖房屋94间,它同一号院和二号院紧挨着,主要是外事接待部门及食堂、招待所、宣传部门、后勤部门和一般干部职工宿舍等，有一个能容纳700多人的大会棚，院子两侧住着老百姓。

安达五号院：位于安达市城区正阳五至六道街北60米处，是县机械厂，共有土平房101间。这里居住着8个处和1个政治部的工作人员，包括职工食堂、卫生所、医疗队、药品供应站等。后来，这里主要成为会战指挥部的"职工医院"。

安达六号院：位于安达市城区南横四至五道街南60米处，是县里的大车店（现为幸福小学后院），共有房屋48间，房子很大，举架较高，冬天比较冷，主要用作汽车保养、维修场所，包括职工食堂、分队办公室、职工宿舍，后来还住有许多油田职工家属。

安达七号院：位于安达市城区南横一至二道街南400米处，是县木材厂（现为供电局南院），共有房屋74间、两栋库房及1栋机车库，共有房屋88间，主要由天泉区奶牛场房舍和铁路15间房子组成。安达县委将天泉区奶牛场迁出县城。这里曾经作为会战初期的器材大库房，居住着运输队、土建队等人员，包括职工食堂，分队办公室和职工宿舍。

安达八号院：位于安达市城区南横五至六道街南50米处，是县人委的畜禽场（现为商贸城南院），共有房屋46间。安达县委将畜禽场迁出县城，这里居住着汽车队、运输队、装卸队等人员，包括职工食堂、分队办公室和职工宿舍，停放汽车200余台。后来，八号院与三号院合并，对外称农垦14场，对内称北京石油科学研究院松辽研究站。设有地质、地球物理、油田开发、采油工艺、石油机械5个室，油层、化验、古生物、岩矿、注水、电模型、高压物理、试井、水力模型、岩芯电阻等10个组，还有一个试制工厂。1961年1月17日，经会战领导小组决定，成立地质指挥所，地质研究室是指挥所的下属单位之一，地质指挥所在"萨尔图一号院"办公，其他室（组）仍留在安达。到了3月4日，根据会战领导小组指示，除地质试验室仍留在安达，其余各室组都迁往萨尔图。直到1963年8月，这个试验室从安达搬到让胡路。大庆油田当初那些勘探资料都是在这里做分析的，也是在这里制定了油田开发方案。

安达九号院：位于安达市城区八道街北，是一个废弃的养鸡场，有三栋房子。这里作为安达石油学院的筹建处，当年建校，当年招生，当年开课。安达石油学院就是后来的大庆石油学院（现已改称东北石油学院）。

安达十号院：位于安达市城区四道街南，院子很大。1961年3月，油田技工学校由大同镇搬迁至此，称安达技工学校，是大庆石油会战指挥部用作石油工人上岗前培训的重要"学府"。

从1960年春天开始，安达这座镶嵌在滨洲铁路线上的小县城，顿时热闹起来了，正阳大街沙土路上奔跑着吉普和各种车辆，身着工作服的人在大街小巷来来往往。自1960年4月1日至10月20日搬迁，到"一号院"和"二号院"来报到的人和办事的人进进出出，"二号院"内灯火更是通宵达旦，大庆石油大会战初期的各项决策都是在这里做出的。搬迁之后，安达一号院、二号院至十号院仍保留着，因新"萨尔图二号院"十分简陋，一些大型会议还必须去安达召开，主要领导同志除靠前指挥蹲点调研，还得在安达落脚住宿。会战机关的一些部门和二级单位的点也无法全迁，直到1963年才陆续从安达撤离，并移交给大庆石油学院。诚然，这里一切的一切都说明，安达一至十号石油大院就像一条情感纽带，不仅使安达县和大庆油田联系得更加紧密，也是孕育大庆精神产生的"故土"。

会战决胜的"总指挥部"——萨尔图一至三号院

随着"勘探的进展"和"重心北移"的实施，会战大军逐渐形成从大同向萨尔图地带转移之势。于是，余秋里、康世恩等会战领导做出了"靠前指挥"的决定，把指挥机关从安达一号院、二号院迁往萨尔图，在铁东一片荒原上支起了帐篷，搭上了板房，建起了干打垒，并把这些建筑编排为萨尔图一、二、三号院。尽管这三个院都是会战指挥部的重要工作场所，但被视为大庆石油人"圣地"的却是"萨尔图二号院"。

萨尔图二号院于1960年10月20日正式启用，这是一个破牛棚和两栋旧活动板房组成的院落。从此，大庆油田会战指挥机关从"安达一号院、二号院"正式迁到新建的"萨尔图二号院"。

10月21日，即"萨尔图二号院"启用的第二天，会战指挥部连夜开会，做出了一个影响极为深远的战略决策，决定取消三探区和基建指挥部等中层机构，成立钻井、采油、油建、建筑、水电、工程、器材供应、运输、运销共9个二级指挥部，这对后来石油会战取得决战决胜起到非常关键的作用。

第二年，破旧的"萨尔图二号院"被改建成由五栋土坯房组成的、坐北向南的长方形大四合院，参加会战的部、局领导、各部室和他们的秘书都"安家"在那里。一走进院子，紧贴大门的左侧一排是张文彬、焦力人、陈李中的办公室和住房，右侧一排是刘少男、王新坡、王耀武、只金耀的办公室和住房。院子正房的前排是余秋里、康世恩、吴星峰、唐克的办公室和住房，后排设有两个会议室，是会战指挥部领导们开会做决策的地方。两边对称的厢房，西边一排是宋振明、郑浩等人的办公住房及生产办公室；东边一排是李荆和与政治部四位负责人的办公住房及政治部办公室。

此后，"萨尔图二号院"就成了大庆石油会战"总指挥部"。会战期间，这里工作气氛非常紧张，24小时指挥着全油田会战工作，会议一个接着一个，电话铃日夜响个不停，秘书们围着领导们进进出出、整理文件，传递消息，上达中共中央国务院，下联各生产单位，白天人来人往，夜晚灯火通明。也就是说，这个院子就是统领指挥参加石油会战的37个单位及机构、13路大军、4万多参战职工的"生命中枢"，会战的一切情况在这里汇集，一份份重要指令从这里发出。在这片寒地黑土的荒原上，"二号院"便成了大庆石油会战指挥机关的代称，是大庆人耳熟能详的一个"院"，也是大会战的石油人心中的"圣地"。

经考证发现，"萨尔图二号院"从1960年10月20日启用，会战第二年改建成砖柱、土坯墙、油毡纸顶结构,一直用到会战结束。但自1964年之后,先后翻修了四次:第一次,1964年会战工委决定重新修建并建成了砖瓦结构;第二次,1973年又进行了较大规模的扩建、修缮,在原有的基础上增加了副一栋;第三次,1984年在保持原有设计、原来面貌的基础上,地基原地提高一米,采用抗震环结构,并把二栋和四栋连为一体,三栋和五栋连为一体,也就是我们今天看到的面貌;第四次,1995年大庆石油管理局迁到新的办公大楼,2005年1月被定为省级文物保护单位,同年3月大庆油田有限责任公司把这里改建成大庆油田历史陈列馆,用来纪念那些历尽艰辛的辉煌岁月。

大庆石油人对外"第一印象"——东风一至九号院

大庆油田勘探开发的壮举,使得国内各地相继组织参观团来学习参观。1964年春,大庆会战工委和会战指挥部决定在东风建一个较完善的接待站。这项任务交给了供应、供水、供电、总机厂等7个后勤单位,一个单位建一个院。每个院都是6栋干打垒围成的四合院,后来又把展览馆倒出来,定为"八号院"。8个院子是这样安排的:"一、四、五、六、七号院"做接待用,"二号院"做展览馆,"三号院"做接待人员住宿办公场所,"八号院"作文工团等一些直属单位住地。1974年又建了九号院,虽说它也是平房,但这是当时规格最高的一个院。东风一至九号院作为众多国内外参观者"学大庆第一站",让参观者由此看到了大庆石油人的"第一印象"。后来,随着大庆城市建设的发展,除"东风九号院"外,其他几个大院已不复存在,但用北大荒黑土建起来的"干打垒接待站",却成了对外展示大庆精神的一个重要体现。

4 要"牛"还是要"油"是怎么回事?

早在解放初期,根据中共北满分局书记陈云的指示,就在安达地区建立了"红色草原牧场"。这是因为安达生长着一望无际的优质牧草,是世界上少有的百万亩优良牧场之一,而成群的牛羊就是这片草原上最美丽的风景。

1960年春,大庆油田勘探地质资料表明,越向萨尔图、喇嘛甸以北地区延伸,地下油层越厚,原油产量越高,而萨尔图正是红色草原牧场的中心。刚开始的时候,牧民们因家乡发现了石油,沉浸在一片欢乐之中,还热情地为会战职工腾出房子,连牛棚也腾了出来。仅1960年5月份之前,就帮助会战指挥部接待安置了各类参战人员约10万人次,并且为"萨1井"挖了第一个试油用的土油池。但是,随着石油会战的不断深入,那一口口油井、一座座泵站和诸多油库设施,相继占据了一块块肥美的草场和湿地,牧民们才发现油田开发破坏了自己赖以生存的美丽草原。在这种情况下,"油"和"牛"之间产生了矛盾,牧场和油田的争执也随之发生,甚至出现了牧民强行扒掉了建在草原上的小型炼油厂。官司一直打到了黑龙江省委、石油部、农垦部,以至于状纸最终还递到了周恩来总理的办公桌上,"油"和"牛"的矛盾已到了非解决不可的地步。

1961年11月5日,黑龙江省委经过反复研究,确立了"服从大局,'牛'给'油'让路"的总原则,并鉴于石油开发还处在初级阶段,牧场暂时保留。同时,黑龙江省委责成曲常川和省农业厅厅长房定辰在萨尔图组织召开了油田土地会议,通过与牧场、油田等有关部门的沟通协商，确定了利用土地的基本原则："统筹兼顾，合理安排，保证油、牧、农全面发展。地上服从地下，油区内牛让油，油区外油让牛。"

这次事件平息不久，新的矛盾很快又出来了。由于缺少粮食和副食品，会战职工体力下降严重，会战指挥部决定发动职工和家属自己动手开荒种粮、种菜，改善职工生活，这就使得"油"与"牛"的矛盾再度突显出来。对此，中共黑龙江省委再次重申"宁可牺牲牛，也要确保油"。欧阳钦还亲自找有关部门做思想工作，李范五、强晓初、陈剑飞和陈雷也多次做省农垦部门和红色草原牧场领导的思想工作。

1963年5月13日，经省人委第92次会议讨论决定，红色草原牧场所属9个牧场中在油区的4个牧场陆续迁出，把牧场移交给大庆油田使用，牧场面积共减少了300平方公里。据统计，共迁出牧户2 790户、14 180人，迁出牧场职工分别调往九三、查哈阳、赵光农垦局和万宝、五大连池农场及巨浪牧场，迁场工作直到1965年才全部结束。正是广大牧民们以国为重的一步步退让和迁出，才最终确保了大庆油田的开发建设用地。

5

为什么当时在地图上找不到大庆油田？

1960至1979年，为了防止国内外敌对势力的干扰和破坏，大庆油田对外一律处于高度保密状态，中共中央和国务院通常用"安达市"代替"大庆油田"，"油田"也曾对外称"农垦"。尽管国内外都知道大庆油田的存在，但却很少有人知道大庆油田的具体地理位置。中共中央和国务院的提法是：全国支援安达市，就是支援大庆油田；支援安达市农垦事业，就是支援大庆油田开发事业。

根据国家保密局的要求，为了做好油区对外保密工作，石油工业部松辽石油勘探局决定：本局对外联系一律使用"安达市农垦场"的名称，机构按农垦场的建制称谓，并要求今后电话、电报、邮件等对外联系一律都使用代号。基建处代号为"安达市农垦场第九大队"；供应处代号为"安达市农垦场第十大队"；运输处代号为"安达市农垦场第十三大队"；运销处代号为"安达市农垦场第十四大队"。地质部松辽石油普查勘探大队将第四区队改称"地质部松辽石油普查勘探大队辽宁区队"，代号为"安达市开荒第四大队"。

1957年，根据中共中央指示精神，松辽石油勘探局在松辽盆地秘密地展开了石油勘探工作。同年下半年，地质部松辽石油普查勘探大队将第三区队等单位迁到安达县工作，对外改称"地质部松辽石油普查勘探大队黑龙江区队"，代号为"安达市开荒第三大队"。他们在安达工作期间，野外石油勘测的保密工作均以农垦为名、以农垦单位对外开展工作，从不称呼石油字样。松辽石油勘探先遣队作为独立机构，与地方等外界人员始终保持着一定的距离，对外保密工作非常严密。

1958年，松辽石油勘探局进入实际钻探阶段，黑龙江大队32118钻井队进驻安达县四平乡卫星村赵家屯，为"松基一井"开钻做前期准备工作。为了保密起见，井队独自修路、修桥、架线发电、盖房，始终处于独立生活状态。开钻期间，为防止敌人破坏和机密外泄，井队周围有人日夜把守，探井周围20米内不准外人进入，井队工人从不与其他外界人员接触。

1960年，大庆石油会战初期，来自全国各地的参战勇士们陆续到达安达，会战人员聚集到4万多人，各种器材和设备多达几十万吨。为了安置广大石油干部、职工居住，同时达到保密的目的，安达县把他们安置在独立生活单元的大院内，并将这些大院编号，称呼号码，这才有了一——八号院的说法，对外统称"农垦场一——八号院"。

1960年12月23日，国家计划委员会、国家建设委员会联合批准，

在安达市龙凤地区筹建"黑龙江炼油厂（今大庆石化总厂）"。文件明确规定，为了保密，黑龙江炼油厂代号为"黑龙江省萨尔图农垦八场"。将采油区称之为"矿区"，所以才有八场二矿的称呼，院、队、场、矿，都是对油田保密的称谓。

安达市要求全民为大庆油田保密，从党政机关工作人员，到厂矿工人和农民、学生都要为油田保守秘密。甚至像王进喜、薛国帮、朱洪昌等石油工人都要以农垦系统代表的身份，参加和出席例如全国和地方人代会等各种会议。油区公安保卫工作更加严格，康世恩副部长对油区安全和保密工作明确指示：关于社会调查工作一定要做好，要查清萨尔图和各分厂的"五类分子"（注："文化大革命"时期，对政治身份确定为地主、富农、反革命、坏分子、右派的人员统称）有多少，为了油区保密问题一定要把这些人全部迁出油区。随后，黑龙江省公安厅发出指示：要尽快对居住在安达等石油地区的外国人住户进行一次摸底调查，要掌握居住在油区范围内的外国侨民的政治、经济以及目前动向等情况，并尽快将这些人一律迁到非油区，尤其是接近油田核心地区的务必立即迁出。这些人的政治情况比较复杂，有的是日伪时期的特务、警察、敌特嫌疑分子，其中有12人与西方国家有通信来往。按照要求，在安达以及安达周边地区进行了地毯式的清理调查，相继有安达、肇东、肇源、肇州、青冈、明水等地外侨76户、110人被迁出油区。应该说，居住在这片寒地黑土上的龙江人民，从另一个角度支援了大庆油田的开发建设。

中共黑龙江省委、安达市委关于油区公安保卫工作的报告中指出：要在全民中进行保密教育，安定社会秩序，为安达市农垦事业的开发创造安全环境，要保卫农垦大会战。必须进一步建立与健全群众性的安全保卫防范组织，主要进行以下几项工作：（1）加强首长、专家的警卫工作；（2）加强侦查工作；（3）加强要害地区、油田核心部位的保卫工作；（4）加强职工思想教育和自身工作；（5）加强对敌斗争、事故灾害以及社会的治安管理工作。

为达到保密的目的，1960年［中发60号］文件把安达县改为安达市（地级市），把大庆油田区划归安达市委领导，就是用安达市取代大庆油田，把全国支援大庆油田改为全国支援安达市。1963年10月，石油工业部松辽会战指挥部、政治部下发《关于颁布住地名称的通知》。大庆油田从安达市分出时，1964年［中发64号］文件明确规定："中央、国务院同意撤销安达市，设立安达特区（称安达特区人民委员会，对外仍用安达市人民委员会的名称）。"可见，安达市、安达特区一直作为大庆油田的保密称谓。

1964年2月22日，黑龙江省人委《关于将安达市大庆区改称为大同区的通知》要求，由于大庆油区工作经验及成果将公开报道，报刊上拟将用"大庆"二字公开发表，为了保守国家机密，特规定如下：（1）安达市所属大庆区，即改称为"大同区"，其他有用"大庆"字样的机构名称也应改变；（2）各部门印制图表、刊物、资料等需要标示地名时均请用"大同"字样，勿使用"大庆"字样，拟印省内地图仍沿用大同镇，不改称"大庆"；（3）各部门对已印制的图表、刊物等普遍进行一次检查，对凡印有"大庆"字样的图表、刊物均应做保密处理，处理情况及时报省人委办公厅。通知中，还命令各地限期改正。此后，"大庆油田"只有名称没有地址。从此，大庆的名字从地图、地名和机构、部门中被删除，直到1979年12月14日大庆市对外公开为止。

6

黑龙江省是怎样提供粮食保障的？

1960年2月，西伯利亚寒流袭来，松嫩平原气温下降到零下40摄氏度。北风呼啸，寒冷刺骨。成千上万名会战职工像上前线一样集中来到大庆，尤其是当时从新疆、甘肃、四川等地赶赴北大荒参加石油会战的干部职工，下火车后不能很快进入驻地，又冷又饿，发生了不少冻伤、饿晕的事情。陈雷副省长得知情况后，立即向省委常务书记强晓初建议，在安达、萨尔图车站搭起暂时休息大棚。强晓初书记同意了这个建议，并责成王丕年、陈国润等同志带领民政厅干部，组织哈尔滨、齐齐哈尔、杜蒙、双城、肇东、巴彦等9个市县负责接待。让南方来的职工下车后每人能喝上一碗热面汤，然后再落实去处。

然而，石油会战初期，正值三年自然灾害的最困难时期，数万人集中在安达地区，解决粮食困难成了天大的问题。中共黑龙江省委非常重视，欧阳钦书记认为粮食问题事关会战的成败，尽管黑龙江省的粮食储备已到了"危险线"，不少地区因农民缺粮，已向省里频频告急，但还是要解决大庆所需粮食问题。于是专门召开会议，并决定每月再从全省节约出7.5万公斤粮食，用于支援大庆石油会战。

分管财贸工作的省委书记、副省长杨易辰亲自负责落实，他对省粮食部门的负责人说："粮食困难，省委知道。但就全国而言，石油更缺。宁可我们自己挨饿，也得解决油田会战大军的吃饭问题。"

后来，会战队伍中因粮食缺乏时常出现人员疲惫、浮肿的情况，当欧阳钦书记听到这个消息时，非常焦急，在千难万难中，再次决定给会战职工每人每月增加1.5公斤大豆，令很多参加会战的干部职工激动不已。事实上，这时黑龙江粮食供应已经突破了"危险线"，各地也出现了不少浮肿病人，仅安达、肇东、肇州等地的浮肿病人数就超过当地人口数的1/3以上，有的乡镇则高达80%之多。

其实，为油田节粮的安达地区人民是最苦的，他们只能靠"代食品"度日活命。从1959年开始，安达地区与全国各地一样，遭遇了前所未有的自然灾害，导致全县土地大面积绝产，粮食供应遇到了前所未有的困难。进入1960年春，粮荒问题日渐严重。为解决油田工人的生活用粮，全方位保证油田会战，安达市委果断决定，在全市范围内压缩粮食供应。1960年9月下旬，安达市人委要求粮食供应人均由原来的17.05公斤减到14.65公斤，以后开始逐月递减，人均口粮由过去每人每天0.5~0.75公斤降到6~7两，后又降到4~5两，到12月10日，全市人日均口粮已降到2两的最低警戒点，且少有副食供应，总共节省出粮食61.9万公斤，全部供给油区工人。

正当安达人民为此发愁的时候，1960年8月10日，鉴于全国农村严重缺粮的紧张形势，中共中央发出指示，要求各地降低口粮标准，"同时，大搞瓜菜，大搞副食品，大搞代食品和代用品"，正式提出了"低标准、瓜菜代"（"代"即代食品）的要求。11月14日，中共中央又发出紧急指示，要求立即开展大规模采集和制造代食品的群众运动，以渡难关。所谓代食品，就是指人们用于充饥、抵抗饥饿，但在正常情况下不作为食品的植物、动物、微生物、化学合成物等。三年困难时期的代食品主要分为四类：第一类为农作物类代食品，主要包括各种非灾难年份存下的水稻、小麦、大麦、玉米、高粱农作物的秸秆、根、叶及壳类，如玉米皮、玉米芯、稻谷壳等及薯类的叶、茎、根等；第二类为野生代食品，主要包括野生植物的秸秆、根、叶、皮、果实等，如榆树叶、树皮、橡子、大百合、野苋菜、洋槐叶之类；第三类为小球藻、红萍等浮游植物。小球藻最初是用来当猪饲料的，它是一种球形藻类，种类繁多，生长于淡水中；第四类指合成类代食品，如"人造肉精"以及"人造肉"、叶蛋白等，与前三类相比具有较高的营养价值，也称为精细代食品。

1962年，萨尔图和龙凤地区每天有7万余人吃饭，每月需要粮食1 000多吨，粮食供应再次出现问题。一方面，粮食加工能力不足，萨尔图只有一家小型制米厂，安达市城区有一家制粉厂，但设备不配套，远远满足不了需求。另一方面，粮食储存能力不足，每日运到萨尔图车站的粮食，没有仓库保存，就堆放在露天地里，风吹雨淋损失严重。据估算，全市粮食年销售量达 10 万吨，而粮食加工能力仅为 3 万吨；仓库需要量为 4.66 万平方米，实际仅有 1.87 万平方米。由于油区人口爆炸性增长，给安达市和油区的粮食供应带来了极大的困难。春季，开始大搞代食品生产，相继生产出淀粉 4.2 万公斤、人造牛奶 9 200 公斤、人造肉 1300 公斤、连泡梅 2700 公斤。3 月份，每人供给淀粉 3 公斤、连泡梅 5 公斤、人造肉 1.5 公斤、人造牛奶 2 两，还组织人员到外地打鱼作为代食品。王进喜等石油工人因为经常挨饿工作，很多工人由此患上了浮肿病。

在严重的自然灾害面前，安达地区老百姓在粮食节无可节的情况下，以支援大庆石油会战大局为重，响应毛泽东主席、党中央提出的"大办农业，大办粮食"和"低标准、代食品，管好粮食，办好食堂"的方针，全市开始了声势浩大的代食品生产。主要是因地制宜，就地取材，人民群众纷纷把羊草、玉米秸、玉米叶、玉米瓢子放在大锅里，加火碱熬制"淀粉"，充当主食用；将榆树叶、灰菜、马齿苋、稀田谷等用开水焯熟作为副食用。当然，在粮食极度匮乏的情况下，安达市号召老百姓采集和生产各种代食品，不失为一种动员群众渡过难关的办法。但是，这些代食品几乎没有什么营养价值可言，仍难以遏止浮肿病和非正常死亡的发生。

在这种千难万难的艰难岁月里，在遭遇了如此大灾大难的困苦生活中，安达市人民仍然保持着支援油田会战的真挚热情。尽管人人都骨瘦如柴，但仍然倔强地挺起胸膛，顽强地勒紧裤带，以采摘各种野菜，再加上各种蔬菜的菜根及角瓜瓢子等，先后制作了 10 多种可充饥的代食品。在粮菜奇缺的情况下，努力去保障石油会战勇士们的饭菜品种多样化，为大庆油田会战献出了一切。

黑龙江省是怎样提供人力资源保障的？

会战初期，最需要的要素资源是人力资源，没有人力资源，任何工作都无从谈起。强晓初与领导小组研究决定，责成王丕年、肖君盛、陈国润组成接待小组，省委组织部从各地市县抽调300名干部，搭建12个修筑公路作业大队的"架子"，省民政厅成立接待安置办公室，先把中央调给大庆的两万名退伍官兵安置下来，之后，再陆续分配到石油会战的各条战线上。

1960年3月1日，中共黑龙江省委批转了省建委党组《关于松辽石油施工力量安排方案的报告》。决定从齐齐哈尔一公司抽调两个完整的大工区，从佳木斯公司抽调一个完整的工区，再补充一批新工人，组成省建公司第一工程处。将肇源、庆安两县在大庆施工的500名工人调给松花江地区，再补充500名临时工，组成专业公司。从松花江地区各县抽调100名技术工人和400多名工人充实大庆工程队，组建成新的大庆工程公司。再由嫩江地区抽调600名工人补充地区公司、安达工地和安达县公司，从而形成一支力量较强的施工大军，完成石油会战中的各项施工任务。

5月13日，鉴于油田开发大会战需要大批劳动力，从外埠调入仍不能满足油田后方建设的需要。刚刚由安达县升格地级市的安达市，通过市委会议研究决定，从三个方面着手解决劳动力问题：一是接收流动人口；二是支持移民，从山东等省移民来支援安达市；三是办技工学校招收学员，直接培养技术工人。在这种情况下，安达市人口成倍增长，有效地缓解了砖厂用工、搬运用工、房屋基建用工和种菜农民不足等矛盾。

1960年3月至1961年3月，从黑龙江省调入人员有：省工程公司五处7 000人、建工部六局2 300人、装卸公司1 000人、省石油局1 098人、省交通厅160人、齐齐哈尔铁路局1 500人。在这些人员中，直接进入油区的职工11 635人，另有家属5 100人。

以松花江地委为例。1961年2月5日，中共黑龙江省委下发［黑发（61）JO107号］《关于支援煤矿生产油区建设，运输装卸的紧急通知》，根据通知要求，2月14日，松花江地委也下发了《关于支援安达油区建设的紧急通知》，通知中确定从全区现有基本建设职工中，调给承担油库建设的省工程公司1 700人。其中，专署建设局所属三个公司800人、伊春210人、海伦76人、庆安67人、肇州72人、肇源80人、肇东150人、绥棱100人、绥化105人、望奎40人。在此通知中，还重点明确了抽调人员的基本原则：（1）首先从今年停、缓建的筹建机构和生产准备人员中抽调；（2）从自营施工队伍中抽调；（3）从县和城市人民公社的施工力量中抽调。为尽快完成这项任务，要求自接到通知日起各市、县即开始行动，必须于一季度末完成。

1961年4月19日，黑龙江省人委决定从全省再抽调10 680名劳动力支援油田建设。其中，从省内各地区抽调8 020名，即哈尔滨市抽调2 640名，齐齐哈尔市抽调1 800名，松花江专区抽调2 780名，合江专区抽调400名，牡丹江专区抽调400名；由省粮食厅、教育厅、卫生厅、邮电局、齐齐哈尔铁路局等单位负责在本系统内部抽调2 660名。省人委下发的通知中规定，由省直属各单位负责抽调的人员，务必于5月1日以前调齐。这些人按工种区分是：技工1 011名、徒工510名、力工7 999名、其他业务人员1 160名。据不完全统计，主要分配去向：修铁路3 500人、安达市砖厂2 630人、龙凤炼油厂1 350人、龙凤电站500人、基建300人、喇嘛甸炼油厂250人，其他商业、粮食、教育、邮电、卫生等部门1 160人。

1961年10月13日，根据黑龙江省委指示，安达市对油区职工进行了一次调查。开展石油大会战以来，共调入职工 98 462 人、家属 15 134 户。其中，石油系统 61 600 人、建工部六局 4 864 人、黑龙江炼油厂 1 731 人、黑龙江石油一厂 519 人、省公路公司 2 224 人、省交通厅车队 1 052 人、省建设厅三公司 3 552 人、地质部三区队 550 人、松花江地区建设局 1 370 人、安达市各服务单位 21 000 人。

根据安达市记载，从 1959 年初到 1961 年底，安达市人口从 33 万人增加到 59 万人，净增 26 万人，增长了 79%。城镇人口由 10 万人增加到 30 万人，增长了两倍，净增 20 万人。到 1964 年，大庆油田从安达市分出时，安达市支援大庆油田会战人口增加了 292 519 人。其中，包括松辽石油勘探局 10 万名职工；中央下派和下放的干部、工人；全国各大城市下放的职工；黑龙江省各地干部、职工；山东、江苏、河北等地移民和自愿前来支援大庆油田建设的人们。同时，还有 30 万安达市人民全力支援大庆油田建设。

8 黑龙江省是怎样提供交通运输保障的？

大庆石油会战开始后，由于油田工程规模浩大，任务紧迫，大量的设备、物资、人员需要运入运出，最突出的矛盾就是运输综合能力严重不足。主要是运输工具太少，安达市仅有破旧汽车 13 台，未经改造的畜力车 76 台；搬运能力不足，最初天泉（安达）、萨尔图两地的搬运队不到 100 人；通过能力不足，地方公路（包括乡村道路）209 公里，年久失修、质量低劣。在这种情况下，导致油田建设物资装不上、卸不下、搬不出、运不走，从安达至喇嘛甸的 5 个铁路车站货场、仓库和矿区专用线内的积压货物 50 多万吨，堆积如山，严重影响了铁路运输。

为了解决油田短途物资运力不足问题，1960年初，中共黑龙江省委、安达市委和会战指挥部迅速组织和动员力量突击抢运，并从三方面着手解决问题：一是将石油部拨给省交通厅的汽车全部（约有150台）调往安达地区负责运输任务；二是安达地区组建一支较强的专业运输力量，装备一定数量的马车和汽车，负责短途运输，在松花江地区抽调一部分马匹装备500台马车，同时黑龙江省安排投资500万元；三是承包石油工程的省公司、六局二公司及市公司自有运输力量不足，在分配汽车时适当分给省市公司一部分汽车。据1960年统计，经过对运输工具补充后，安达市各石油单位的汽车总台数达到了832台。其中，松辽石油勘探局382台、普查3区队28台、物探队24台、省汽车队253台、嫩江汽车队52台、松花江汽车队10台、哈尔滨市汽车队23台、嫩江四工地60台，昼夜不停地倒运油田建设物资。期间，又从哈尔滨、齐齐哈尔两市抽调近1 000名工人和450名支边青年，到安达从事装卸搬运工作。

为了解决油田公共汽车运力不足问题，1960年初，鉴于安达市分散点多，运输线路长，客运量大，仅有客车5台（能用的4台），满足不了需要，每天运送前来参加石油大会战人员的客运量达500~1 000人，中共黑龙江省委决定立即拨给安达市客车10辆。

为了解决油田交通运输没有公路的问题，中共黑龙江省委早在石油勘探初始阶段就提出，在荒原上开发建设新油田，关键是把路修好。没有路，参加会战的千军万马和大量物资就运不进来。1959年9月，松基三井刚一喷油，省委、省人委就于1959年10月26日联合发出了修筑肇州至石油矿区公路的指示，后又决定成立大庆石油会战公路建设指挥部，指挥部设在安达县，省交通厅党组书记、副厅长陈法平任总指挥，下设嫩江、松花江、哈尔滨三个分指挥部。从1959年11月至1960年4月底，从全省范围内组织和动员了近两万人的修路大军，先期重点修筑了三条公路：大同镇至安达公路，全长68公里；大同镇至高台子公路，全长19公里；大同镇至葡萄花（汤家围子）公路，全长44公里。由于安达当地不产砂石，陈雷带领支援石油办公室和省经委交通处经过考察研究，决定以阿城县的玉泉、亚沟，五常县的杜家，尚志县的马延、苇河等地为砂石定点场，并与铁路部门协商组成专列，每天向安达运送砂石2~3列车。

会战前夕，松辽石油勘探局进驻安达后，初步规划1960年当年需要筑路1 040公里。后经省委支援石油会战领导小组反复研究，确定1960年筑路工程分两期进行。其中，第一期定为540公里（包括四级公路140公里、五级公路179公里、简易支线221公里），由三个地市分指挥部分段包干负责施工。1960年4月初，中央调来两万名复员军人中有9 000人提前到达，也被全部派去修筑大同镇至安达的公路。

在安达至大同公路的筑路期间，中共黑龙江省委、省人委相继抽调汽车200余辆、维修机床8部、抽调胶轮马车600余辆，并要求安达县红色草原公社调出所有斯大林80号拖拉机碾压路基。在此次支援行动中，安达市出动人力（强劳动力）3 907人，支援胶轮马车286辆。这286辆胶轮车是由先锋公社抽调30台、红旗公社抽调20台、红色草原公社抽调40台、东方红公社抽调20台、宏伟公社抽调23台、灯塔公社抽调12台、东升公社抽调20台、太阳升公社抽调16台、东风公社抽调20台、燎原公社抽调25台、任民公社抽调35台、卫星公社抽调25台。分配去向是：修建大同镇至安达公路运料200台、修建炼油厂86台。

1960年5月13日，为缓解铁路运输矛盾，中共黑龙江省委决定以萨尔图为中心，专门修筑一条10公里的铁路专用线，钢轨、道钉、夹板、道岔等均由齐齐哈尔铁路局包干解决。

1961年，新建油区站线、货物线、专用线等铁路里程112公里，全部由齐齐哈尔铁路局负责施工。在铁路运输方面，初步计算全年运量为200万吨。其中，由哈尔滨铁路局承运白灰及石材17万吨、原煤25万吨、木材16万立方米，每天运进两个专列，计60~70个车皮；由齐齐哈尔铁路局承运砂石130万吨,每天运进4个专列,计120~140个车皮。基本建设短途运输总量约为258万吨,共需汽车500余台。解决办法:(1)安达市范围内的运量自己承担,省交通厅决定调给安达市300台车辆,其中汽车30辆,手推车200台,其余70台于5月15日前调齐;(2)公路建设、建设厅直属公司、建工部六局和铁路建设需用的短途运输车辆,除充分利用自有车辆外,由省交通厅抽调300台汽车。另外,由于施工力量不足,把松花江专属三公司800名建筑工人采取分段包工的办法调去修路,还把安达市所有的施工力量在空工时组织起来突击修路;(3)鉴于油区各站堵塞情况严重,省劳动局安排了近3 000名劳动力组建装卸公司,大大提高了装卸能力。

1961年,全年新建等级公路里程195公里,由省交通厅负责施工。4月29日,省交通厅决定修筑6条公路,共长83公里,分为两批次实施。第一批抽调1 730名劳动力,先修筑3条公路,共计长47.9公里。具体是:(1)安达至萨尔图公路(包括龙凤支线),长37.4公里,路基宽10米,路面宽7米,土方量近4.9万立方米;(2)中八排公路,长3.4公里,路基宽10米,路面宽8米,土方量近2.4万立方米;(3)中央干道,长7.1公里,路基宽10米,路面宽8米,土方量近4.3万立方米。第二批抽调1 500名劳动力,再修筑3条公路,共计长35.1公里。具体是:(1)大庆至汤家围子公路,长23公里,路基宽10米,路面宽3.3米,土方量3.2万立方米;(2)东区公路,长7.5公里,路基宽9米,路面宽7米,土方量4.5万立方米;(3)西二排公路,长4.6公里,路基宽10米,路面宽8米,土方量近2.2万立方米。

在施工安排和物资设备筹措上,路面结构从坚固耐用、减轻运输压力、节省工程投资出发,同时考虑到原材料的供应,对运输距离较远的3条公路(安达至萨尔图、大庆至汤家围子、中央干道),除一部分已铺有沙石外,采用了石灰土底层,砂石面层,共计长67.5公里;对运输距离较近的3条公路(中八排、西二排、东区)则全部采用砂石铺装，共计长为 15.5 公里。建设 6 条公路共需砂石料 10.23 万立方米、干白灰 5 281 吨，折合一般白灰为 8.5 万吨。路面工程能否按期完工，关键在于材料的运输。6 条路线所需材料总运量为 15.47 万吨，周转量为 161.46 万吨公里，除利用轻轨运输 8 117 吨外，每日最少需要汽车 79 台、挂车 40 台。除公路工程公司已有的 38 台汽车全部参加运料外，不足之数在安达地区的 300 台汽车内解决。在此次修筑石油公路工程中，筑路机械方面需压路机 33 台，已解决 18 台，不足之数由造船厂和机械队安装 5 台，由松花江地区抽调 3 台、牡丹江地区抽调 3 台、合江地区抽调 1 台、齐市地区抽调 3 台；需推土机 10 台，已有 4 台；平地机 5 台；拖拉机 16 台，已有 4 台。尚缺推土机 6 台、拖拉机 12 台、平地机 5 台，还需轻轨（按长度计算约 10 公里）、小机车头 4 个、运土车 100 台，以及木材 800 立方米、水泥 50 吨、钢筋 10 吨、铁件及型钢 12 吨、废铁管或废钢管 3 吨、筑路机械用煤 474 吨、烧白灰用无烟煤 800 吨、汽油 205 吨、柴油 201 吨、木板子 20 吨，均由省里和会战指挥部协调解决。本期工程运输材料等共需火车皮 2 460 个，由铁路部门予以安排。

在短途运输上，安达市全市短途运输量 1961 年为 186 万吨（不包括石油勘探设备和自营工程的运输量），较 1960 年实际完成量 72.2 万吨，增长了 1.6 倍。但安达市当时的运输能力（不包括石油部门）只有 70 台汽车、183 台胶轮车，负担运量仅 88 万吨。黑龙江省临时抽调运粮机动汽车 237 台，帮助抢运 22 万吨，共计能完成 110 万吨，占全年总运量的 59.2%，尚有 76 万吨的物资无力承担。因而，安达站、萨尔图站等地有大量建筑材料堵塞占线，不能及时运到工地，据市运输部门统计，安达、萨尔图等车站积压的物资约为 20 余万吨。为了充分发挥运输效率，保证运输任务的完成，安达市又做了如下安排：（1）由公路工程公司安排人力，对运料路线特别是安达市萨尔图公路进行整修，对翻浆路段进行处理，并派人经常进行养护，以保证运料路线平坦畅通；（2）在安达、萨尔图、龙凤等地修建 10 座高站台（已修好 1 座，装卸时间已由 30 分钟缩短到 10 分钟），对已有的一台电铲积极进行安装；（3）由安达车队抽调修理技工组织抢修组，协助公路工程公司抢修待修车辆，并对维修能力加以充实，以提高车辆的完好率；（4）为保证降雨时安达至萨尔图路线的运料工作不停止，将车站经安达市内的轻轨拆除铺于安—萨线的土路上，并加强轻轨的维修工作，避免脱轨，使汽车及轻轨充分发挥其效率；（5）为了加强运输的组织、管理、调度工作，指定公路工程公司 1 名经理专抓材料运输。

1962 年，为适应油区交通运力需求不断增加的现实需要，中共黑龙江省委决定修筑一条 137 公里长的公路，由石油部与建工部联系将在阜新煤矿的机械化土方施工队伍调入油区承担路基土方工程，全部砂石路面工程由省交通厅负责施工。又先后在让胡路、萨尔图、龙凤、天泉和大庆 5 个地区成立了 5 个交通运输管理站，抽调 32 名干部，充实基层，具体组织管理油区短途运输、平衡安排车辆。为了加强地方道路的养护维修，先后建立了两个养路段（安明庆养路段和地方养路段），养路队伍也由原来的 156 人增加到 193 人，交通部门职工队伍也由 1959 年的 126 人增加到 1 991 人。

截至 1964 年末，大庆油区内交通运输状况有了明显改善，新建公路里程 231 公里、养护公路 319 公里（矿区专用线除外），比 1960 年增加了两倍。累计完成支援油田建设的各类物资（机、电、安装设备、钢材、矿建材料和生活物资等）206.9 万吨，占全市总运量的 70% 以上，等于安达建市前 10 年货运量的总和；货物周转量 1 744.6 万吨，每年平均完成 580 万吨；在油区专用线装卸火车和石油仓库搬运作业量完成 487.6 万吨，占全市作业总量的 67%，保证了油区运输的正常需要。

在支援大庆油田交通运输保障工作中，中共黑龙江省委、黑龙江省人民委员会和省直各相关部门，以及安达市各行、各业、各部门和全市人民，以国之大爱为重，主动为国分忧，倾尽全力，倾其所有，默默地立下了永不磨灭的卓越功勋。

黑龙江省是怎样提供物资供应保障的？

大庆油田开发初期，黑龙江省给予了方方面面的物资保障和支援。余秋里曾说："我们心里非常清楚，如果不是以欧阳钦同志为首的黑龙江省委、省政府及全省人民全力以赴地支援，夺取石油大会战第一年的胜利，是不可能的。"

安达地区按照省委指示，竭尽所能地支援石油勘探与开发，几乎所有生活物资都是由安达市供应的。1957年开始供给石油勘探队房屋，1959年修筑安达至大同公路，安达县供应胶轮大车、土篮子、绳子等物资设备。1960年初，大庆石油大会战准备阶段，安达县按照黑龙江省委的指示，全力做好生活物资供应工作。

据1960年3月29日统计，安达供应大庆油区锅、缸、碗、筷、盆、盘、勺、壶、土篮子、扁担、芦席、铁锹、木材等上百种物品。

安达供应大庆油区的物品种类及数量统计表

碗	40 000 个	筷子	3 000 把	大缸	250 套	笼屉	300 节
菜盆	1 500 个	饭勺子	1 880 个	草垫子	2 400 个	麻袋	1 000 条
大炉钩子	50 把	水桶	500 副	炉箅子	400 套	芦席	600 领

会战职工按56 470人计算，每200人设一处食堂，每个食堂按3口七十印大锅，需大锅854口。而安达县仅有274口，尚缺580口由省里负责调配。此外，锅盖、炉条、炉筒子、铁盆、铁壶、白铁壶、大水壶、水舀子、菜刀、铁勺、铁笊篱、面板、饭桌等物品缺少，地方加工的物品，进度缓慢，供不应求。如锅盖、木质水桶、面板、擀面杖、笼屉、白铁制品等供应不上，省里下拨不到位，出现了有锅无盖现象。有些物品加工困难，如笼屉，全县只有4个人会加工笼屉，根本满足不了

油区需求，由省里帮助解决。还有一些商品，如修路用的土篮子 20 000 个、绳子 65 吨，建活动板房玻璃 1 500 箱和大量电线、电料，修铁路用的手推车、铁簸箕、铁耙子等商品，仅靠安达自身是难以解决的，由省里负责组织货源供应。

1960 年 9 月 19 日，安达开始全力以赴为油田工人准备过冬的棉衣，需要棉花 5 463 担，而省里只能调配安排 2 827 担，安达市把全市所有库存棉花全部用光，致使居民无棉可用。同时，还组织 56 个单位的万名妇女为石油工人拆洗、缝做被褥和棉衣，保证了会战职工安全顺利度过第一个严冬，坚持了会战。

据 1960 年年底统计，安达当年供应大庆油田的各类生活物资主要如下：

物品	数量	占安达社会总供应量	物品	数量	占安达社会总供应量
蔬菜	25 350 吨	70%	皮大衣、皮衣、皮裤	13 500 件	100%
猪、羊、牛肉	11 万公斤	34%	棉大衣	30 000 件	90%
食用油	22 600 吨	56%	棉衣（工作服）	65 000 套	90%
鱼、虾	350 吨	70%	棉胶鞋	71 000 双	50%
布料	137 000 米	100%	大头鞋	21 000 双	100%
铁锅	145 000 印	——	棉花	3 000 多吨	100%
煤炭	180 000 吨	——	炉筒子	35 000 件	85%
水暖零件	24 000 件	——	烧柴	12 000 立方米	——
铁丝	336 吨	——	元钉	231 吨	——

1961 年春季，生活物资供应主要是缺少大锅、缝纫机、磅秤、铁锹等，缺少镐头 10 000 把，小农具 7 000 件。同年 7 月 9 日，黑龙江省商业厅就供应油区职工肥皂召开了专门会议。会上提出，1961 年上半年，油田职工 57 000 人，按第一季度每人每月半块、第二季度每人每月一块计算，需要供应肥皂 136 500 块，加上劳保补助用肥皂 39 900 块，共需供应肥皂 176 400 块，而省商业厅实际上克服各种困难也只下拨了

140 025 块。8月12日，关于油田职工劳保用品标准经省批准后执行。以肥皂为例，油田职工每月供应半块的有4 695人、每月供应1块的有21 575人，每月公用（服务部门）供应5 000块。同时，生活补助毛巾3 500条、劳保毛巾30 000条、线袜30 000双。此外，龙凤炼油厂另行安排。1961年冬季，仍然缺少400 000米布匹和50 000公斤棉花，安达市只好将供应市民的棉花和布匹，毫无怨言地全部供给了大庆油田职工使用。

安达市在保障油区生产生活物资供应的过程中发现，这项工作任务既是长期的、也是艰巨的，为了缓解油区生活物资供应紧张的矛盾，特制定了三条具体措施：一是统一供应标准，定人定量供应；二是明确供应渠道和批发程序，层层供应；三是扩大、组建服务网点，采取增设流动售货网点等办法，积极解决生活物资的供应问题。在这方面，中共黑龙江省委、石油会战指挥部也都积极想办法解决物资供应问题。

1961年，中共黑龙江省委为做好保障油田生活物资供应工作，明确规定：一是香烟、糖果、香皂、肥皂等日用品按人定量，凭证（票）供应。人数和定量，由安达市、齐齐哈尔市分别协同石油部门核实商定，由省商业部门根据商定的人数、定量转移指标，组织货源，批转给市县供应；二是肉、蛋、蔬菜、豆制品等副食品的供应标准，执行省供应标准，省没有规定的，由市县制定，但要尽量满足油区职工的需求；三是冬防用品和煤炭各地应与石油部门协商，根据实际情况，设法积极供应。1962年以后，劳保、冬季用品等均纳入省商业厅计划供应，安达市供应原料加工商品。

1961年6月9日，石油工业部康世恩副部长就解决大庆油田物资供应渠道问题，组织召开专门会议，并做出以下规定：一是生产资料、劳动保护用品，由会战指挥部提报计划，安达市二级站统一组织货源，由市商业部门统一供应会战指挥部，再由会战指挥部统一平衡分配，自拨自运；二是针棉织品，鉴于安达市二级站没有经营，由省统一安排，所在市、县商业部门组织供应;三是供应的日用小商品,由于零星分散,又多是地产地销的品种,由所在市、县商业部门组织供应;四是炊事用具、木质家具,由省、市统一安排原料,就地加工,就地供应;五是副食品、卷烟、食糖等商品,由省、市商业部门统筹安排,凡省有规定供应标准的品种,按省规定标准,由当地商业部门组织供应。卷烟、食糖等商品由省、市平衡货源,由所在市、县商业部门组织供应。地产地销品种,优先供应石油勘探的需要;六是小农具、柴草、芦苇和编织品等,由当地商业部门安排生产组织供应;七是根据石油发展需要,新增设网点由所在市、县商业部门负责,派出骨干人员筹建。石油部门抽调部分服务人员,并帮助解决营业和商品运输上的一些困难。

1961年初,中共黑龙江省委召开专门会议,安排部署安达市迅速增加服务网点、商业网点工作。这是因为会战初期油区职工猛增至4万余人,服务网点远远跟不上需求,最迫切需要解决的是理发问题,最多时每天有3 000人要求理发,全市只能满足1 000余人。还有洗澡问题,全市只有一个澡堂子,还不能正常营业。因此,这次会议决定:在萨尔图区的八一新村、星火、大架子、让胡路、水机电、先锋北屯(一矿厂)、龙凤、喇嘛甸等地增设网点20处,并扩大采油指挥部、杨山屯、团结村等处网点,使供应网点达到104处。其中,商业批发4处,零售13处,分销、代销28处;服务饭店、理发、照相等网点21处;银行、储蓄所24处;粮米店14处。1962年,在萨尔图、钻井一大队、钻井二大队、让胡路等地增设商业服务网点9处。其中,商业4处,粮食3处,银行2处。1963年,在萨尔图、龙凤、让胡路等地新增商业服务网点36处,达到113处。其中,粮食4处,商业16处,饮食服务16处。1964年以后,商业服务网点走向正轨,商品品种由原来的300余种增加到3 467种,已经能够满足油区职工的需求。

1961年12月16日,针对油区面积广、钻井工人居住分散的特点,为保障好石油生产和职工生活物资供给,安达市在积极增加商业服务网点的同时，增设了两路流动售货车，分别向萨尔图油区南、北两线职工供货。开始流动售货的当天，南线钻井第1205队队长王进喜，北线钻井第一大队党委书记带领工人排队购物，并跳上汽车维持秩序，工人们拿着安全帽前来购买货物。

开通流动售货车一事，在一线石油工人中间引起了很大的轰动，非常受油田职工欢迎，交口称好，奔走相告。就连长期坐镇油区、最关心一线工人生活的康世恩副部长也赞扬说："这才充分体现了社会主义商业的优越性。"王进喜说："工人买到东西心情舒畅了，生产干劲更高了。"此时正是1961年12月，王进喜1205钻井队又超额完成了全年钻井任务。

据统计，流动售货车在43天时间里供应商品主要如下：

月饼	375公斤	香脂	696个	暖瓶	12个	信封	10 347打	面盆	17个
饼干	595.5公斤	肥皂	4 232块	水瓶胆	24个	稿纸	550本	手帕	168条
古巴糖	204公斤	牙膏	665个	铁铲子	220个	圆珠笔	21支	白线	1 664团
高级糖	167.5公斤	香皂	1 356块	皮手套	190副	闹表	25个	火柴	157包
冻梨	1106.5公斤	洗衣粉	1 619包	青油布	1 927尺	日历	210个	鞋油	99盒

紧接着就是1962年春节的到来，流动售货车为1205钻井队供应商品如下：

鱼	150公斤	白菜	900公斤	冻梨	250公斤
古巴糖	50公斤	白酒	75公斤	面碱	50公斤
冻豆腐	3 200块	糖块	75公斤	花椒	7.5公斤

在此期间，供应油区职工及家属的商品主要有：棉布、面盆、盘子、雪花膏、剪子、皂盒、碗、筷子等。当时，王进喜等石油工人过春节的主食是小米饭、高粱米饭、玉米面，副食有鱼、冻豆腐、白菜、冻白菜、咸菜、冻梨、糖块、古巴糖、白酒、花椒，但咸盐供应不足，有时连咸菜也吃不上。

1963年，流动售货车达4辆；1964年，又继续增至6辆，并分4条路线流动售货。流动范围由原来的方圆几十里扩大到150多里，商品品种由原来的100多种增至300多种，基本满足了一线工人的需要。

哲思随语

1

这是一片甘愿奉献的寒地黑土

大庆精神之所以在黑龙江大地上产生，绝不是偶然的。因为这里是一片能够真诚奉献的寒地黑土。黑龙江地区一直是祖国的边疆，气候寒冷，远离经济文化中心。清代以及清末民初，中原地区的移民开始北上，这片寒地黑土敞开博大的胸怀接纳了移民，并让这些移民在边陲冻土上开拓出一片生机。从此，奉献就成了黑龙江人的代名词。黑龙江人在东北抗战的14年里，与日本侵略者进行了长期的、艰苦卓绝的斗争，付出了巨大的牺牲，为中国人民取得抗日战争的最后胜利，奉献了自己的全部力量。黑龙江人在解放战争时期，为了全中国早日获得解放，把大批优秀儿女送上前线、送上战场，并向东北战场乃至全国战场运送军需给养物资。新中国成立后，黑龙江人为新生的、百废待兴的年轻中国的建设而艰苦创业、奋力拼搏，无私奉献精神得到了新的继承与升华。

支援大庆在所不惜

黑龙江人所表现出来的奉献精神，就是中华民族优秀文化中蕴含的奉献精神。战争年代，奉献生命乃至一切在所不惜；和平建设时期，奉献资源在所不惜，奉献粮食在所不惜，奉献木材在所不惜，奉献石油也一样在所不惜。在大庆石油会战中，黑龙江省的支援是举全省之力的，是在所不惜的。1960年3月15日，黑龙江省成立支援石油开发工作领导小组，确定了"全力以赴，全力支援"的方针。陈雷同志作为省委支援大庆石油会战领导小组副组长，具体负责协调全省的人力、物力、财力的调配和保障，为大庆油田的开发建设做出了重要贡献。石油会战开始以后，欧阳钦指示黑龙江省"支援石油会战领导小组"负责人与会战指挥部领导住在一起，以便发现问题及时解决。1960年9月3日，为解决油田职工过冬困难，黑龙江省委批准《关于解决安达石油地区过冬问题的报告》，要求把过冬问题"列为当前的中心任务，务求抓紧抓狠抓实"。

看作自己分内之事

诚然，会战指挥部领导和广大干部职工对黑龙江省所做的一切始终是心怀感激的。1960年5月25日，余秋里、周文龙、康世恩等石油部领导专程到哈尔滨市，向欧阳钦和黑龙江省委常委通报了石油部党组关于指挥石油会战的具体情况，余秋里表示非常感谢黑龙江省的大力支持。欧阳钦马上说道："我们支持得不够，主要是靠你们艰苦奋斗。你们住牛棚指挥会战，很令人感动。"欧阳钦当时还说，我们从来都把支援大庆看作支援自己，看成自己分内之事，而不是看成负担。我们要同心协力，把油采出来，送到各条战线去。今后东北三省要继续努力，支援大庆的开发建设。工作中有困难是不可避免的，没有困难，不符合辩证法的规律。有困难大家分担，一起克服。最后，他提出了一个口号："互相支援，夺取世界冠军！"余秋里后来在他的回忆录中写道："欧阳钦同志讲的这些感人肺腑的话语、讲话时的音容笑貌，至今仍牢记在我的脑海里。"大量事实表明，在共和国历史上最为困难的年代，支援大庆开发建设的那一串串数字后面，就是黑龙江省人民节衣缩食、以国为重、心底无私的甘愿奉献。

无私无怨不图回报

在大庆石油会战的中后期，尽管油田各方面条件已有了很大的改善，但黑龙江省对油田的支援始终是急油田之所急，想油田之所想，毫不松劲。1963年7月3日，为更好地支援大庆油田的生产建设，由东北局计委、黑龙江省计委、经委等单位组成联合工作组，到油田进行为期一个月的调查。为了彻底解决大庆油田土地征用问题，1963年6月8日，黑龙江省人大常务委员会做出《关于大庆油田建设用地问题的决定》；为了更好地加强对大庆油田的组织领导，理顺管理体制机制，1964年3月31日，黑龙江省委与石油部党组联合向国务院提交《关于成立安达特区及所辖范围的报告》。1964年11月19日，黑龙江省委、省人委又发出了《关于安达特区机构设置的通知》；为了就近解决大庆油田的技工培养问题，1964年4月15日，首次在黑龙江省20个市、县招收的3 330名徒工陆续到达大庆油田；"文革"期间，为了确保大庆油田生产不受或少受冲击和影响，1970年4月5日，黑龙江省军区副司令丁继先任中共大庆核心小组组长、革委会主任。又于1970年7月5日，按中共中央指示，大庆油田划归黑龙江省，实行部与省双重领导。这一切都表明，黑龙江人所表现出来的天地大爱、人间大爱，是甘愿奉献的，是无私无怨的，是不图回报的。正是因为有了这种甘愿的无私奉献之举，黑龙江才能不断创造一个又一个的辉煌业绩。同样，还是这种无私奉献之举，催生了新中国第一个大油田——大庆油田。

难怪几十年后，当年指挥石油会战的余秋里回忆起这段往事时，仍满怀深情地说："那时，黑龙江省同全国一样处于极端的困难之中。以欧阳钦同志为首的省委、省政府及全省人民的无私支援，使大会战前夕就出现了'三军未动，粮草先行'的局面。我们对黑龙江这种天高地厚之情，只有由衷地感激，只能下定决心，率领会战大军高速度、高水平地拿下大油田，以回报党、回报人民。"

这是一片丰泽滋养的寒地黑土

大庆精神之所以能够在黑龙江孕育产生并传承发展，道理很简单，因为这里既是一片能够真诚奉献的寒地黑土，更是一片丰泽滋养的寒地黑土。追溯黑龙江悠久的历史文化，就会看到这里的文化是博大精深的。早在远古时期，黑龙江流域和松花江流域的先民们打鱼狩猎，辛勤耕作，开创了人类的文明史；君不见，肃慎、挹娄、勿吉、夫余、秽貊、鲜卑、契丹、女真、满、汉……几十个兄弟民族活动于斯、繁衍于斯、创造于斯，孕育了独具特色的"鲜卑文化""渤海文化""金源文化""满族文化"……因此，黑龙江优秀传统文化已成为黑龙江优秀精神的"源"和"根"。

"闯关东精神"产生于此

在大庆精神产生之前，这片丰泽滋养的寒地黑土，滋养和诞生了"闯关东精神"。忆当年，一批批从关内闯到黑龙江这块黑土地上的万千移民，几乎一无所有，但他们凭着勤劳、勇敢、智慧和韧性，在茫茫原野、冰天雪地间，从事农垦、采矿、放排、挖参、伐木、经商等活动，历尽艰辛，吃尽万苦，百折不挠，艰苦创业，不仅逐渐在东北找到了自己的生存空间，更为东北经济的发展做出了巨大贡献。19世纪，黄河下游连年遭灾，破产农民不顾满清政府禁令，成千上万冒险"闯"入东北。至1840年，东北地区人口就突破300万人，比一百年前猛增了七八倍。清政府于1860年在东北局部弛禁放荒，1897年全部开禁，1910年东北总人口增至1800万人。这些人到了东北，白手起家，努力寻找生存出路，顽强地进行着人生的自我奋斗，形成了黑土地人"自强不息"的可贵品格，大量的黑龙江人就是这样一代一代闯过来的。这种"闯关东精神"源于中原文化与北方文化的长期融合浸染，并植根于黑土地，对黑龙江省经济社会发展也起到了一定的推动作用。这种世代传承的"闯关东"精神，对大庆精神的产生具有较强的滋养和孕育作用。

"东北抗联精神"产生于此

在大庆精神产生之前，这片丰泽滋养的寒地黑土，滋养和诞生了"东北抗联精神"。忆当年，20世纪初至今，反帝、反军阀斗争迅速在黑龙江大地掀起。1931年9月18日，日本帝国主义悍然发动了对我国东北的侵略战争，富有抗敌御敌传统的东北各族人民，在中国共产党的引领下，相继组织各种形式的义勇军、抗日联军奋战在抗日杀敌的战场上，与日本帝国主义进行了英勇顽强的斗争，付出了巨大的代价。当时，黑龙江一带是抗日联军的根据地，是中华民族与日本侵略者进行殊死斗争的重要战场。大庆地区就曾是李兆麟领导的抗联第三路军第十二支队开展游击活动的地方。在那艰苦斗争的年代，众多民族英烈为民族救亡图存，克服了常人难以克服的困难，在茫茫林海雪原上，爬冰卧雪，艰苦卓绝，谱写了民族斗争史上最悲壮的史诗。人们熟知的东北抗联第四、第五军妇女团的8名女战士，经过长途行军和多次激烈战斗后，子弹打光了，毅然走进滔滔大江。这八位年轻的女英雄，为了祖国独立解放慷慨捐躯，惊天动地。还有赵一曼、赵尚志等东北抗联将士用鲜血、用生命铸就了东北抗联精神。这种薪火相传的"东北抗联精神"，对大庆精神的产生具有很强的滋养和孕育作用。

"东北小延安精神"产生于此

在大庆精神产生之前，这片寒地黑土滋养和诞生了"东北小延安精神"。忆当年，从解放战争到新中国成立，这里开展清剿土匪、土地改革，支援全国解放战争，建设稳固的战略大后方。这种与党的优良传统一脉相承的"东北小延安精神",对大庆精神的产生具有更强的滋养和孕育作用。

"大兴安岭精神"和"北大荒精神"也产生于此

在大庆精神产生的同一时期,这片丰泽滋养的寒地黑土,滋养和诞生了"大兴安岭精神""北大荒精神"等。忆当年,通过"一五""二五"时期国家重点工程的开发建设,彻底改变了黑龙江面貌,实现了由新民主主义社会向社会主义社会的飞跃。比如,20世纪50年代中期,王震将军指挥10万转业官兵挺进北大荒,展开了大规模的开发建设,打下了北大荒垦区的坚实基础。据统计,在黑龙江省大开发过程中,先后由14万转复官兵、5万大专院校毕业生、20万山东和四川等地的支边青年、54万城市知识青年和地方干部、农民组成的垦荒大军,头顶蓝天、脚踏荒原,人拉肩扛,搭马架、睡地铺,战胜重重困难,在茫茫沼泽荒原上,建起了一大批机械化国有农场群,形成了"艰苦奋斗,勇于开拓,顾全大局,无私奉献"的北大荒精神。这种在继承、丰富和发展了优秀民族精神的基础上,所形成的黑龙江优秀精神,对大庆精神的产生具有极强的滋养和孕育作用。

寒地黑土催生了黑龙江优秀精神,因为这是黑龙江各族人民在革命、开发和建设的历史进程中形成和发展起来的,是几代黑龙江人在特定的自然环境和历史条件下,用艰苦的探索、顽强的斗争、辛勤的劳动、无私的奉献锻造出来的。也正因如此,黑龙江这片寒地黑土才会催生出"爱国、创业、求实、奉献"的大庆精神。

第五章
追忆领袖关怀

发生在松辽平原上的这场大庆石油会战，乃是数万人战天斗地的英雄壮举，让人为之感动！老一代开国领袖的指点江山，更让人为之惊叹！而且，一代又一代的继任领导者，在为治国安邦日夜操劳的同时，仍始终关心大庆油田的发展，更关注大庆精神的传承与发扬。

铁人语录

学以致用篇

★我小时候放过牛,知道牛的脾气,牛出力最大,享受最少,所以还是当一头老黄牛最好。我甘愿为党和人民当一辈子老黄牛。

★我们不能搬"洋框框"。毛泽东主席教导我们要自力更生,我们就要根据自己的条件从实际出发,走自己的道路。

★我们要学小孩走路,不能学八十岁的老头走路。老头走路摔一跤,再摔一跤,就呜呼哀哉了;小孩腿软,跑起来摔一跤,爬起来又跑。今天软,明天就不软了。

★在我们队伍里,不管是谁,不管干什么事,谁走在头里,就跟谁学。

★我的办法在什么地方啊?办法就在工人们的脑子里头。我去向他们学,向他们问,回来就有了办法。

寻源探究

毛泽东关心油田二三事

早在夺取全国政权前夕,毛泽东主席就在革命圣地西柏坡,一边指挥百万雄师追穷寇,推动解放战争向纵深发展,一边以大国领袖的远见卓识,开始着手谋划新中国的建设大业了。当时,毛泽东主席就清醒地意识到,当共和国国体确定之后,剩下的全部问题就是怎样使一个饱受战争创伤的贫穷国家实现繁荣富强。当毛泽东主席从各类书籍里探寻苏联、美国等国家发展经济的方略时,尤其是探寻美国这个新兴帝国近百年来迅速崛起的奥秘时,惊奇地发现了石油的作用和魔力。在此期间,中共中央通过秘密渠道,向苏联请教建设国家经济的方略时,苏共领导人斯大林就捎来话说,英国和欧洲人走向强大,其秘诀是蒸汽机带来的工业革命;美国崛起的经验证明,通过工业化革命推动国家经济实现超越常规发展和社会飞速前进,必须借助石油才会使一切成为可能。无疑,石油问题已十分迫切地摆在了毛泽东等新中国领导人的面前。

解放军接管玉门油矿

其实,毛泽东主席早在陕甘宁边区时,就从延长油井的涓涓油流中,看到了石油的重要,曾明确指出:"边区有着丰富的宝藏,首先延长石油居全国第一,并闻名于世界,过去曾由外人投资开采,结果失败而去,现在边区当局仍在小规模的实行开发。当外货来源几近断绝的今日，在现代工业中占有重要价值的石油，是极应设法大力开采的。"1944年，毛泽东主席又亲自为延长石油厂厂长陈振夏题写了"埋头苦干"四个大字，以兹鼓励石油职工。实际上，比延长产油更多的当属远在河西走廊西端的玉门油矿，1949年所产原油已占到全国总产量的90%以上，在旧中国工矿企业中占有极为重要的地位。因此，当西北战场捷报频传时，按照毛泽东主席的战略部署，1949年9月25日，中国人民解放军一野三军军长黄新亭率装甲部队一个团抢占玉门。为防溃军破坏，9月26日下午，进军河西走廊的先头部队三军九师政治部主任康世恩，奉命带领一个步兵团正式接管了玉门油矿，后任玉门油矿军事总代表、党委书记。从此，这位于1915年4月20日出生在河北怀安县、1936年考入清华大学地质系、1937年抗日战争爆发后投笔从戎的康世恩，在此后近半个世纪的时间里，就再也没离开过石油，且与大庆油田结下了不解之缘。玉门油矿的解放，表明了中国人民解放军首次介入中国石油事业；玉门油矿的解放，为后来大庆油田会战输送了大批技术工人、骨干人才和关键设备；玉门油田的解放，促使我国石油工业在一穷二白的情况下艰难起步，开启了迈向世界石油大国的风雨历程。

签批成立燃料工业部

新中国成立后不久，毛泽东主席在建设国家的大账上，早已把中国摆脱"洋油"困局当作头等大事。根据1949年9月27日中国人民政治协商会议第一届全体会议通过的《中华人民共和国中央人民政府组织法》第十八条的规定，1949年10月19日，也就是在中华人民共和国成立后的第18天，便以中央人民政府的名义签发了成立国家燃料工业部的命令，并亲自提名资深工业革命家陈郁为部长。1950年4月，即燃料工业部成立后的第二年又设立了石油管理局。1950年8月6日，西北石油管理局成立，由清华大学地质学专业出身的康世恩任局长。

当时，尽管中央领导高度重视石油问题，石油工业有了可喜的进步，但缺油问题始终困扰着新中国领导人，尤其是许多工业和国防建设都需要石油，靠"洋油"过日子的状况仍没有改变。毛泽东等决策者不得不咬紧牙关，发誓勒紧裤腰带从石头里挤"生命油"。特别是恰逢朝鲜战争爆发，缺油问题急坏了中国人民志愿军司令员彭德怀，中央不得不动用本来就少得可怜的外汇，并通过特殊渠道从国外买回些"洋油"。因此，毛泽东主席和其他的领导人们感叹道："油啊油，真是忧死人哟！"

鉴于石油工业对国民经济发展和国防建设具有特殊重要性，1955年7月30日，第一届全国人民代表大会第二次会议决定撤销燃料工业部，成立中华人民共和国政府石油工业部，周恩来总理推荐由共和国上将李聚奎任部长，全面负责我国石油、天然气的勘探和开发工作。毛泽东主席也始终认为李聚奎上将是位对革命事业勤勤恳恳、实实在在的好同志。可以说，正是因为设立了燃料工业部，才拉开了新中国石油工业建设的帷幕。也正是因为从燃料工业部到石油工业部的机构调整，才加大了找油力度，才有了对松辽盆地的普查与勘探，才有了后来大庆油田的惊人发现。

命令五十七师改编为石油工程第一师

燃料工业部和石油管理局相继成立后，毛泽东主席就想到搞石油工业的部门有了，"将"和"才"也上任了，可还缺少有用的"兵"啊！于是，他把目光瞄向了具有高度组织性的人民解放军。恰在此时，时任燃料工业部西北石油管理局局长的康世恩，看到旧中国留下仅万余人的石油工人队伍，且工人素质参差不齐，确实难以担当国家石油工业发展的大任，正当愁肠百结之时，也猛然想到了解放军，没想到竟然与中央领导的想法不谋而合。1952年3月25日，康世恩在西安给朱德总司令和燃料工业部陈郁部长写了《关于调拨一个建制师担任第一个五年计划发展石油工业基本建设任务的报告》，请求部队支援。报告递上去的

12天后,也就是4月7日,周恩来总理就在这份请示报告上明确批示:"即将西北建筑工程师拨作此用。"

周恩来总理批示中提到的"西北建筑工程师",指的是按照中央指示,西北军区将把部分战斗部队转为铁道、水电、石油、建筑等工程部队。那么,为了扭转石油工业的落后局面,国家把发展石油列为重点建设内容,这个艰巨而光荣的任务让哪支部队来干呢?当时,从中央军委到西北军区,上上下下都本着一个原则,那就是要选派一支作风顽强、纪律严明、不畏艰苦的英勇善战之师。时任西北军区第一副司令员张宗逊反复思量,最后把目光锁定在第19军57师,并立即上报中央军委、上报毛泽东主席。

不久,毛泽东主席签署命令,将人民解放军第19军第57师改编为石油工程第一师。该师前身由原西北民主联军第38军17师(原爱国将领杨虎城的部队)、原二野四纵12旅36团和陕南军区郧白独立团共同组建。这是一支从抗日战争和解放战争烽火中走来的英雄部队,先后涌现出师级以上英雄模范692名,在晋冀鲁豫的烽火前线立下赫赫战功。

1952年8月1日,57师在陕西汉中北校场举行了隆重的"石油师"命名典礼和誓师大会,古阅兵台上扎起了彩棚,鲜艳的五星红旗、八一军旗耀眼夺目,毛泽东主席亲自签署的《中央人民政府人民革命军事委员会命令》被镶嵌在金黄色的大相框中,醒目地置于检阅台前。全师8 000名官兵手握钢枪,精神抖擞,组成了威武雄壮的步兵方阵。上午9时整,师长张复振宣布仪式开始。在雄壮的《义勇军进行曲》中,受阅官兵军容威武、步伐整齐地依次通过检阅台。

阅兵仪式结束后,陕西省军区政治部主任牛书申宣读了由毛泽东主席亲自签署的命令。"我批准中国人民解放军第19军第57师转为中国人民解放军石油工程第一师的改编计划,将光荣的祖国经济建设任务赋予你们。你们过去曾是久经锻炼的有高度组织性纪律性的战斗队,我相信你们将在生产建设的战线上,成为有熟练技术的建设突击队。

你们将以英雄的榜样,为全国人民的,也就是你们的,未来的幸福生活,在新的战线上奋斗,并取得辉煌的胜利。你们暂时可以把战斗的武器保存起来,拿起生产建设的武器。当祖国有事需要召唤你们的时候,我将命令你们重新拿起战斗的武器,捍卫祖国……此令,主席毛泽东。"从此,在师长张复振、政委张文彬的率领下,57师8 000官兵集体转业到石油战线,走向新中国石油开发的各个战场,成为当时石油工业的生力军,开始了为新中国石油工业呕心沥血、艰苦奋斗的风雨征程。也正是有了这样一支战无不胜的石油工程第一师,才把好队伍、好传统、好作风带到了大庆石油会战中,为这场惊心动魄的松辽石油大会战提供了不竭动力。

问计地质学家李四光

新中国成立伊始,毛泽东敏锐地认识到,中国要建设,中国要强大,光靠买"洋油"是不行的,必须解决石油自给问题。因此,毛泽东主席在签批成立燃料工业部和改编19军57师为石油工程第一师后,1952年8月,毛泽东主席又签发命令成立"中央人民政府地质部",并任命地质学家李四光为地质部部长。

1953年,"一五"计划开端的日子里,毛泽东主席、周恩来总理一起又专门请来地质部长李四光,询问我国石油资源问题,询问中国天然油的前景。毛泽东主席语重心长地说:"要进行建设,石油是不可缺少的。天上飞的,地下跑的,没有石油都转不动。"毛泽东甚至还焦虑地询问:"中国到底有没有石油?"表达了他对石油工业前景的焦虑和担心。作为地质学家,李四光以数十年对地质力学的独到见解,描绘了中国石油资源的远景宏图:"我们地下的石油储量是很大的。从东北平原起,通过渤海湾,到华北平原,再往南到两湖地区,可以做工作……"李四光就石油资源的开发给予了肯定的回答。毛泽东主席和周恩来总理听了以后非常高兴。后来,周恩来总理在一次国务会议上说:"地质部长很乐观，对我们说，石油地下蕴藏量很大，很有希望。"

1955年，普查队伍开往第一线。在几年里，就找到了几百个可能的储油构造，这为大庆油田的发现打开了前所未有的新视野。1964年12月，周恩来总理在第三届全国人民代表大会的《政府工作报告》中指出"第一个五年计划建设起来的大油田，是根据中国地质专家独创的石油地质理论进行勘探而发现的"。

亲听康世恩汇报石油部工作

1956年春节前夕，康世恩从苏联考察学习刚回来，李聚奎部长就告诉康世恩，准备向毛泽东主席汇报工作。当时，规定要由部长亲自汇报，但由于李聚奎部长到石油部工作才几个月，因情况特殊，就允许石油部多去一位副部长汇报，因此，李聚奎便找康世恩抓紧准备。

2月26日，李聚奎和康世恩接到通知，到中南海勤政殿汇报工作。当时，听汇报的有毛泽东、周恩来、刘少奇、邓小平、陈云、李富春、李先念、薄一波等领导。周恩来总理向毛泽东主席介绍了康世恩，然后开始听取汇报。当康世恩照着提纲念了一段后，毛泽东主席打断说："你不要念了，我这里也有本本，就随便说吧！"接着毛泽东主席就问开了，先问地质年代如何划分、根据是什么？为什么叫第三纪、白垩纪、侏罗纪呢？石油是怎么生成的？有机物为什么又会变成石油呢？是否有油的地方都有气？有气的地方是否一定有油？康世恩一一做了回答。随后毛泽东主席又问到中国怎么找油？康世恩着重汇报了西北地区石油勘探情况，同时也说到东北松辽盆地、华北平原等广大地区也都是很有希望找到油的地区，目前缺少勘探手段，正在抓紧准备。毛泽东主席说："美国人讲中国地质老，没有石油，看起来起码新疆、甘肃这些地方是有的。怎么样，石油部，你也给我们树立点希望。"接着又很有感慨地说："搞石油艰苦啦！看来发展石油工业还得革命加拼命。"毛泽东主席的这些指示，不仅成为石油工业发展的重要指导思想，也为后来大庆油田的发现和石油会战，奠定了重要的思想基础。

亲点"独臂将军"余秋里担任石油部长

第一个五年计划中，每年全国石油产量应在 201 万吨左右，1957 年底，石油工业部拿出了吃奶的力气才完成了 146 万吨，其中成本昂贵的人造油还占了一半。当时，中国一年所需石油约在 500 万吨。更让毛泽东主席着急的是，朝鲜战争还未彻底结束，前进的坦克和飞机每天要用去成百上千吨原油。毛泽东主席认为，必须有自己的油田，必须在中国大地上找到源源不断的石油资源。

1958 年 1 月 11 日至 22 日，在广西南宁召开了有部分中央领导人和九省二市负责人共 25 人参加的会议，重点总结第一个五年计划期间的建设和经验，讨论第二个五年计划以及长远规划等问题，也提到了石油等项指标没有完成的情况。回到北京后，毛泽东主席在参加会议休息间隙，就与周恩来总理商量请彭德怀推荐更合适的人选。之后，周恩来总理向彭德怀讲了毛泽东主席对石油部部长人选的新动议，并讲："其实不把石油产量搞上去，我这个总理压力也是大啊！主席的心思是想找个能善于打开局面的人。"彭德怀思来想去认为他的总后政委余秋里能行。周恩来总理也认为这位独臂将军年轻，又能干，且正是主席需要的那种能打开局面的人。随即向毛泽东主席做了汇报，毛泽东主席听后也相信余秋里这位难得的人才能够当好石油部长。

几天后，在一次会议休息期间，周恩来总理把参会的余秋里叫到一边："秋里同志，我们准备让你和李聚奎同志对调一下，请你出任石油工业部部长。"并讲道："你考虑考虑，毛泽东主席还要找你谈话。"

1 月下旬的一天下午，余秋里遵照中共中央办公厅通知到毛泽东主席办公室开会。毛泽东主席在和余秋里交代任务时，针对余秋里认为自己从来没有搞过工业，且石油在地下，情况更复杂，怕难以胜任的思想，鼓励道："我过去说过，夺取全国的胜利，这只是万里长征走完了第一步。我们熟悉的东西有些快要闲起来了,我们不熟悉的东西正在强迫我们去做,我们必须学会自己不懂的东西。我们必须向一切内行的人们,不管什么人,学经济工作,拜他们做老师,恭恭敬敬地学,老老实实地学,不懂就是不懂,不要装懂。不要摆官架子、钻进去,几个月,一年两年,三年五年,总可以学会的。"还强调:"知识是从实践中来的。打仗,搞经济建设都是如此。"最后,余秋里站起身,向毛泽东主席敬礼:"报告主席,我可以走了吗?"毛泽东笑眯眯地向余秋里招招手说:"好,上阵吧!"毛泽东主席的这些话,不仅成了石油部领导班子发展中国石油工业的指路明灯,后来也成为大庆石油会战中战胜艰难困苦的重要支撑。

1958年2月11日,第一届全国人民代表大会第五次会议通过决定,命解放军总后勤部政委余秋里担任石油工业部部长。3月初,余秋里正式上任。

正如《奠基者》的作者何建明在书中写道:彭德怀推荐,周恩来欣赏,毛泽东点将——中国和平建设时期从此出了个独臂"巴顿将军"。

接见"铁人"王进喜

从1959年开始,王进喜先后10次见过毛泽东主席。1959年"群英会"期间,王进喜受到毛泽东主席接见,合影时,王进喜就站在毛泽东主席的身后。

1964年12月26日中午,在全国人大三届一次会议期间,正好赶上毛泽东主席71岁生日,他邀请"铁人"王进喜、大寨陈永贵、知识青年邢燕子、董加耕4位全国劳模共同吃饭。期间,毛泽东主席待大家坐定后,说道:"今天既不是做生日,也不是祝寿,而是实行'三同',我用自己的稿费请大家吃顿饭,我的孩子没让来,他们不够资格,这里有工

毛泽东周恩来亲切接见王进喜

人、农民、解放军，不光吃饭，还要谈话嘛！"席间，毛泽东主席不断给英模夹菜，语重心长地嘱咐："不要翘尾巴。"这顿饭，王进喜没喝酒，吃得也很少，就是坐那儿看毛泽东主席，听主席讲话，牢牢地记住那句"不要翘尾巴"。

1969年4月，中国共产党第九次全国代表大会期间，毛泽东主席再次亲切接见了"九大"代表——"铁人"王进喜。大会休息时，毛泽东主席还幽默地对王进喜说："你长得很结实，像个'铁人'嘛！"此刻，一股幸福的热流温暖着王进喜的身心，他想说什么，但一句话也说不出来，经历了万般艰难考验的王进喜，霎时激动的泪水模糊了双眼。毛泽东主席对大庆和"铁人"的亲切关怀，使广大石油工人备受鼓舞和鞭策。

工业学大庆

毛泽东主席非常重视和关心石油工业的发展，并亲自树立了"工业学大庆"这面红旗。1960年2月中旬，余秋里专程赶到广州，毛泽东主席专门听取了余秋里关于发现大庆油田及请求开展石油会战情况的汇报，并对油田工人给予了高度评价："大庆之所以发展快，就是因为他们打破了一些框框。"随即中共中央三天发出了两个关于大庆石油会战的文件，在关键时刻给予了大庆油田最有力的支持。1963年底，大庆石油人通过三年石油会战，结束了中国使用"洋油"的时代，把"贫油"的帽子甩进了太平洋。1964年1月7日，毛泽东主席在听取全国工业交通情况汇报时指示，报纸要写点新鲜事，报道学习解放军、学习石油部，并在会上表扬了石油部经验和大庆"铁人"王进喜。

同年1月25日，《人民日报》以一版头条通栏刊登毛泽东主席向全国发出的号召："工业学大庆！"2月9日，毛泽东主席接见外宾，在讲到大庆石油会战取得成绩时，自豪感溢于言表，说道："他们用比较少的投资、比较短的时间，全部用自己制造的设备，在三年中找到了一个大油田，建成了年产600万吨的油田，建设了一个大的炼油厂，而且比苏联先进。"2月13日，在人民大会堂的春节座谈会上，毛泽东主席发出"学习解放军、学习石油部大庆油田经验"的口号。

1964年12月26日中午，在全国人大三届一次会议期间，毛泽东主席当时在谈到大庆时说："余秋里和石油工人们一起搞出一个大庆来，很不错嘛！石油工人干得很凶，打得好！"又说"'铁人'是工业带头人"，并且再次号召："要鼓起劲儿来，所以，要学解放军、学大庆。要学习解放军、学习石油部大庆油田的经验，学习城市、乡村、工厂、学校、机关的好典型。"从此，"工业学大庆"的口号在全国传播，大庆精神和铁人精神迅速传遍全国。1971年6月20日，《人民日报》发表社论《工业学大庆》。从此，毛泽东主席和党中央树立的大庆红旗一直在我国工业战线高高飘扬。

对尼克松提起王进喜

1972年，尼克松访华，在得知中国有个叫王进喜的"铁人"时，这位美国总统表示对其很感兴趣。毛泽东主席对来访的尼克松说："我们中国是有个叫王进喜的'铁人'，他说过，'石油工人一声吼，地球也要抖三抖'的，我们中国人说话是有分量的。"毛泽东主席话里透着一种喜欢和自豪。尼克松便表示愿见一见王进喜本人，可惜的是，我们的"铁人"王进喜那时已经病逝。

当时，合众国际社记者在之前的一则消息中写道："尼克松之所以要访问北京，多半是由于王进喜以及像他这样的中国人……"1972年底，中华人民共和国邮电部发行邮票，以纪念"铁人"王进喜这位优秀的中国石油工人，而这枚珍贵的邮票早已被美国等海外集邮爱好者收藏。后来，大庆油田研发的钻机，开始远销到美国等海外市场。这种钻机的品牌，就叫"铁人"。

周恩来关心油田二三事

周恩来总理对大庆油田倾注了很多心血,他对大庆油田的重视、关怀和鼓励,一直激励着大庆人艰苦奋斗,不断前进。早在石油大会战前夕就提出指示,要以辩证唯物主义的立场、观点和方法,分析并解决可能遇到的各种问题,为勘探开发建设指明了方向。周恩来总理曾三次视察大庆,共视察了29个基层单位,同数万名工人、干部和家属直接见面,同许多人亲切握手、谈话,一次又一次地说:"向大庆工人学习!"。这使广大油田干部职工受到了巨大鼓舞。

1966年5月4日,周恩来总理第三次视察时深入到油田北区输油管道施工现场了解情况。

提出油田建设"十六字"方针

1962年6月21日,周恩来总理首次视察大庆。随同视察的有邓颖超和童小鹏(时任总理办公室主任、国务院副秘书长,曾任毛泽东主席秘书)。周恩来总理一行由余秋里、康世恩陪同视察了1202和1203钻井队、北2注水站、北1区3-63井、西油库、新三站等。总理一下火车,便与迎接他的会战指挥部领导和群众亲切握手,深情地说:"同志们辛苦了,你们工作做得很好!"随后来到井场,健步登上钻台与工人们亲切握手和问候。在谈话中,总理发现一位柴油机司机正坚守岗位不能近前时,便从司钻操作的狭窄地方挤过去,一把握住那满是油污和老茧的

1966年5月，周恩来总理陪同阿尔巴尼亚部长会议主席谢胡到大庆参观。

手，使那位司机激动得久久不肯松手。在北2注水站，总理看到几位工人正抢修水泵，便抢步过去亲切地问候他们。一位工人手上沾满了油污，想往身上擦，并不好意思地说："我手有油。"总理却一把握住那双油手，和蔼地说："没关系，我也当过工人。"接着又详细地观看了贴在墙上的各种岗位责任制度，称赞道："好！你们这样做很好！"总理走出泵房，见前面有个地窝子，就问："这里住人吗？"同志们回答："住人。"总理要进去看看，一位名叫杨德群的家属说："地窝子太矮，又黑又暗，请不要进去了。"总理说："你们能住，我就能进！"说着俯身走进地窝子。总理看到土炕上刚刚满月的孩子时，深情地说："同志们现在的生活确实很艰苦，但将来一定会好起来的！"在场的人无不为之感动。视察中，总理对大庆矿区建设非常关心，当即指示：像大庆这样的矿区，不搞集中大城市，分散建设居民点，把家属组织起来参加农副业生产，可以做到工农结合，城乡结合，对生产、生活都有好处。后来总理把它概括为"工农结合，城乡结合，有利生产，方便生活"的十六字方针。由此，大庆油田始终按照这一方针抓建设、谋发展。

称赞"四个一样"

1963年6月19日，周恩来总理、陈毅副总理以及随同前来的黑龙江省党政领导，陪同朝鲜民主主义人民共和国最高人民会议常任委员会委员长崔庸健一行视察大庆。周恩来总理一行参观了1203钻井队、中6-17井、中3转油站、中2注水站、西油库等。在井场，总理听工人们说要用3年时间钻井进尺10万米，高兴地说："好！要有雄心壮志，要敢于创指标！"在西油库，总理听说在场的一位工人是湖南人，随即问："湖南都吃大米，在东北要吃粗粮，你能习惯吗？"那位工人回答说："总理，只要能为国家多产油，吃什么都行！"总理高兴地带头为他鼓掌。接着总理登上4米多高的装油栈桥，观看罐车装油表演。总理见栈桥上没有一点油污，赞赏地点点头，关切地问当班工人："冬天和雨天怎么办？"工人回答："坏天气和好天气一样，坚守岗位。"总理称赞道："这是你们大庆人自己创造的严细作风，'四个一样'好，我要向全国宣传！"

不要忘了一分为二

1966年5月3日，周恩来总理、李富春副总理、宋任穷（时任东北局第一书记、沈阳军区第一政委）等陪同阿尔巴尼亚部长会议主席谢胡一行视察大庆。当乘坐的直升机降落在绿草如茵的临时停机场上，总理一走下飞机就挥动着双臂，向大家问候，康世恩、徐今强、宋振明、陈烈民等到机场热情迎接总理。总理不顾旅途疲劳，下车后便急着听工作汇报："快说说大庆的情况吧！"陪同的同志见总理满面风尘，请总理先盥洗一下。于是，总理站起身来，一边听汇报，一边打开了一个用旧了的牙具袋，拿出了一个掉了瓷的刷牙缸，一块看上去都已经脱绒的小毛巾，一支市场上到处可见的白玉牙膏，还有一把刷毛都已倒伏了的旧牙刷开始洗漱。在总理洗脸时，陪同人员发现总理的衬衣上打着补丁，领口袖口都已经磨破了。看到这一切，在场的人非常感动，这就是我们国家的总理呀！陪同的同志想：周总理高龄，日夜操劳，虽然大庆条件很差，但一定要想办法让总理吃好一点。可事前总理就严肃指示：顿顿要有粗粮，餐餐不上酒，菜要吃大庆自产的。午饭，周总理吃的是高粱米芸豆饭、玉米楂子粥、玉米面煎饼。副食是大庆自产的萝卜、土豆、白菜加粉条做的大盆烩菜。总理吃了一碗后，高兴地说："我最爱吃你们这种高粱米饭，请再给我来一碗。"陪同领导担心总理年纪大，吃多了不好，示意炊事员给少盛一点。可总理吃完后，又吃了一小碗玉米楂子粥。午饭后，总理执意不休息，由康世恩、徐今强等陪同参观了南2区6排32井、1202和1205钻井队等。在视察南2区6排32井时，采油一部副指挥孙燕文同志介绍说："现在全部油井生产旺盛，保持自喷。"总理说："你们没有自己夸自己吧？"孙燕文当即回答说："实事求是。"总理点了点头说："实事求是好！"在视察1202、1205钻井队时，总理听说两个钻井队各要年进尺10万米，高兴地说："上10万米，国务院要鼓励他们。""要告诉我，给我发电报。"后来的实践证明，两个钻井队不负总理厚望，到年底，双双登上进尺10万米高峰。

第二天，总理又视察了油建工地、大庆炼油厂、丰收村、大庆缝补厂等。当总理来到油建工地视察时，看到板报上有一首工人作的诗，就

周恩来视察大庆合影

让记者抄下来，还说："这么好的工人诗不记，记什么？"一边走又一边背给大家听："没有专家靠大家，没有经验靠实践；遇到问题学'毛选'，排山倒海力量大。"在场的同志无不感叹总理对工人的浓厚感情。在视察丰收村的路上，总理看见十几名家属正在田间播种，马上让车停下，快步走过去和家属们一一握手，并问身边的一位家属："你这地一埯几株？株距多少？预计亩产多少？"一边问，一边蹲下身去伸手扒开冰凉的泥土，仔细察看播种的深度和株距，边看边和身边的家属攀谈。当得知家属们分别来自山东、河北、山西等地时，高兴地说："我们都是来自五湖四海，为了一个共同的革命目标走到一起来的。"接着总理与家属们同车来到丰收村，观看了丰收村远景规划图和家属们自制的生产生活用具，称赞说："好！这样做很好，有利于缩小三大差别。"之后，总理又走进了职工李春云居住的"干打垒"房中，盘腿坐在土炕上，与大家亲切交谈，并与职工全家合影留念。接着总理不顾疲劳，又来到大庆缝补厂，拿起一件用160多块旧布拼成里子的棉工服，看了又看，摸了又摸，感慨地说："好，好，你们要永远保持这种艰苦奋斗的精神。"中午时分，总理在出席欢迎外宾的大会上，看到13 000多人的会场秩序井然，高兴地说："工人也要有严格的纪律。"视察结束前，总理还谆谆告诫陪同的同志："大庆是成功的，你们自己可不要忘了一分为二呀！"

请"铁人"王进喜进京

1967年1月4日，时逢"文革"动乱之际，周恩来总理仍在北京工人体育馆接见了"铁人"王进喜和全国石油系统群众代表，并义正词严地说："为什么有人硬要反大庆？为什么他们硬要打倒'铁人'王进喜同志？无数的油井停下来，我们忍心看着这样吗？抓革命、促生产，是这样抓的吗？工矿企业不能停产闹革命。"1月10日，王进喜回到大庆。25日，王进喜来到现场传达总理指示，正与别人谈话间，突然被一些闯进来的人带走。2月4日，在油田召开"打倒政治大扒手王进喜誓师大会。"全油田设下100多个分会场，无端批斗王进喜。2月5日，黑龙江省军区副司令员兼任大庆军管会主任的安怀同志进京向周恩来总理请示工作，而总理当即便交代说，要把王进喜接到北京来。2月21日，军管会按照总理指示，将正在井下小学接受批斗的王进喜救出，送至北京。3月23日，周恩来总理在北京宣布王进喜在大会战中立下大功，不准再批斗。后来，经毛泽东主席批准，对大庆油田实施军管，在当时条件下，起到了稳定大庆局势的作用，王进喜重又回到了大庆。

要恢复"两论"起家的基本功

1970年，大庆油田出现"两降一升"情况，即压力下降、油层产量下降、原油含水上升，每个月都欠产，完不成国家原油生产任务。3月11日，周恩来总理把王进喜同志请到北京，向石油部和国务院汇报大庆情况。他听取汇报后沉重而关切地说："大庆的情况，我已经了解。"3月18日，在石油部军管会报送国务院的《关于当前大庆油田主要情况的报告》上，周恩来总理批示："要保护好大庆油田，要加速解放大庆的干部，特别强调大庆不要忘本，要恢复'两论'起家的基本功。"简短的批示表明周总理对大庆基本经验的肯定，对广大干部和油田生产的关怀与支持。

3

刘少奇关心油田二三事

"祝你们胜利，祝你们成功！"

1961年8月7日下午，中共中央政治局常委、中共中央副主席、

中华人民共和国主席刘少奇视察大庆，随同前来的有石油工业部和黑龙江省委有关领导同志。刘少奇同志先后到萨尔图、让胡路等处，视察了西油库、中一转油站、中一注水站、北一区3-52井、1202钻井队等。刘少奇同志在西油库视察时，看到竣工工程质量优良，工地井然有序，高兴地说"油库建设蛮像个样子嘛！"在中一注水站，当了解到大庆油田为了确保地下油层有足够的压力，采取先注水后采油的

1961年8月，刘少奇视察大庆。

方针时，他高兴地连连称赞："好！先注水，后采油，保持压力开采，这个办法好！"在1202钻井队，得知该队正在赶超苏联格林尼亚功勋钻井队，他兴奋地说："祝你们胜利，祝你们成功！"

到处热气腾腾，是一片兴旺景象

刘少奇同志视察大庆油田时，正值大庆石油会战的关键时期。当视察完会战现场后，在有会战工委和会战指挥部负责同志参加的座谈会上，他高兴地讲："大庆到处热气腾腾，是一片兴旺景象。"同时对大庆油田会战的职工生活、职工宿舍、家属宿舍、自产自助、种菜养殖等一一询问，并逐一提出要求。当讲到自产自助时，他说："现在你们发动群众利用业余时间种地，但也总要占一些工作时间，一个工人一个月拿几十块钱的工资，叫工人种地不划算，不如叫家属盖点房子、种点地，贷给他们些钱，和企业划分开，实行独立核算，家属愈来愈多，要很好地把他们组织起来。"刘少奇同志一席话，不仅体现了他对工人们有着深厚的感情，而且对改善职工生活非常重视，既细心认真，又一语中的。会上，他还对大庆油田长远发展规划等问题做了重要指示。

朱德关心油田二三事

没有石油，飞机、坦克、大炮不如一根打狗棒

素有"红军之父"之称的朱德总司令作为新中国缔造者之一，非常关心我国石油工业发展。20世纪50年代初，朝鲜战争爆发，油的问题是重中之重。朱德曾特地召见康世恩说："现在战争打的就是钢铁和石油。有了这两样东西，打起仗来就有了物质保障。没有石油，飞机、坦克、大炮不如一根打狗棒。我要求产一吨钢，就产一吨石油，一点不能少。康世恩同志，你要完成石油供应的任务。这是给你的命令。"

你们要继续前进

1964年8月1日，是中国人民解放军建军37周年的纪念日。这一天，中共中央政治局常委、全国人大常务委员会委员长朱德，中共中央政治局委员、中华人民共和国副主席董必武，来到大庆视察。上午10时53分，朱德和董必武在萨尔图车站下车后，在石油工业部副部长康世恩、徐今强等陪同下，驱车前往龙凤视察大庆炼油厂，康世恩向朱德等领导汇报了炼油厂艰苦创业的过程。朱德详细询问了炼油厂规模、生产成品油品种等情况。听完汇报后，他充分肯定了大庆油田取得的可喜成绩，称赞说："你们大庆油田闯出了社会主义建设的道路，你们要继续努力

朱德委员长、董必武副主席1964年在大庆炼油厂参观。

啊！"当得知1952年19军57师转业为石油工程第一师后，现已成为松辽石油会战的骨干力量时，朱德高兴地说："部队转业也有两种情况，一种是把革命传统坚持下来了，一种是跟着人家走。1952年转业的40多个师到各个部门搞建设，你们石油部门把革命传统坚持下来了，新疆建设兵团也把革命传统坚持下来了。"接着，康世恩汇报了组织家属搞农业生产的情况，说家属生产队有政治指导员，各单位设有家属政治部。朱德强调："全国各方面都要设政治部，我们解放军就是靠政治工作建设起来的，大家要学习解放军！"他还说："你们把家属组织起来，要做好思想工作。这里种地时间短，季节性很强，农忙时要集中力量搞农业，工业忙时，家属也可以搞工业。"期间，朱德同志还勉励他们说："大庆油田是搞出了一个建设社会主义企业的道路来了，你们要继续前进。""你们是树立了个艰苦朴素的榜样，要坚持下去。"

题词赋诗肯定大庆精神

8月1日下午，朱德、董必武等又视察了"松基6井"、中6-17井、中三转油站和西油库。在视察过程中，朱德还对康世恩等人说："国家整个形势，各方面工作都好，外贸也好，就是要有硬东西才有力量。你们还有那么多面积，可否多搞些油？现在是石油时代，石油太需要了，以后要的还多。你们要继续前进，要永远保持艰苦奋斗，这是革命的传统，生活上不能和资本主义比，要艰苦一点，要把生产搞好。"董必武也讲："你们要搞一个建设规划。社会主义建设时期，你们是工业战线上的标兵，将来你们也要做建设共产主义的标兵。现在你们已经闯出一条路，沿着这条道路，根据这次中央会议精神，继续前进，就会闯出一条更广阔的道路。"他还说："你们要好好种树，要多栽成材的树，多少年后就可以用，也可以种些果树。"

在大庆会战指挥部的二号院，朱德兴致盎然地为大庆题词："大庆是革命精神和科学态度相结合的新型社会主义企业的标兵，戒骄戒躁，永远前进。"他放下笔,兴致依然很高。凝神片刻,再次挥毫,写下诗句:"八一参观大庆田,采油部队建功全;围攻四载荒丘灭,创造百年企业坚;政治恰符群众意,指挥亦并士兵肩;大军十万开天地,结合工农典范编。"

5

邓小平关心油田二三事

邓小平同志在大庆油田的发现和建设中,不仅果断地做出了石油勘探战略东移的重大决策,还先后三次视察大庆油田,并对长远规划建设与发展等方面都做了重要指示,给予油田工人谆谆教诲和亲切关怀,至今仍然在激励着大庆人奋勇前进。

1961 年月 7 月 23 日,邓小平视察大庆。

决断石油勘探战略东移

1958 年 2 月,中共中央在成都召开工作会议,决定由总书记、国务院副总理邓小平分管石油工业。春节刚过,川蜀大地,乍暖还寒。2 月 1 日,邓小平来到川东南的黄瓜山石油勘探一线。2 月 2 日,又视察了隆昌气矿。

2 月中旬,石油工业部地质勘探司司长唐克与地质勘探司地质室翟光明决定在两三天之内,以现有各项资料数据和勘探开发图件做依据,准备一份向中央领导同志汇报的材料,汇报重点是全国石油勘探开发情

况、石油勘探战略方向和意见。

2月26日,国务院办公厅电话通知,石油工业部领导27日到中南海居仁堂汇报工作。由于主持勘探开发工作的康世恩副部长出差在外,27日上午,石油工业部长李聚奎带领地质勘探司司长唐克、地球物理工程师王纲道、地质室翟光明去中南海,到后首先在居仁堂会议室把各种汇报用图提前挂好,等待中央领导同志听汇报。十几分钟后,中共中央总书记、国务院副总理邓小平同志来到会议室,陪同听汇报的有解放军总后勤部政委余秋里、国家经委副主任兼物资管理总局局长孙志远、中央办公厅工业组组长贾步彬。李聚奎部长首先向邓小平同志汇报了石油工业总形势和一些基本情况,邓小平同志一面仔细听取汇报,一面不时地做记录。

接着唐克司长详细汇报了玉门、克拉玛依、独山子、冷湖、延长以及其他各个地区的勘探开发情况。当唐克司长汇报到人造油生产情况时,邓小平同志插话说:"听说你们石油工业部有搞人造油和搞天然油的讨论。石油工业怎样发展,我看人造油是要搞的,并且下决心搞,但中国这样大的国家,当然要靠天然油。"邓小平同志这段话一针见血地道破了石油工业的要害,从发展石油工业必须立足自身力量的基本点出发,提出了主要是靠发展天然油,实行天然油、人造油并举的方针,从此结束了长期争论不休的问题,我国石油工业开始走向了一个以发展天然油、天然气为重点的新阶段。

唐克司长接着汇报石油工业队伍情况,提出当前发展石油工业的主要困难是队伍力量薄弱,全国石油职工队伍仅有14万人、205个钻井队,技术手段落后,大都是中、小型钻机,年总进尺52万米,地质勘探、油田开发人数也很少,由于力量薄弱,不要说在全国铺开,就连西北地区也只能集中在几个小块地方开展工作,同全国发展形势很不适应。邓小平同志当即插话说:"现在你们的地质队和地球物理队可不可以加一番?轻便钻井机只有55个队太少了一点,中型钻井机只有140多部也太少了。石油钻机要自己造，可以和机械部商量一下，你们也要促成一下。要做1 200米的钻机，也要搞3 200米的钻机。套管、钻杆应当努力设法在国内解决。总之，一个是勘探队伍的问题，一个是钻机的问题，应该促进一下。第二个五年计划期间，你们打钻子（指石油钻井进尺）加一番行不行？"邓小平同志的指示对促进石油工业技术手段的发展起到了重要作用。后来在国家计委和机械部的支持帮助下，当年（1958年）井队数就由205个增加到394个，近翻了一番，年钻井进尺突破了100万米大关，石油工业职工人数也由14万人增加到23万人。

唐克司长接着汇报石油勘探工作的规划部署情况，当汇报到第二个五年计划的重点勘探地区时，邓小平同志指出："石油勘探工作，应当从战略方面考虑问题。战略、战役、战术总是要三者结合的。新疆克拉玛依可以搞一个300万吨的油田，你们规划1959年只出40万吨油，太少了。克拉玛依这个地方缺点是在国家西北边疆的最边上，离用油的地方远，怕运不出来。苏北交通很方便，那么美的地方，应该加速。如此类推，东北如何促进，四川如何促进，都应该考虑。把真正有希望的地方，如东北、苏北和四川这三块搞起来，就很好。对这些地方应该积极创造条件，在地质上创造一个打井的基础，可以三年搞成，也可以五年搞成，应该提出一个方案来。""东北搞出来了，也会跳到前面。对于松辽、苏北等地的勘探，都可以热心一些，搞出一个初步结果。"

时间快到中午12点时，邓小平同志站起来同大家一一握手，并说："好吧，今天先谈到这里，明天上午我继续听你们的汇报。"

2月28日上午，邓小平同志带领余秋里、孙志远、贾步彬同志准时来到居仁堂。唐克司长继续汇报第二个五年计划的勘探工作部署情况。邓小平同志指出："在第二个五年计划期间，东北地区能够找出油来就很好，把钱花到什么地方，是一个很重要的问题。总的来说，第一个问题是选择突击方向，不要十个指头一样平。全国如此之大，二三十个地点总是有的，应该选择重要地点先突击。选择突击方向是石油勘探的第一个问题,不然的话,可能会浪费一些时间。就经济价值来说,华北和松辽都是一样的,主要看哪个地方先搞出来。应该由石油部组织一下,请地质部和大量的地质专家来确定方案。石油勘探的战略方针不能这里、那里都搞一下,总要有个轻重缓急。哪个能先找出来,哪个地方后找出来,挑出个先后次序。松辽、华北、华东、四川、鄂尔多斯五个地区,要多花一些精力,研究考虑一番。柴达木地区在第二个五年计划期间还用不上,塔里木可以说不忙,找油就和打仗一样,过分分散就不利……"邓小平同志提出到松辽平原找石油,完全是打破了原有的教条束缚,敢于在别人走不通并宣告失败的路上,进行重新探索,为我国石油勘探取得突破性进展打开了思路。邓小平同志从战略高度阐明了我国石油工业发展道路和方向,从战略、战役、战术上确定了全国石油勘探战略重点东移。从此,石油勘探开始了由西向东的战略性大转移,并重点加强了对松辽盆地的勘探。这有力地促进了大庆油田的早日发现,也为我国石油工业发展拉开了帷幕。

这里的建设速度是很快的

1961年7月23日,邓小平同志首次视察大庆。在黑龙江省委书记李剑白等领导陪同下,先后视察了1203钻井队、北1-2转油站、干打垒房子、3-1注水站、西油库等。期间,邓小平同志一一询问了大庆油田勘探工作、油田面积和储量、油井产量和注水等情况,并指示说:"气,你们要搞快一点,找到气,能解决大问题。"邓小平在大庆油田视察时,石油会战正值我国三年自然灾害期间,他问得最多的是职工生活,详细询问了职工每月伙食费有多少,过冬服装解决了没有,食堂办得怎么样,日用品供应如何,等等。同时还了解了大庆草原合理利用、绿化、发展养殖业等情况,明确指示:"你们要争取蔬菜、副食品自给。""油田要搞农副业生产,组织职工搞'干打垒',种地养牲畜。"视察结束时,邓小平对大庆油田的建设与发展速度之快连连称赞。

发扬成绩 继续前进

1964年7月17日，邓小平第二次视察大庆，一同前来的有国务院副总理李富春、薄一波、中共中央书记处书记杨尚昆等，在中共中央东北局书记宋任穷、石油工业部副部长徐今强等陪同下，视察了1205钻井队、中3转油站、中2注水站、李天照井组、西油库、大庆炼油厂等。在1205钻井队，他亲切地握着"铁人"王进喜的手，鼓励他要多打井、多出油，为国家做出更大的贡献。期间，邓小平听取了大庆有关领导的汇报，并指示大庆油田要好好总结经验，发扬成绩，继续前进。临行前，同油田领导和处级以上干部合影留念。

把大庆建设成美丽油田

1978年9月14日，邓小平第三次视察大庆，由中共中央政治局委员李德生、彭冲，以及夫人卓琳、黑龙江省委书记李力安等陪同。期间，邓小平同志一行视察了地宫、喇二联合站、大庆展览馆、中6-17井、大庆机关、萨尔图仓库、图强管理站、大庆化肥厂、乙烯工程会战指挥部等地。当邓小平同志看到大庆发展取得的可喜变化时，高兴地说："10多年没来了，变化很大。"在视察过程中，他对大庆油田高产稳产情况十分关心。当听说大庆油田年产5 000万吨，能够稳产到1985年时非常高兴，尤其是了解到中区西部试验区开发18年继续保持高产稳产时，连连称赞说："好，好，很好！"

当视察到地宫时，他希望大庆加快找油、找气步伐，并说："我们有了5亿吨油就好。搞到10来个'大庆油田'还是不容易的。"在化肥厂，对企业实行专业化管理表示赞赏。当邓小平了解到大庆教育体制已很完备，并有15万学生就学、15万职工学习科学文化时，高兴地说："这个好！"并指示："今后就是要考核，工人要考核。"在这次视察中，邓小平对大庆干部和群众也极为关心，详细询问了大庆蔬菜、肉食供应，还有多少人住"干打垒"等情况。当听到职工平均工资只有40多元时，当即说："太低了，应该高。"他看到为国家奉献了 20 多年的石油工人仍住"干打垒"时，明确指示："大庆贡献大，房子要盖得好一点，要盖楼房。"临行前，还谆谆告诫"要把大庆油田建设成美丽的大油田"。

1978 年 9 月，邓小平视察大庆油田时与女工交谈的场景。

6 江泽民关心油田二三事

首次系统概括大庆精神

  1990 年 2 月 25 日至 27 日，江泽民任中共中央总书记还不到一年，就到大庆连续视察 3 天。在视察过程中，他行程 300 多公里，先后视察了 23 个基层单位，接见了 400 多名干部和群众，并做了一系列重要指示。25 日上午，江泽民同志一下火车，就赶到"铁人"王进喜家，看望"铁人"的妻子王兰英及其子女。他说："王进喜同志给我们石油事业立下了汗马功劳，人民永远忘不了他。"他指出："'铁人'艰苦奋斗、自力更生、奋发图强的精神，不仅石油战线要学习，全国的工人都应该学习，知识分子应该学习，各行各业都应该学习。有了这种精神，任何人想压垮我们，都是不可能的事情。" 在 3 天的视察中，江泽民同志在听取了大庆党政领导的汇报后，做了重要讲话："这里到处洋溢着展现中国工人阶级风貌的大庆精神，这就是为国争光、为民族争气的爱国主义精神，独立自主、自力更生的艰苦创业精神，讲究科学、'三老四严'的求实精神，胸怀全局、为国分忧的奉献精神。这 30 年来，你们给我们国家立下了不朽的功勋。"这是党和国家最高领导人结合时代特点，第一次对大庆精神做了系统概括。同时，总书记对大庆取得的业绩也给予了充分肯定，他说："这30年来，生产石油10亿吨，创造财富779亿元，大概相当于国家付给大庆投资的11倍多。"

发扬大庆精神，搞好二次创业

1995年，江泽民同志为大庆油田开发建设35周年题词："发扬大庆精神，搞好二次创业！"期望大庆搞好二次创业，再铸大庆辉煌，为国家做出更大贡献，又吹响了新时期弘扬大庆精神、搞好再创业的新号角。1997年1月17日，江泽民同志在人民大会堂亲切接见了"新时期铁人"王启民。

2000年8月24日，在大庆油田5 000万吨稳产25年前夕，时任中共中央总书记、国家主席、中央军委主席的江泽民同志再次到大庆油田考察工作。在考察了中十六联合站、萨中聚合物配制站后，江泽民同志来到"铁人"王进喜生前所在的1205钻井队。在钻井平台上，在隆隆的机器声中，江泽民同志关心钻井队的作业情况，更关心工人们的工作环境。当看到钻井工人的劳动条件已大为改善、劳动强度大为降低时，他十分满意。他与油田劳动模范王进喜的家属一一握手，向他们表示慰问。考察中，江泽民同志对大庆城市建设、油田生产和科技进步给予了充分肯定。针对企业重组后职工队伍出现的思想问题，他指出，一定要考虑解决好职工的问题，保持稳定。他非常关心资源型企业的可持续发展问题，指出："人无远虑，必有近忧。一定要解决好可持续发展问题。"他期望大庆油田"继续发扬大庆精神、铁人精神，把发展搞上去"。

江泽民视察大庆

胡锦涛关心油田二三事

大庆精神是我们的宝贵精神财富

1984年8月16日,时任共青团中央书记处第一书记的胡锦涛同志第一次到大庆油田视察。视察中,胡锦涛同志指出:"大庆的精神,体现了我们中华民族的优良品质和我们中国工人阶级的英雄气概,是我们宝贵的精神财富,是我们大庆新一代成长的丰富营养。大庆精神不仅仅是我们六十年代建设大庆的时候所需要的,也是我们今天建设现代化的大庆油田所需要的。"

珍惜大庆光荣史,再创大庆新辉煌

1996年3月21日,时任中共中央政治局常委、中央书记处书记、国家副主席的胡锦涛同志,在北京接见大庆油田新老班子成员时指出:"要珍惜大庆光荣史,再创大庆新辉煌。大庆这面旗帜在全国人民心中有着很高的地位。大庆人的奋斗业绩,至今令人感动、令人鼓舞,使中国人扬眉吐气、引为自豪。大庆的历史功绩不仅在于为国家生产了十几亿吨原油,而且还在于为国家造就了一支英雄的工人阶级队伍,培养输送了一大批领导骨干和科技骨干;不仅在于创造了巨大的物质财富,而且在别人卡我们脖子、国家十分困难的时候,用石油支撑了我们共和国的经济大厦。还有很重要的一条,就是在大庆油田的开发建设中

胡锦涛视察大庆

培育了大庆精神、铁人精神这一宝贵的精神财富。大庆的领导班子有责任教育我们新一代的大庆人，牢记大庆的光荣历史，永远不忘那些为大庆的开发建设做出贡献的同志们，永远不忘大庆的光荣传统。希望同志们发扬传统，努力开拓创新，做到承前启后、继往开来。"

顽强拼搏，再接再厉

1998年，中国发生了特大洪水。东北的嫩江、松花江洪水威胁大庆油田安全。8月26日，胡锦涛同志受中央委托，亲临大庆视察抗洪情况，慰问一线抗洪军民，看望灾区群众。面对数千抗洪军民，他深情地向大家问好，并说："大庆油田是我国最大的石油工业基地，在我国经济发展的全局中有着十分重要的地位和作用……要发扬不怕疲劳、连续作战的精神，顽强拼搏，再接再厉，坚持、坚持、再坚持，夺取抗洪抢险的最后胜利。"他希望大庆的全体干部职工克服困难，完成全年生产发展指标，为国家的改革开放和现代化建设做出更大的贡献。胡锦涛同志的重要指示，极大地鼓舞了大庆人民。

我们更需要弘扬大庆精神

2009年6月26日，胡锦涛同志再次来到大庆油田考察。他首先来到"铁人"王进喜工作过的1205钻井队作业现场。他健步登上钻塔操作台，仔细察看正在运转的钻机，还走进值班宿舍了解职工野外作业的生活情况。胡锦涛同志对大家说："与50多年前相比，现在的条件已经有很大不同，但大庆精神永远是激励我们不畏艰难、勇往直前的宝贵精神财富。"勉励大家继承"铁人"事业，高扬钢铁1205钻井队的旗帜，发扬优良传统，继续艰苦创业，为我国石油工业发展再立新功。在研究院采收率实验楼，胡锦涛同志听取了大庆油田科技创新发展汇报。参观了表面活性剂研制实验室和微生物培养实验室，亲切看望了广大科技人员。胡锦涛同志还参观了大庆油田历史陈列馆，详细听取了大庆油田各个发展阶段的情况汇报，同大家一起重温大庆油田创业和发展的历程，亲切接见油田劳模、优秀党员代表。参观结束后，胡锦涛同志还亲切会见了曾历经艰难险阻，克服重重困难和考验，创造了极不平凡的业绩的老一辈大庆油田创业者们。视察结束时，胡锦涛同志发表重要讲话："今年是大庆油田发现五十周年。五十年来，以'铁人'王进喜同志为代表的一代又一代大庆创业者们，怀着为国争光、为民族争气的远大胸怀，克服了重重困难，创造了极不平凡的业绩。首先，大庆生产了国家经济发展所需要的大量的宝贵的石油产品；第二，培育了'爱国、创业、求实、奉献'的大庆精神；第三，锤炼了敢打硬仗、永创一流的英雄队伍，在我国石油工业发展史上，谱写了光辉的篇章！大庆为国家、为人民所做的历史贡献，党和人民永远不会忘记！当前，我们正在积极地应对国际金融危机的冲击，努力保持我国经济平稳较快发展。在这样的形势和任务面前，我们更需要弘扬大庆精神，坚定信心，顽强拼搏，努力做好保增长、保民生、保稳定的各项工作，把我国改革开放和现代化建设事业继续推向前进。"

习近平关心油田二三事

思想保证和精神动力

2009年9月22日，习近平同志在参加大庆油田发现50周年庆祝大会讲话中指出："在大庆油田的开发建设中，中国石油、地质工作者，老一代石油人，怀着为国争光、为民族争气的理想和抱负，不断攻坚克难、开拓进取，创造了令世人瞩目的辉煌业绩，他们的功劳，党和人民永远不会忘记。"习近平同志强调：大庆油田和石油战线的干部职工要一如既往地保持艰苦奋斗、锐意进取的精神风貌，进一步做好油田开发建设的各项工作，以油田科学发展、和谐发展的骄人业绩，为做强做大中国石油工业做出新的更大贡献。同时

习近平视察大庆

还强调：在大庆油田开发建设的艰苦环境和激情岁月里形成的以爱国、创业、求实、奉献为主要内涵的大庆精神、铁人精神，集中体现了中国工人阶级的崇高品质和精神风貌，永远是激励中国人民不畏艰难、勇往直前的宝贵精神财富。各级党组织要结合新的实际，与时俱进地大力弘扬大庆精神、铁人精神，使之在全面建设小康社会的进程中持久地发挥思想保证和精神动力作用。

提出"五点希望"

习近平同志到大庆油田视察，给大庆油田提出了五点希望：一要胸怀全局，站在党和国家事业发展的高度思考问题、谋划发展，立足自身优势和条件履行责任、多做贡献。二要坚持改革创新，保持锐气、焕发朝气、增添勇气，奋力开拓大庆油田更为广阔的发展前景。三要牢记"两个务必"，深刻认识激烈的国际竞争带来的机遇和挑战，奋发进取、求真务实、埋头苦干，创造经得起实践、人民、历史检验的业绩。四要坚定不移地依靠职工群众，切实解决广大职工最关心、最直接、最现实的利益问题，关心"老会战"、老职工的生活和健康，使企业的发展成果更好地惠及职工群众。五要加强和改进新形势下企业党建工作，完善领导体制，强化领导班子整体功能，充分发挥党组织的政治核心作用，切实提高党组织的创造力、凝聚力、战斗力。

把红旗扛下去

2013年4月28日上午，中共中央总书记、国家主席、中央军委主席习近平来到全国总工会机关六层会议室，看望来自全国31个省（区、市）各条战线、各行各业、各个时期的65名劳动模范代表，并召开座谈会，与大家围坐在一起同庆五一节，共话中国梦。

大庆油田1205钻井队队长胡志强，于2009年9月21日曾经在钻井平台上见过前来视察的习近平，习近平当时还勉励钻井工人弘扬铁人精神，把红旗一直扛下去。

再次见到总书记，队长胡志强十分激动："在这里向您报告：我们当时的成绩是累计进尺2 344 896米，现在又有了新的进步，截至昨天，打井进尺累计达到2 579 866米，相当于钻透了291座珠穆朗玛峰。"总书记听了点头肯定。

胡志强接着又说："十八大以来，总书记关于中国梦的一系列重要讲话，道出了中华儿女的共同心声，也道出了广大石油工人的心声。""我作为一名石油工人，自己的中国梦，就是多打井、打好井，多产油、产好油。"他还告诉总书记，实现中国梦，需要弘扬中国精神。今年是钻井队建队60年，60年来，在铁人精神引领下，钻井队不断创造新纪录，还把井打到了国外，打到了伊拉克、苏丹。

"是南苏丹吧？"习近平马上问。

"对！"胡志强提高了声调，"请总书记放心，请全国人民放心，我们一定继续高举大庆精神和铁人精神旗帜，在保障国家石油安全、实现中国梦新的伟大征程中，再创新辉煌。"

习近平总书记勉励胡志强等在座的劳模代表："幸福不会从天而降，梦想不会自动成真。实现我们的奋斗目标，开创我们的美好未来，必须紧紧依靠人民、始终为了人民，必须依靠辛勤劳动、诚实劳动、创造性劳动。"

★ 哲思随语

亲切的关怀有如温暖的阳光

遥想当年大庆石油会战场景，在荒凉无边的松辽平原上，无论是寒冷的冬季，还是多雨的夏季，参加会战的勇士们是多么需要温暖的阳光。然而，天上的太阳并没有多给一分温暖，继续在公转与自转中任时间流逝，只有新中国的领袖们送来亲切关怀，好似阳光照耀在会战勇士身上，温暖在会战勇士心里，激发出战胜一切艰难困苦的动力和活力。追溯大庆精神产生与形成历程，从中发现，没有领袖们做出战略东移等一系列科学决策，也就不会及早发现大庆油田，更不会发生波澜壮阔的大庆石油会战；没有领袖们一如既往的亲切关怀，也就不会派来一支支参加大庆石油会战的战斗群体，更不会通过这些战斗群体形成大庆精神；没有领袖们知人善用、重用和爱护人才的伟大胸怀，也就不会有大庆石油会战的"余康组合（余秋里、康世恩）"，更不会有大庆石油会战胜利和精神形成的持续推动力；没有领袖们的谆谆教导与勉励，也就不会有大庆油田持续高产、二次创业和传承发扬大庆精神的新动力。

正确的战略决策让一切成为可能

从解放军接管玉门油矿到签批成立燃料工业部，从命令五十七师改编为石油工程第一师到听取地质学家李四光的研究报告，从亲听康世恩汇报石油部工作到亲点"独臂将军"余秋里担任石油部长，从接见"铁人"王进喜到提出"工业学大庆"，无一不说明毛泽东时刻在为大庆油田发展"指点江山"；从周恩来提出油田建设"十六字"方针到刘少奇发表"祝你们胜利,祝你们成功"的感言;从朱德号召"你们要继续前进"到邓小平决断石油勘探战略东移,无一不说明老一辈革命家时刻在为大庆油田发展而运筹帷幄;从江泽民提出"搞好二次创业"到胡锦涛提出"再创大庆新辉煌",再到习近平提出"五点希望",无一不说明历届中央和国家领导人时刻在为大庆油田发展而谋划长远。特别是眼光独到的大战略家邓小平同志,果断做出石油勘探实施"战略东移"的伟大决策,是中国摘掉贫油帽子最现实的正确选择。其实,我国东部地区有很多盆地,地域辽阔。就松辽盆地来说,地跨黑龙江、吉林、辽宁东北三省,总面积高达 26 万平方公里,仅黑龙江省境内就达 12 万平方公里。只有选准突破口,才能尽早发现大油田,一举拿下大油田。事实证明,"战略东移"使中国及早发现了大庆油田,从而发起了波澜壮阔的石油大会战,产生并最终形成了大庆精神。

知人善用彰显亲切关怀

正确路线确定之后,干部的领导是决定因素。大庆精神的形成因素是多方面的,其中就包括领袖们知人善用的重要因素。在这场石油大会战中,从久经战火考验、艰难困苦磨炼的石油部部长、副部长们,到专业能力极强的司局长,乃至部机关绝大多数干部,还有全国石油厂矿、院校领导骨干组成的系统、完整的领导网络,构成了石油大会战领导层上的强大优势。所以,每当老一代石油工人们谈起那段石油会战史,不仅是许多人记住了"铁人"王进喜,而历史更记住了另外两位战将,百胜的英雄——余秋里和康世恩。

余秋里是真正的军人出身,长征时中弹失去左臂,时任团政委,新中国成立后授予中将军衔。毛泽东、周恩来、邓小平等老一辈革命家都非常看重和偏爱这位独臂将军。他遵照毛泽东主席指示,毅然从军队转到石油工业部,参加大庆石油会战,后又转到国家计委,主编第三个五年计划。"文革"后又遵照中央安排再次回到军队工作,他一生都处于奔波转战之中，为国家和民族立下了赫赫功勋。忆当年，余秋里作为大庆石油会战重要的发起者和指导者，临危受命，在艰苦的环境中带领几万人完成了震惊世界的伟大壮举。大庆石油会战是在特殊情况下发起的，没有统一的意志，就没有统一的行动，也就难以取得会战的最终胜利。但是，余秋里虽军人出身，却偏爱看书，且是一位思想工作的"高手"。他的方法是理论先行。石油会战期间，依然学习不辍，始终研读毛泽东的《实践论》和《矛盾论》。当会战队伍士气不高时，这位共和国军队中将军官主持会战领导机关做出第一个决定——《关于学习毛泽东同志所著〈实践论〉和〈矛盾论〉的决定》，提出从领导到职工要人人学"两论"，引导大家认清"这困难、那困难，国家缺油才是最大的困难"，他甚至提出"石油工作者的岗位在地下，斗争对象是油层"。也正因为如此，人心才得到高度凝聚，为石油会战鼓起了战无不胜的信心。

康世恩是地道的科班出身，毕业于清华大学地质系，精于勘探专业。解放战争期间，相继参加过延安保卫战、解放兰州等战斗。新中国建立后，一直在石油勘探部门工作，深受毛泽东、周恩来、邓小平等老一辈革命家的器重和关怀。也正因如此，他把后半生都献给了共和国石油工业。康世恩作为石油勘探和开采的"技术权威"，他带领中国第一代石油人找到了一个又一个油田，就是他最先发现了克拉玛依油田，同样也是他提出了把勘探重点转移到松辽盆地。康世恩是大庆会战的指挥者之一，很多档案材料和记录都记载了他在发现大庆油田过程中所起到的决定性作用，他为油田开发解决了许多技术困难，也是他最先提出"会战三大任务"——在200平方公里范围内，打200口探井，找到10亿吨原油储量，当年生产50万吨原油。在决定开发大庆油田的会议结束时，康世恩曾激情豪迈地喊道："我们一定要把石油工业落后的帽子甩到太平洋里去！"成功开发大庆油田30多年之后，康世恩在临终前的最后一刻，还要来纸笔歪歪斜斜地写下了一个绝笔字：油！

无疑，余秋里和康世恩都是共和国石油事业最重要的奠基者之一，他们把领袖们的亲切关怀化作前进动力，在中国石油勘探和开采的战场上，为新中国彻底甩掉贫油国的帽子，为新中国实现能源自给创下惊天伟业。可以说，他们是中国能源事业的开拓者，也是中国工业时代的奠基者，更是大庆精神产生与形成的推动者。

倾力支持比阳光还温暖

大庆石油会战，在领袖们的亲切关怀下，在多方面的大力支持下，尽管在极其困难的时期、极其困难的地方、极其困难的条件下，也还是形成了多方面的明显优势。一是形成了技术优势。调集了来自全国37个厂矿、院校1 000多名技术精英；二是形成了队伍优势。调集了以王进喜率领的1205、张云清率领的1202等英雄钻井队为代表的、来自全国各石油厂矿的优秀工人队伍，以及由中央军委下令整建制转业的解放军官兵为主体的石油大会战队伍；三是形成了设备优势。从全国统一调拨了各石油厂矿企业最先进的勘探和开采设备；四是地方支持优势。黑龙江省委省政府、地方党委和政府，以及全省广大人民群众给予方方面面的鼎力支持。这些优势是举全国之力汇聚大庆才形成的，没有领袖们的亲切关怀，没有国家统一调动，就不会有这些优势的存在与生成。这些优势在被后人称为"余康组合"的带领下，不仅成为取得大庆石油会战胜利的必要条件，也成为产生并形成大庆精神的坚实基础。

领袖思想赋予大庆精神灵魂

大庆精神是石油会战勇士们通过努力学习运用毛泽东思想武装头脑来实现的，也是石油会战勇士们通过以《矛盾论》和《实践论》等哲学思想武装头脑来实现的，还是石油会战勇士们通过学用结合、以全心全意为人民服务为宗旨来实现的。究其根源，在那个极其特殊的困难时期，毛泽东、周恩来、刘少奇、朱德、邓小平等老一辈革命家，一直提倡要自力更生、艰苦奋斗、民族自强和走群众路线，领袖思想主导了社会意识，在一穷二白的情况下，这种思想成为全中国人民的灵魂。人人追求事业，靠自力更生发展经济，靠艰苦奋斗战胜困难，吃苦受累毫无怨言。正是这种思想光辉决定着社会发展方向，尤其是毛泽东思想激励着那个时代的全中国人民，更激励着参加大庆石油会战的勇士们。这种思想成为时代精神的灵魂，更成为大庆精神的灵魂。没有崇高的思想境界，就等于精神世界没有灵魂。会战勇士们热爱祖国、以苦为乐、以苦为荣、勇于创新、踏实肯干、顽强拼搏、连续作战等突出表现，都源于中华民族自强不息等传统思想影响的结果。大庆石油会战就是一座大熔炉，既拿下了大油田、甩掉贫油国的帽子，又锻炼了一支思想、技术、作风过硬的队伍，大庆精神就是这支队伍的灵魂，而领袖思想就是大庆精神的灵魂。所以，大庆精神的源头之深、根基之牢、构成之精、都是博大而精深的。因此，大庆精神是工人阶级优秀品质的精华，是社会主义核心价值观的真实体现，是老一代领袖思想同大庆石油会战实践相结合的硕果。

战胜暴风雪（版画照）　创作年代：1976年　作者：苏文艳

# 第六章
寻觅英雄模范

大庆精神的产生与传承说到底是由人来实现的，寻觅那些传递正能量的人，发现他们都是有血有肉有情感的平凡人物，却在平凡的岗位上取得了极不平凡的工作业绩。从他们身上我们看到了中华民族的希望和未来。

☆ 铁人语录

吃苦奉献篇

★我要艰苦一辈子，艰苦到底，革命到底。

★我要一辈子干下去，艰苦下去，搞生产要高标准，生活上要艰苦朴素。

★几天几夜不睡觉算不了什么，流几身汗也算不了什么，只要把国家建设好，幸福就在后头。

★服从祖国需要，走到哪儿，住到哪儿，干到哪儿，服从党，服从组织，永远艰苦奋斗。

★不怕苦，不怕死，为了党和人民的利益，就是上刀山，跳火海，也要坚持打井。

寻源探究

1

"铁人"王进喜是怎样的一个人?

出身贫苦

王进喜,1923年10月8日出生于甘肃省玉门市赤金堡一个贫苦的农民家庭。母亲何占信,父亲王金堂。40岁得子的王金堂,一见生个男孩子,心里非常高兴。便按照当地习俗,把孩子放在秤上一称整十斤,于是就给孩子起名"十斤娃"。"十斤娃"长大后,按家谱起名叫王进喜,父母希望他欢欢喜喜去上学,学到本领后重整家业。王进喜在青少年时代,受尽苦难。1929年,玉门遭受了百年不遇的灾荒,6岁的王进喜便领着双目失明的父亲沿街乞讨;9岁时随父亲出劳役,赶车把羊毛送到百里之外的酒泉;10岁时为了给父亲买药看病和几个穷孩子一起到虎狼出没的妖魔山给地主放牛;14岁时为了躲兵役去淘过金、挖过油;15岁时进旧玉门油矿当童工,却干着和大人一样的重活,还常挨工头打骂,常因反抗受惩。师傅知道后,给他讲骆驼"攒劲"的故事,告诉他要讲究斗争方法,培养"耐力"。王进喜在历经苦难和恶劣生存环境中,练就了刚毅坚韧、倔强不屈的性格。

最早记载王进喜这些磨难的是美国人韦勒博士。1937年6月2日,玉门油田的开拓者孙健初一行来到玉门时,随行的还有美国的韦勒博士和萨顿工程师。10月，他们来到赤金堡的石油河考察时，看到了一群用土法挖油的当地人，其中有一个十几岁小男孩，浑身油墨，几位科学家就称他"油娃"，这给韦勒博士留下了深刻印象。韦勒博士给家人的信中就提到认识"油娃"这件事："我和中国的孙健初先生走到山下，在河边的一个小石头房子前停住。这里住着一些工人，他们每天负责收集原油，他们共3个人，还有一个10多岁的小孩。这个孩子只穿一件很破的皮袄，下面刚到膝盖。因为一天到晚和原油打交道，浑身都是黑色。他大概从没洗过澡，一身原油只有用砂纸才能收拾干净。也许正是这种周身的保护层才使他免受严寒之苦……"1991年10月，韦勒博士的女儿、美国作家哈瑞特·韦特访问玉门，当她谈到父亲这封家书时，询问能否找到当年那个"油娃"，人们告诉她"油娃"名叫王进喜，是中国家喻户晓的"王铁人"。她高兴地说道："我要把这美丽动听的传奇写成书，介绍给全世界。"

钻井闯将

1949年9月25日，玉门解放。1950年春，油矿招工，他就报名当钻井工人，钻工考试分文化知识和技术能力两部分，从没读过书的王进喜在念报纸和笔答上不过关。几位老师傅相中他干活时的勤快劲儿，给矿部建议让他重新考试。这次考试安排的是提卡瓦、抬钻杆等重活，目的是考察一个人的意志力和韧性，王进喜通过了考试，成为新中国第一代钻井工人。到1953年秋，王进喜一直在老君庙钻探大队当钻工。1956年4月29日，王进喜光荣加入中国共产党，后又任贝乌5队队长。在石油工业部组织的以"优质快速钻井"为中心的劳动竞赛中，提出了"月上千，年上万，祁连山上立标杆"的口号，创出了月进尺5 009.3米的全国钻井最高纪录。10月，在石油工业部现场会上，被命名为"钢铁钻井队"，王进喜被誉为"钻井闯将"。王进喜干工作一贯积极努力，有一种争上游的精神。在玉门油田的一段时期，很多钻机因为没有钻头而停钻。当时还没有国产钻头，靠进口来不及，王进喜便组织青年突击队从废料堆里找到许多旧钻头，架起大锅煮去油污和泥沙，擦去锈，修修配配，拼装成可用的钻头，用了半年时间打了5口井，给国家节省了开支，又没有耽误生产，经验在全油田推广。

心忧国家

1959年9月，王进喜出席甘肃省劳模会，被选为新中国成立10周年国庆观礼代表和全国"工交群英会"代表。休会期间，王进喜参观了首都十大建筑，当他看到路上行驶的公共汽车上背着"煤气包"，就很奇怪地问别人："背那家伙干啥？"人们摇着头告诉他："因为没有汽油，烧的煤气。"听了这话，他没有再问下去，心想："我们这么大的国家没有汽油怎么行呢？我是一个石油工人，眼看让国家作这么大的难，还有脸问？"他越想心里越沉重，到人民大会堂开会，心情也一直不平静。他常常在休会时一个人悄悄地躲在一边，闷着头抽烟……国家缺油，中国作为东方大国竟没有油可用，他感到一种莫大的耻辱。从此，这个"煤气包"成了他为国分忧、为民族争气的思想动力。每当想起这些，他感到那"煤气包"像千斤重担压在自己的身上。他曾多次向工友们说："一个人没有血液，心脏就停止跳动。工业没有石油，天上飞的，地上跑的，海上行的，都要瘫痪。没有石油，国家有压力，我们要自觉地替国家承担这个压力，这是我们石油工人的责任啊！"后来，王进喜

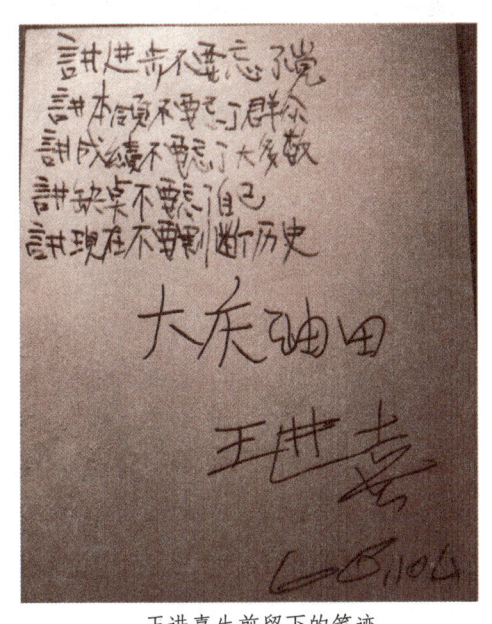

王进喜生前留下的笔迹

在参加大庆石油会战过程中，之所以成为中国石油工人的典范，与他有胸怀国家、心忧国家的报国之志是密不可分的。

人称"铁人"

1960年3月，东北松辽石油大会战打响。王进喜奉命带领1205钻井队于3月25日奔赴萨尔图。面对极端困难和恶劣环境，王进喜带头学习"两论"，通过学习他认识到："这困难，那困难，国家缺油是最大困难；这矛盾，那矛盾，国家建设等油用是最主要矛盾。"1205队的钻机到了，60多吨的机器搁在列车车皮上，没有吊车和拖拉机，汽车也不足。王进喜让全队集合，先是问从部队退伍的队员孙永臣，战场上遇到困难是上还是退，是打还是等。孙永臣回答，只能进不能退，只能上不能等。王进喜说："没有吊车，咱们有人在。毛泽东主席不是说人是最可宝贵的吗？只要有人在，咱们就能想办法把钻机卸下来。"全队小伙子们喊着"上呀！"大家一鼓作气，从清晨干到太阳偏西，王进喜带领全队硬是用撬杠撬、滚杠滚、大绳拉、木块垫，"人拉肩扛"把钻机从火车上卸了下来运到井场，并运到"萨55井"现场。仅用4天时间就把40米高的井架竖立在茫茫荒原上。没有打井用的水，他和职工们到一里外的水泡子破冰取水，用脸盆端、水桶挑，硬是端水50多吨，保证了按时开钻。

4月14日，巍然的井架披着金色的霞光，井场上一片繁忙，王进喜大步跨上钻台，握住冰冷的刹把，纵情地大喊一声："开钻了！"经过5个紧张的日日夜夜，4月19日胜利完钻，进尺1 200米，第一口井终于喷出了乌黑发亮的原油，首创5天零4小时打一口中深井的纪录。1205钻井队在往第二口井现场搬运设备时，王进喜在指挥放架过程中，被滚堆的钻杆砸伤了脚，当时昏了过去。醒来时一看几个工人围着他抢救，而井架还没放下来，立即就说："我又不是泥捏的，哪能碰一下就散了！"说完，站起来继续指挥放架子和搬家。领导知道后，把他送进医院,他又从医院跑出来,回到第二口井(2589井)现场,拄着双拐指挥打井。由于地层压力太大,第二口井打到700米时,发生了井喷。危急关头,井场没有压井用的重晶石粉。经过研究采取用加水泥的办法,提高泥浆比重压井喷。但水泥

王进喜扔掉拐杖,不顾腿伤,奋不顾身跳入泥浆池。

加进泥浆池就沉底,又没有搅拌器,王进喜就扔掉拐杖,不顾腿伤,奋不顾身地带头跳进泥浆池,用身体搅拌泥浆,经全队工人奋战,终于压住了井喷,保住了钻机和油井。当大家把王进喜拽上来的时候,因为泥浆里头有烧碱,烧碱对伤口腐蚀,杀得很厉害,王进喜又昏过去了。

有一次,房东赵大娘煮了咸鸭蛋、鲜鸡蛋,做好饭,提着柳条筐领着孙子到井上看王进喜。她看到王进喜正躺在发电机旁一个泥浆槽子边睡觉,身下铺着一些羊草,身上盖着老羊皮袄,头下枕着一个铁疙瘩。赵大娘问许万明:"他头下枕的是什么?"许万明说:"那是牙轮钻头。"大娘又问:"这大冷的天,枕着这么个铁疙瘩也能睡着觉?"许万明:"王队长已经习惯了!"听了这话,赵大娘感慨地说:"你们王队长啊,可真是个'铁人'哪!"没过几天,石油部政治部主任兼机关党委书记、大庆会战核心小组副组长吴星峰和三探区党委副书记兼指挥宋振明到1205队检查工作。大队教导员李玉生向他们汇报时,特别提到赵大娘称王进喜"铁人"的事。吴星峰听后连说三个"好",并对宋振明讲:"老宋,赵大娘管王进喜叫'铁人',这个称号好。我们大会战就需要这种不怕苦,不怕累,不怕困难闹革命的精神,你们三探区先开展向'铁人'王进喜学习活动,我回去向世恩、秋里汇报,在全探区开展向'铁人'王进喜学习的活动!"余秋里得知后,也连声称赞赵大娘叫得好。一次,在安达技术座谈会上,余秋里在讲话中介绍了王进喜

的先进事迹，号召 4 万会战职工学"铁人"、做"铁人"。

1960 年 4 月 29 日，"五一"万人誓师大会上，王进喜成为大会战树立的第一个典型，成为大会战的一面旗帜，迅速掀起了学"铁人"、做"铁人"，为会战立功的热潮。1960 年 7 月 1 日，会战指挥部召开庆祝建党 39 周年和大会战第一战役总结大会，突出表彰了王进喜、马德仁、段兴枝、薛国邦、朱洪昌，并被树为会战"五面红旗"。一个"铁人"前面走，千百个"铁人"跟上来。当年，王进喜带领 1205 钻井队连续创出了月"四开四完""五开五完"的好成绩，到年底，共打井 19 口，完成进尺 21 258 米，接连创造了 6 项高纪录。

严细认真

王进喜既勤劳实干，又科学求实。1961 年 2 月，王进喜被任命为钻井指挥部生产二大队大队长，负责管理分布在大荒原上的 12 个钻井

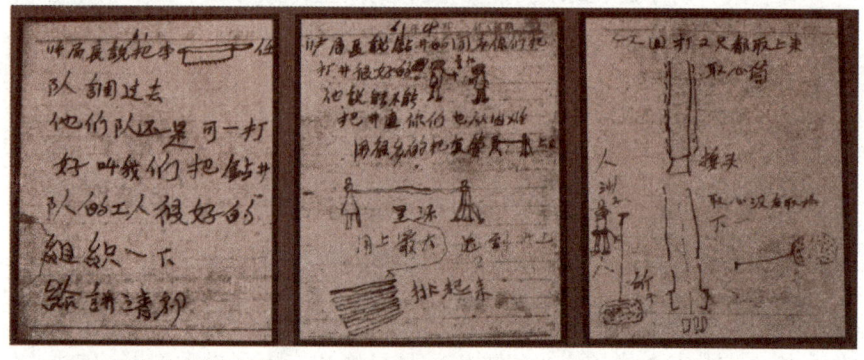

王进喜的工作记事本，上面记录了他 1961 年 4 月记下的工作内容。

队。他经常身背干粮袋，骑着摩托车或步行，深入到各井场，帮助基层解决各种实际问题。自当大队长后，他深感没文化之苦，拜机关干部为师，努力学习文化知识。他说："我认识一个字，就像搬掉一座山。"经过两年多的时间，"铁人"已经可以独立地看报、读文件，也可以列出简单的发言提纲了。王进喜坚持学以致用。他说："干，才是马列主义；不干，半点马列主义也没有！""铁人"王进喜既是战天斗地的英

雄,也是技术高超的钻井专家。尽管他文化低,但却以"识字搬山"的意志克服了意想不到的困难。他带领伙伴们用40年代的老钻机,克服技术上的困难,打出全油田第一口斜度不足半度的直井,创造了用旧设备打直井的先例。为提高钻井速度,他和工人改革游动滑车。为打好高压易喷井,他带领工人研究改进泥浆泵。为提高钻井质量,他和科技人员共同研制成功控制井斜的"填满式钻井法"。他还摸索出一套高超的"钻井绝技",能根据井下声音判断钻头磨损情况。他与工友们搞出了钻机整体搬家、钻头改进、快速钻井等多项发明和技术革新,对改进钻井工艺技术做出突出贡献,被油田党委授予"工人工程师"的称号。他对待工作严细认真,一丝不苟,他常讲:"干工作要为油田负责一辈子,要经得起子孙万代的检查。"

甘当老黄牛

王进喜从普通工人成长为领导干部,但他始终保持谦虚谨慎的作风,对工人和家属关怀备至,对自己和家人却严格要求。他说:"我从小放过牛,知道牛的脾气,牛出力最大,享受最少,我甘愿为党和人民当一辈子老黄牛。" 1964年年底,他当选为第三届全国人大代表,出席大会并代表工人做了《用革命精神建好油田》的发言,受到与会代表的热烈欢迎。从北京回来后他说,我是个普通工人,没啥本事,就是为国家打了几口井。一切成绩和荣誉,都是党和人民的,我自己的小本本上只能记差距。他一边参加劳动,一边听取群众意见。他知道天冷时工作服不保暖,就给工人做皮背心和皮护膝。他利用工余时间带领职工和家属开荒种地,烧砖、割苇,盖"干打垒"住房,让工人和家属"吃饱肚子去会战","回来有个窝"。大队驻地离市镇比较远,工人和家属买粮、邮信、看病都不方便,他又带领职工家属建起了设施比较齐全的生活基地。"铁人"患有严重的关节炎,上级为照顾他,给他配了一台威力斯吉普车。王进喜自己很少坐,就用它来给井队送料、送粮、送菜，拉职工看病，完全成了公用车。可老母亲病了，是"铁人"的大儿子用自行车推着去卫生所。钻工子女没处上学，整天在荒原上玩耍，他带领人们在大队机关附近支起一顶帐篷，建起了一所小学——帐篷小学。后来，人们为了纪念王进喜，把这所小学命名为"铁人小学"。

英年早逝

1965年4月，王进喜被任命为钻井指挥部副指挥。1965年7月，王进喜应邀在石油工业部第二次政工会上做报告，首次提出了"要让我们国家省省有油田，管线连成网，全国每人每年平均半吨油"的奋斗目标。"文革"开始后，大庆油田生产受到严重干扰和破坏。1966年12月31日，王进喜毅然到北京向周恩来总理汇报大庆油田生产的严峻形势。返回大庆后，为贯彻周总理的指示精神，他走遍油田，大声疾呼"大庆生产一天也不能停"。在周总理的谋划下，继鞍钢之后，大庆实行了军管。周总理亲自指示军管会，把王进喜送到基层连队保护起来。

1969年4月，党的"九大"在北京召开。王进喜作为大庆的代表出席了这次大会，并当选中央委员，受到了毛泽东主席的接见。"文革"期间，大庆油田出现了地层压力下降、原油产量下降、原油含水上升的"两降一升"严峻形势，王进喜焦急万分。在油田呼吁得不到支持的情况下，亲自到北京向国务院汇报。周总理在《当前大庆油田主要情况报告》上当即批示大庆要"恢复'两论'起家基本功"。油田生产被动局面才逐步得到扭转。

1970年春节前，王进喜受周总理委托，到江汉油田慰问，并做了大量的解放干部、稳定队伍的工作。1970年4月5日，全国石油工作会议在玉门召开。王进喜作为特邀代表参加大会。他在会上大声疾呼要恢复光荣传统，充满信心地提出"大庆产量要上四千万吨，全国产油一亿吨"等一系列远大的奋斗目标，引起与会者的强烈反响。玉门会议期间，王进喜胃病发作。后经解放军 301 医院检查确诊为胃癌晚期。病危中的"铁人"，心里想的仍然是油田生产建设和广大职工家属。

1970 年 10 月 1 日，王进喜抱病参加国庆观礼，以中共中央委员身份检阅游行队伍。在天安门城楼，他遇见了邓颖超，邓大姐关切地询问他的病情，他乐观地对邓大姐说："请转告总理，等我病好了，一定回大庆再干 20 年！请总理放心！"憧憬着未来的"铁人"，哪里知道，此时癌细胞已经扩散，大夫们正在为治不好这位英雄的病而流泪。

国庆节刚过，"铁人"的病情急剧恶化。临终前，他用颤抖的手取出一个小纸包，交给守候在床前的一位领导同志。打开纸包，里面是他住院以来组织给他的补助款和一张记账单，一分也没有动。王进喜说："这笔钱，请把它花到最需要的地方去，我不困难。"在场的人无不为之动容，流下了感动的泪水。临终前，王进喜手拿 300 元钱交给守候在病榻边的弟弟王进邦，强忍剧痛断断续续地说："看情况，我可能看不到咱妈了，妈这一辈子很苦，你就多替我尽孝道吧。"

1970 年 11 月 15 日 23 时 42 分，王进喜同志因病医治无效不幸逝世，享年 47 岁。正在开会的周总理得知"铁人"病危的消息，立即休会赶往医院。当他赶到病房时，"铁人"已于 8 分钟之前停止了呼吸。周总理俯下身深情地望着"铁人"，悲痛地说："我来晚了，我来晚了！""铁人呀，你怎么瘦成这个样子！""太可惜了，太可惜了！"

11 月 18 日，在北京八宝山革命烈士公墓举行了向王进喜同志告别仪式。党和国家领导人李先念等及中组部、石油工业部、黑龙江省的领导，大庆油田、玉门油田的干部和群众来向"铁人"告别。王进喜的骨灰被安放在北京八宝山革命烈士公墓。1972 年 1 月 27 日，《人民日报》在显著位置刊发了长篇通讯《中国工人阶级的先锋战士——铁人王进喜》，高度评价了王进喜伟大的一生。大庆油田做出了"向'铁人'王进喜同志学习的决定"。

"铁人"王进喜走时只有47岁,正当盛年!"铁人"曾经发出"宁肯少活20年,拼命也要拿下大油田"的誓言,其实,他岂止是少活了20年!他把一生都交给了祖国的石油事业。

2. 60年代展现大庆精神的"五面红旗"都有谁?

会战初期,产生了一大批以"铁人"王进喜为代表的先进典型。其中,1960年7月28日,石油工业部机关党委做出《关于开展学习王、马、段、薛、朱运动的决定》,称赞王进喜等五人为全战区的"五面红旗"。"五面红旗"榜样的树立,极大地激发了会战职工的工作热情和奉献精神,为全面夺取石油会战胜利产生了巨大的助推作用。

马德仁,石油会战初期"五面红旗"之一。甘肃省永昌人,1925年出生。1949年参加工作,1955年加入中国共产党。历任钻井队司钻、队长、大队长、副指挥、钻探处长、大庆生产办副主任、大庆市副市长、大庆石油管理局副局长、纪律检查委员会书记等职。在他的带领下,全队创造了月钻井"五开四完""六开五完"等新纪录,用8个半月的时间打井22口,实现了钻井进尺上双万米。1961年,他带领全队职工用九个半月时间打井28口,实现了钻井进尺31 700米,超过了苏联格林尼亚功勋钻井队的水平,刷新了世界钻井进尺纪录,并创造了全国中型钻机月完钻井数、月进尺、日进尺、班进尺、钻头使用、低成本等21项全国高纪录。1963年,又打出了"三一"优质试验井,创造钻机月钻井进尺4 615米,队日进尺1 080.26米的全国最高纪录。他所领导的1202钻井队先后被授予"卫星钻井队""钢铁钻井队""永不锩刃的尖刀"等称号,1966年他被评为"石油工业部五好标兵",1977年石油工业部授予他"会战初期五位著名老标兵"的称号。

段兴枝, 石油会战初期"五面红旗"之一。陕西省洋县人,1930年出生。1949年参加革命,1955年加入中国共产党,1960年到大庆参加石油

会战时期的"五面红旗"——王进喜、马德仁、段兴枝、薛国邦、朱洪昌

会战。历任1206钻井队队长、钻井一大队副大队长、钻井指挥部副指挥等职。1966年5月调任四川石油管理局川中矿区副指挥,油田钻井处副处长、处长、后任江汉石油管理局副局长。段兴枝善于把冲天的革命干劲和严谨的科学态度结合起来,当时被人们誉为"智勇双全的钻井队长"。他带领职工大搞技术革新,把大钻机小鼠洞接单根的工艺移植到BY-40钻机上,提高了工作效率。同时首创了冲鼠洞的新工艺,在全油田和全国石油系统推广。会战中,打一口井的时间逐步缩短到3~4天,而钻机搬家一次却要7~8天。为了更多地打好井,必须提高搬家的速度,他创出了用自己的柴油机动力索引自己的钻机前进的"钻机自走"的新方法。他还和工人们一起,针对夏季雨多,道路泥泞,电测车到不了井场的情况,想出了利用游动滑车拉电测车到井场的办法,保证了电测顺利进行。他率领的钻井队多次创出优异成绩,被会战指挥部授予"钢铁钻井队"的光荣称号。他多次被评为"石油部五好标兵"等称号。曾当选为第五届湖北省人大代表。

薛国邦, 石油会战初期"五面红旗"之一。甘肃省酒泉人,1927年出生。1954年加入中国共产党。他是大庆油田上第一个采油队队长,全国著名劳动模范。历任修井队长、采油队长、试采大队长、采油矿长、采油指挥部副指挥、副书记、书记,大庆市(局)党委副书记、大庆市人大常委会主任等职,曾当选第六届黑龙江省人大代表。1960年,

薛国邦率领采油队从玉门油田来大庆参加石油大会战。当生产试验区的第一口油井——"萨66井"完钻后,他带领采油队接管了这口井,无论是白天,还是夜晚,薛国邦总是转来转去,摸摸这儿,听听那儿,看看压力,分析记录下来的数据。若是遇到风天雨天,更是蹲在采油树旁静听可疑声音,观察井口压力变化。薛国邦通过接管这口油井,取得了20项"四全四准"的资料,准确地掌握了油层情况,为石油会战全面展开创造了条件。会战初期,为了尽快把原油运出去,上级决定把第一列车原油输送任务交给薛国邦采油队。他接到任务后,日夜奋战在油井上,饿了啃干馒头,困了打个盹。由于严寒使原油凝固,输油泵打油受阻,他毅然脱掉棉衣,第一个跳进油池,抱住高温蒸汽管,用蒸汽温原油,手被烫坏了也全然不顾,一直挺着到泵满罐为止。有一次供油管线脱扣,他用胸膛顶住原油管口,高压原油打得周身麻木,但他顽强地坚持到底,终于保住了油井。1954年在玉门油矿他被评为"全国石油系统先进生产者",1958年出席了全国社会主义建设积极分子代表大会,1959年被评为"全国劳动模范",出席甘肃省和全国工业建设"群英会",1977年被石油工业部授予"会战初期五位著名老标兵"的称号,1978年被评为"黑龙江省劳动英雄"。

朱洪昌,石油会战初期"五面红旗"之一。山东省掖县人,1933年出生。1955年加入中国共产党,1959年由甘肃到大庆参加石油会战。历任施工小组长、工段长、副大队长、厂长、中国石油天然气总公司管道局局长等职务。大庆石油会战初期,朱洪昌所在的三大队负责承建17.2公里大口径、长距离输水管线。一次,托管机履带板被钢丝绳卡住变形,为了不影响施工,工人们商量采用喷灯加热使钢板变直的办法,不料喷灯喷油过多,机车四周燃起大火。他不顾危险,甩掉衣服,冲上去奋力扑打,手和脸被烧起了大泡。6月22日,整天下着滂沱大雨,朱洪昌工段在20公里输水管线上冒着大雨进行最后试压。泵机一开动,出口处第一个阀门就被冲坏了,水流向外喷出很高,有可能发生更大的事故，在这千钧一发的时刻，朱洪昌第一个跳进了冰冷的水沟中，坚持奋战 3 个多小时，终于把阀门修好，解除了危险。人们称赞他是"钢铁施工队长"。1958 年被评为"甘肃省先进生产者""青年突击红旗手"，1959 年出席了全国工业建设"群英会"。曾当选为第三届全国人大代表。

3

70 年代传承大庆精神的"二十一名标兵"都有谁？

20 世纪 70 年代，在大庆精神和铁人精神的鼓舞下，涌现出一大批标杆和典型，最突出的、最耀眼的就是享誉油田的二十一名标兵。分别是：1974 年 9 月命名的"八大标兵"：周占鳌、屈清华、吴全清、高金颖、徐淑英、蒋成龙、王武臣、李景荣；1975 年 4 月命名的"三大标兵"：李长荣、李法兰、张秋银；1978 年 3 月命名的"十大标兵"：王洪学、阎智福、蔡国珍、胡功祥、夏良才、涂文如、耿玉亭、高连和、卢菊、齐莉莉。每一名标兵都是一面前进的旗帜，一旗高举万旗红，红遍松辽大平原，誓为祖国献石油，大庆精神耀征程。

"最讲认真的人"——周占鳌

周占鳌，甘肃省酒泉人，1936 年生。1953 年参加工作，1959 年由玉门油矿到大庆参加石油会战，同年加入中国共产党。历任小队长、副中队长、油建公司党委副书记、大庆党委副书记、大庆市人大常委会副主任、黑龙江省总工会副主席、油建公司工会主席。第五届全国人大常委，第四、五、

六、七届全国人大代表。大庆石油会战初期,周占鳌和他所在的油建11中队,为甩掉中国贫油的落后帽子,以高度的主人翁责任感和使命感,全身心地投入开发大庆油田的火热斗争中。1972年2月21日,《人民日报》发表了通讯《一个工作认真的人——记大庆油田老工人周占鳌》。他的事迹至今仍在油田广泛传颂。他多次被评为"大庆战区标兵""大庆市(局)劳动模范""黑龙江省特等劳动模范"和"石油工业部劳动英雄"。1974年,大庆党委授予他"最讲认真的人"的称号。

"学铁人的带头人"——屈清华

屈清华,陕西省长安人,1935年出生。1954年在玉门当石油工人,1960年到大庆参加石油会战,1965年加入中国共产党。历任钢铁1202钻井队司钻、副队长、钻井队长、大队长、钻井指挥部党委副书记、大庆生产办副主任。1975年调到中央组织部工作,任党的核心小组成员、调查组组长、干审局局长,1978年当选为中国共产党第十届全国代表大会代表。1978年调任石油工业部钻井司司长。后任石油工会副主席、中国石油天然气总公司规划院副院长。在工作中,被称为"永不卷刃的尖刀"。1966年8月下旬,他作为1202钻井队代表,到北京向党中央做汇报,受到了周恩来总理的亲切接见。10月1日,屈清华在天安门城楼参加国庆观礼,第一次幸福地见到了毛泽东主席等党和国家领导人。在他担任钻井队队长的6年里,共打井190口,钻井进尺23万米,为大庆油田的开发建设立下了功勋。

"钢铁钻工"——吴全清

吴全清,山东省藤县人,1937年生。1963年由部队转业到大庆参加石油会战,1966年加入中国共产党。在1202钻井队当过钻工、司钻、副队长、队长。历任1202钻井队钻工、司钻、副队长、第七任队长、钻井指挥部党委常委、副指挥、钻探公司副经理、工会主席、市人大副主任、钻井二公司工会主席，中国共产党第十一、十三届中央委员。1970年带领1202钻井队参加了江汉油田的会战。他带的队曾在两年3个月打井48口。1973年11月，在开发新油区的会战中，被因故障飞出来的重机械打断了3根肋骨，右肩胛骨被砸成粉碎性骨折，他昏睡了四天四夜，才脱离危险。1974年提前38天实现1年人均向国家交1口油井的目标。1979年被评为"全国劳动模范"。

"继承铁人精神的好队长"——高金颖

高金颖，黑龙江省阿城人，1945年出生。1966年到大庆参加工作，1971年加入中国共产党。历任1205钻井队第7任队长、钻井指挥部党委常委、革委会副主任、副指挥、钻井三公司副经理、大庆市（局）工会副主席、大庆油田工会副主席。他以"铁人"老队长为榜样，1971年他和全队职工实现了老队长王进喜生前提出的"日上千（米），月上万（米），一年打完12万（米）"的奋斗目标。1972年他和全队又实现了"铁人"生前提出的打"大三一"井的遗愿（用1只钻头1天打成1口中深井）。1974年大庆党委授予他"继承铁人精神的好队长"的称号，1977年他被评为"黑龙江省铁人式模范标兵"，同年还被授予"石油工业部劳动英雄"称号，1978年被评为"黑龙江省劳动英雄"，1980年被评为"黑龙江省特等劳动模范"。

"采油铁姑娘"——徐淑英

徐淑英，黑龙江省青冈人，1950年出生。1966年到大庆参加工作，1971年加入中国共产党。历任女子采油队食堂管理员、饲养员、采油工、队长、采油四部党委副书记、采油厂工会主席、大庆市政协委员。她像

"铁人"王进喜那样严细认真,不畏困难,拼命大干。1974年元旦她主动承担打开积压井任务,打捞中由于闸门失灵,原油不断往上喷。她顶着迎面喷来的原油,爬上扒杆,一只手抱住防喷管,一只手拼命向外拉钢丝,原油喷得她成了"油人"。她坚持战斗一天一夜,在去19井取管钳的路上,昏倒在加热炉旁。还有一次,她帮助其他油井处理井喷,不顾自己安危为抢救老师傅而被累昏倒。1974年大庆党委授予她"采油铁姑娘"的称号,1977年她被授予"石油工业部劳动英雄"称号,后被评为"全国优秀工会干部"。

"烈火炼红心的好青年"——蒋成龙

蒋成龙,浙江省缙云人,1953年出生。1972年到大庆参加工作,1974年加入中国共产党。历任输油工、采油小队长、副大队长、采油六厂党委常委、采油六厂四矿工会主席。1974年3月,他在27号站上值零点班时,一台高压热烧炉的阀门垫子突然破裂,炉内原油和天然气以60公斤大气压喷出了炉膛。在这危急关头,他将个人安危置之度外,顶着浓烟烈火手握通红滚烫的闸门手轮,使劲拧了3圈半,关掉油气进口闸门,泵站保住了,可是他的脸部、手部却被严重烧伤。他勇于同烈火搏斗,也敢于向伤残挑战,烧伤治愈后,留下满脸伤痕,眼睛视力减退,手脚全部变了形,他以顽强毅力克服人生路上一个又一个困难。1974年大庆党委授予他"烈火炼红心的好青年"的称号,1977年被授予"石油工业部劳动英雄"称号,同年还被授予"全国工业战线先进生产者"和"全国劳动模范"称号,1979年被授予"黑龙江省特等劳动模范"称号。

"硬骨头石油战士"——王武臣

王武臣，河南省蒙阳人，1934年出生。1954年参加工作，1958年加入中国共产党。1961年到大庆参加石油会战。曾任井下作业公司酸站站长等职。1975年调入辽河油田。他在大庆石油会战时期，建酸站不具备条件，他就带领工人利用3栋低矮的"干打垒"，3个盛酸的铁池子，在芦苇丛中艰苦创业。1971年为配合油田压裂施工，他带人生产压裂砂。从3块铁板炒砂开始，经过一年多的努力，建成压裂砂生产一条龙设备，日产量150立方米，满足了油田生产急需。一次酸化施工，生产压裂砂的供砂炉内结了许多硬块，在炉外排除很困难，影响压裂砂生产，他不顾炉内一二百度高温，接连进出七八次，直至硬块都排除掉，他眉毛胡子全烤焦了，皮帽子上的毛也烧光了。1972年他被评为"黑龙江省劳动模范"。1974年大庆党委授予他"硬骨头石油战士"的称号。

"一心为公的好干部"——李景荣

李景荣，黑龙江省呼兰人，1928年出生。1945年参加工作，1949年加入中国共产党。1961年到大庆参加石油会战。历任设备科副科长、建材指挥部副主任、运输大队长、运输处党委书记、大庆石油化工总厂副厂长和党委副书记等职。会战初期，既没有大型吊装起重设备，又没有大型的运载工具，他带领安装工人用土办法，把上百吨重的炼塔，一个一个拖运到工地，常常是几天几夜不合眼。1962年在突击运输炼油厂第一期工程设备中，他连续干了3昼夜，靠人拉肩扛把12套炼油生产装置的88个炼塔、50多个20吨以上的容器及时拉运到厂里。1961年以来连续5次被评为"大庆模范标兵"，1974年大庆党委授予他"一心为公的好干部"称号，1978年被评为"黑龙江省劳动模范"和"石油工业部劳动英雄"，1980年被评为"黑龙江省特等劳动模范"。

"发扬五把铁锹闹革命精神的带头人"——李长荣

李长荣，四川省隆昌人，1941年出生。1962年到大庆，1965年加入中国共产党。历任杏树岗家属生产队指导员、队长、创业庄革委会副主任、家属管理站教导员、钻井指挥部党委副书记、大庆党委政治部副主任、大庆市委常委、大庆市妇联主任，大庆市政协副主席。曾当选第五届全国人大代表、全国妇联第五届常委。她以"五把铁锹闹革命的带头人"薛桂芳为榜样，组织成立了杏树岗家属第一生产队，带头开荒种地，艰苦创业。1966年她调到创业庄家属基地担任领导职务，她和姐妹们当年修水渠7 000多米，灌溉面积2 000亩，营造固沙林700多亩。到1974年共营造8米宽防风带29条，长1.3万延长米，当年产粮32万公斤，比1971年增长50%，玉米亩产超过了千斤大关。1964年被评为大庆家属标兵，1975年大庆党委授予她"发扬五把铁锹闹革命精神的带头人"的称号，1977年被授予"石油工业部劳动英雄"称号，1982年被评为全国、省"三八红旗手"。

"家属闹革命的先锋"——李法兰

李法兰，山东省平原人，1944年出生。1962年随爱人来大庆，1965年加入中国共产党。历任家属生产队记工员、政治指导员、油建指挥部党委副书记。1978年调到石油工业部工作。李法兰是油建红一站家属先锋五队的创始人。1963年她响应号召以薛桂芳为榜样，走出家门，带领17名家属早起晚归开荒种地180亩，当年产粮1.5万多公斤。她组织家属们学政治、学

文化、学军事、学技术，因陋就简地办起了家属"七二一"学校，有40名家属甩掉了文盲帽子，有15名家属学会了农业技术，有6名家属学会了开拖拉机。家属队64名民兵有25名射击成绩达到优秀，空中打气球百发百中。先锋五队自1968年就跨入了战区和黑龙江省先进行列。她于1972年、1973年连续两年被评为"大庆模范标兵"，1975年大庆党委授予她"家属闹革命的先锋"的称号，1977年她被评为"黑龙江省模范标兵"，1980年被评为"大庆石油会战劳动英雄"。

"身残志坚的好青年"——张秋银

张秋银，山东省郓城人，1951年出生。1972年参加工作，曾任司泵工，1972年9月入厂工作。1974年3月她突然感到左臂疼痛，有时竟疼得抬不起来，可她忍着病痛，坚持上班顶岗，医生让她休息，她把病假条揣在兜里，一直默默地坚持工作。同年5月病情加重，经医生检查确诊为骨癌，截去了左臂。手术后第3天她背着医生下床练习走路，出院后3个月就上班了。一次在她当班时，液态烃泵垫片突然喷开，大量的烃喷出来，随时都有爆炸起火的危险，她挺身而出，用一只手切换阀门，倒换机泵，并用电话同中心操作室联系，及时地避免了一场重大事故的发生。1976年1月，她病情恶化住进北京日坛医院，在弥留之际，还坚持给大庆采油一部机关小学的孩子写去了6封语重心长的信。1974年，她被大庆石油化工总厂党委授予"模范共青团员"的称号，同时又被评为"大庆模范标兵"。1975年大庆党委授予她"身残志坚的好青年"的称号，1976年7月病逝，同年大庆石油化工总厂党委追认她为中国共产党党员。

"又红又专的车间主任"——王洪学

王洪学，吉林省农安人，1934年生。1958年毕业于齐齐哈尔化工学校，曾在黑龙江省化工研究所、大庆喇嘛甸化工厂工作。1969年加入中国共产党。1972年参加大庆石油化工总厂化肥厂的建设。历任化肥厂尿素车间主任、化肥厂副厂长、化肥厂总工程师。石化总厂化肥厂生产装置是毛泽东主席和周恩来总理亲自圈批的国外引进设备，该装备年产30万吨合成氨、48万吨尿素，具有70年代世界先进水平。一次，高压洗涤器放空管突然爆裂起火，系统内还有140多公斤的常压易燃易爆气体，他顶着令人窒息的危险排除了险情。他刻苦钻研技术，摸索解析系统生产运行规律，使解析塔进料高于原设计能力，每天可多回收氨15吨，一年多回收的氨相当于一个年产5 000吨小化肥厂的产量。在1977年全国同类装置评比中，尿素车间夺得第一名，化肥厂连续两年超额完成国家生产计划。1978年大庆党委授予他"又红又专的车间主任"的称号，1979年他被评为"黑龙江省劳动模范""石油工业部劳动英雄"。

"铁人式的好作业队长"——阎智福

阎智福，甘肃省酒泉人，1937年出生。1960年到大庆，1966年加入中国共产党。历任井下作业工、队长、副大队长，1987年6月病逝，终年49岁。他身患高血压、心脏病、关节炎等多种疾病，但他20年如一日，像"铁人"那样工作和生活。1975年在南8区3排-28井作业施工，堵塞器突然失灵，油气从井口"呼呼"地向上喷。在这关键时刻，他顶着从井内喷射出的油气流，连续工作40多个小时，加上劳累过度，高血压病、心脏病突然发作，晕倒在井场上。同年在南7区3-40井进行压井施工作业，安全卡失灵，油管即将从井内飞出，4名工人生命受到威胁，他推开工人灵敏地把安全卡瓦向上一缓，迅速卡住了油管，避免了一场人员伤亡事故。自大庆石油会战以来他多次被评为劳动模范，1978年大庆党委授予他"铁人式的好作业队长"的称号，1980年被评为"石油工业部劳动英雄"。

"学铁人的好干部"——蔡国珍

蔡国珍，湖南省益阳人，1939年生。1960年转业到大庆参加石油会战，1966年加入中国共产党。历任队长、指导员、教导员、党委书记、供水公司党委书记等职。始终以"铁人"为榜样，满腔热忱干工作。1973年冬，他被抽调到采油六厂参加喇嘛甸新油区开发会战，每天顶在井站施工现场，带领职工苦干，实现了96口井的单井进、计量站投产、原油外输、热油清蜡、资料录取等5个一次成功，打响了新区会战的第一炮。仅1976年一年，他就和大队干部一起查岗9 865次，查一次岗，搞一次"传帮带"。在大队任职4年，参加集体生产劳动800多天，带领工人打造了4座样板站，改变了2个大队、4个基层队的后进面貌。1978年大庆党委授予他"学铁人的好干部"的称号，并被评为"石油工业部劳动英雄"，1980年被评为"黑龙江省特等劳动模范"。

"学铁人的好作业队长"——胡功祥

胡功祥，黑龙江省齐齐哈尔人，1949年生。1970年从大庆石油学校毕业后参加工作，1973年加入中国共产党。历任班长、队长、井下作业公司修井分公司副经理等职。他在作业队的艰苦岗位上始终发扬"学铁人、做铁人"的精神，被群众誉为"活着的铁人"。1977年在南3区1-36井施工，他已在井上连续干了20几个小时，回队刚要休息，突然传来井喷消息，他立即赶到井场抢焊套管闸门。在套管裂口冒出火苗时,他用双手捂住了裂口的火苗。虽身患胃病、关节炎、痔疮和腹股沟斜疝等多种疾病,但始终坚持奋战在修井前线。犯病时,就用土办法顶一下。一次处理事故,他的一根手指被挤,不得不在医院手术时截去一节。出院后他没休息,照样坚持工作。连续4年被评为模范标兵。1978年大庆党委授予他"学铁人的好作业队长"的称号,1978年他被评为"石油工业部劳动英雄""黑龙江省劳动模范",1980年被评为"黑龙江省特等劳动模范"。

"学铁人的红管家"——夏良才

夏良才,湖南省安化人,1933年生。1960年转业到大庆参加石油会战,1965年加入中国共产党。当过采油工、维修工、水泵工、保管员、采油一厂总务科副科长。他干一行爱一行,甘于奉献,不计个人得失。

1961年冬他和一个工友在菜窖里干活,突然窖要塌顶,在危险时刻,他一个箭步冲上去,推开工友,用身体死死顶住大梁,直到同志们赶来才替换下,可他的锁骨却被压断了。1976年,他调到生活服务科当副科长,已患二期硅肺病,医生嘱咐他不能干重体力劳动,可他却专挑重活干。他经常利用休息时间给职工修门窗,给卫生所抹房,给托儿所修气管线、火墙,还照顾一位无依无靠的老人达10年之久。他始终保持艰苦奋斗的作风,仅1987年,就下小队150多次,送货4万余件、维修各种器具1 800多件,为国家节约资金2.7万多元。连续多年被评为标兵,1978年大庆党委授予他"学铁人的红管家"的称号,1980年他被评为"黑龙江省特等劳动模范"。

"自觉从严的好干部"——涂文如

涂文如,安徽省六安人,1937年生。1956年参军,1959年转业到玉门油矿,1960年到大庆参加石油会战,历任班长、副中队长、中队长、副大队长等职。大庆石油会战期间，在开发喇嘛甸油田的会战中，他担任油建 11 中队第三任中队长，接受了一项新型转油站预制安装任务。全队的人力比预算的工程量所需的人力差一半，如要按期完成任务，必须一天顶两天用，一人顶两人干。当时正患肠炎的涂文如拿起焊枪和工人们一起干了起来。这天他从早到晚拉了十几次肚子，蹲着焊接坚持不住就跪着焊，跪着也坚持不住就趴着焊，一昼夜焊完了 1 232 根焊条，创造了日焊小管的最高纪录。完工以后同志们把他抬回了家，他和他的队友们硬是靠这种钢铁意志，仅用 7 天 7 夜就提前完成了任务。他多次被评为劳动模范，1978 年大庆党委授予他"自觉从严的好干部"的称号，1980 年被评为"黑龙江省特等劳动模范"。

"身残志坚的技术员"——耿玉亭

耿玉亭，河北省宽城人，1939 年生。1963 年毕业于河北承德石油学校，同年到大庆参加油田化工生产建设，1978 年加入中国共产党。曾任大庆石油化工总厂炼油厂供电车间工程师。1976 年 1 月，在给硝铵生产装置送电试运过程中，耿玉亭为排除一台主变压器的故障，意外触电，身负重伤。经医务人员及时抢救治疗，生命虽然保住了，但双臂却从肩胛骨处整个被截掉了，成了无臂人。伤残以后，他以坚强的毅力，战胜生活中许多难以想象的困难，重新走上工作岗位，把所学知识和力量又献给了石化生产建设事业。1984—1986 年，他又主动承担了重新审核编写《印刷电器作业操作规程》的任务，厚厚的 6 大本，1 000 多页，20 多万字，他硬是用舌头一页页地舔起，逐字审核修改，终于编写出一套完整的操作规程手册。1977 年被评为"石油工业部劳动模范",1978年大庆党委授予他"身残志坚的技术员"的称号,1979年被评为"全国劳动模范"。

"一心为公的好司机"——高连和

高连和,黑龙江省双城人,1938年生。1959年到大庆参加石油会战,1971年加入中国共产党。一直是运输公司13车队汽车司机。30多年没离开过汽车方向盘,安全行驶110多万公里。会战初期,他曾以过硬的技术和作风,被抽调到专打硬仗的"硬骨头13车队"。为确保"铁人"带领的1205井队开钻,他经常吃住在车上,坚持随叫随到,王进喜称赞他"不愧是硬骨头车队的司机"。1971年在抢运我国第一条大口径输油管线中,他冒着危险进行试运,创出了用4吨车拉运6根直径85厘米、重10吨管线的纪录。他不为名、不为利,1965年至1979年14年中,无报酬劳动达15 200多小时。他爱护车辆,刻苦钻研技术,蒙目拆装化油器只用3分钟,先后为全国各地来参观的9 700多名代表做过技术表演,次次准确无误。1977年被评为"石油工业部劳动英雄"。1980年被评为"黑龙江省劳动英雄"。1983年被评为"黑龙江省特等劳动模范"。

"坚持走'五七'道路的模范家属"——卢菊

卢菊,山东省沂南人,1942年出生。1963年到大庆,1965年加入中国共产党。当过钻井指挥部家属基地(30井和互助村)放牧员、饲养员、基地党支部书记、钻井技术服务公司农工商分公司管理站副站长、站长。她从山东到大庆的第二年,组织任命她去放牧,管理80多头牛,她愉快地接受了任务,每天起早贪黑,精心放牛。

为了行动方便，毅然剪掉了自己心爱的辫子。从此，"假小子"放牧员一年四季出没在油田南部的大草原上。放牧整整6个寒暑。1968年冬，在林源车站附近，一头母牛突然产了小牛犊。由于天冷，牛犊随时都有冻死的危险，她立即脱下自己身上的棉衣包在小牛犊身上，把四五十斤重的牛犊从10里外的草原抱回住地。6年中，牛群由原来的80多头增至100多头，头头膘肥体壮。党的十一届三中全会以后，她又带领姐妹们更起劲地大办牧业，仅1984年就生产猪、牛、羊肉8 000余公斤。1966年受到周恩来总理接见。1977年被评为"石油工业部劳动英雄"，1978年大庆党委授予她"坚持走'五七'道路的模范家属"称号。

"学铁人的好保管员"——齐莉莉

齐莉莉，吉林省右前旗人，蒙古族，1955年生。1974年到大庆参加工作，1976年加入中国共产党。当过物资供应处萨尔图仓库保管员、物资供应处配件公司材料员。她参加工作以来，以"铁人"王进喜为榜样，苦练为油田建设服务的基本功，被誉为"活账本"。她不看账本就能对所管器材中收发量大的520多项、7万多种器材的名称、规格、单价、库存等10个数据对答如流，对所管的14种机型、800多项机部件的性能，用途，安装部位和代用情况掌握得清清楚楚。为应付特殊情况，她还练成了"识货""摸料"和"活账本"的硬功夫。1975年她被评为"大庆模范标兵"，1978年被评为"石油工业部劳动英雄"。她曾出席全国工业学大庆会议并为代表做技术表演。1978年被大庆党委授予"学铁人的好保管员"的称号，1979年被评为"全国新长征突击手标兵""全国劳动模范"，受到了邓小平、叶剑英等党和国家领导人的亲切接见。1980年分别被全国妇联、石油工业部评为"三八红旗手"，荣获"石油战线劳动模范"和"特等劳动模范"称号。

4. 80年代传承大庆精神的"十大典型"都有谁?

20世纪80年代,大庆人继承和发扬大庆精神和铁人精神,涌现出许多模范典型和事迹,最突出的是1989年纪念大庆油田发现30周年时,被选为"大庆精神大庆人"的"十大标兵",分别是申冠、陈全友、栾桂英、王思钧、吴国林、戴淑华、赵纯义、魏兴柱、周祥、邹彩飞,这十大典型人物是大庆人学习继承大庆精神和铁人精神的缩写,他们的典型事迹展现了那个时代大庆人昂扬向上的精神风貌。

"铁人式的好队长"——申冠

申冠,黑龙江省伊春人,1960年出生。1980年到大庆参加工作,1985年加入中国共产党。同年,担任"铁人"王进喜的1205钻井队第12任队长。他从当队长那天起,就立志做"铁人"那样的人。1985年有段时间队里3名干部,一名去外地学习,一名患病住院,只剩他一人。他坚持连续打了5口井,每天工作十几个小时,4天之内,他没有脱工服睡一个囫囵觉,连续干了56个小时。在打井最紧张的3个月内,他在井上工作了690多个小时,相当于上了四个半月的班。1988年8月,一连几口井已经打到了油层,但重晶石粉运不上去。他蹚着没膝深的泥水,和工人们一起扛运石粉400多吨,保证了正常生产。同年,他带领1205队用美国威尔逊钻机创出了全国同类钻机打井数量的最高纪录,跨入了国家一级钻井队行列。1998年,他挑起了景山工业公司经理的担子,深化改革,强化成本控制,当年公司实现扭亏为盈。1986年荣获全国"五一劳动奖章",1988年高票当选市"十佳"青年,同年大庆油田党委授予他"铁人式的好队长"的称号。1989年被评为"能源工业部特等劳动模范"和"全国劳动模范"。

"无私奉献的采油工"——陈全友

陈全友,四川省成都人,1931年出生。1961年到大庆参加石油会战,1976年加入中国共产党。先后当过采油二厂45队铁人井组采油工和井长。他是一位始终拼搏在采油生产一线的老工人,1983年因患胃癌住院,经医生全力救治,胃被切除了3/4。病愈后,领导安排他在矿收发室工作,他说啥也不肯,坚持重返采油生产一线。1986年他到铁人井组当井长,1987年3月他又一次住进医院,10个月后,他竟然奇迹般地康复。1988年春节刚过,队里开始重新承包井组,他主动提出继续到铁人井组当井长。这个井组分管的3口油井,都处在西部断块,地下矛盾突出,套管变形严重,出沙结垢多,管理难度和工作量都很大。他每天上班带上药、水、饭和工具袋,在井上一干就是一整天。1988年7月,在一次巡回检查中,他发现萨55井压力反常,先是产量下降,后又不出油,他一连3天蹲在井上观察压力,查找原因,排除故障,最终使其恢复正常,保证了当年产原油2 400多吨。他曾连续11年被评为厂先进生产者,连续4年被评为"优秀共产党员",1988年被大庆油田党委授予"无私奉献的采油工"的称号。1989年被评为"全国劳动模范"。

"以农为本、勤劳致富的好家属"——栾桂英

栾桂英,吉林省长春人,1949年出生。1971年投奔爱人来到大庆,1982年加入中国共产党。栾桂英一踏上大庆这块土地,就深深地爱上了这里,干农活都有一股子使不完的劲头。1982年,她担任了大田二队队长,带领家属发扬"五把铁锹闹革命"的精神,艰苦创业。40多

人种2 000亩大田,6年产粮105万公斤,产菜、肉、蛋30万公斤,年年超额完成农副业生产指标。她还带领家属发展多种经营,先后办起了饭店、珍珠岩厂、食用菌厂等副业项目,家属人均年收入由原来的近千元达到1988年的3 193元。后来她又带领家属成功创建了大庆市首家特禽及珍稀水产动物养殖基地。1988年被大庆油田党委授予"以农为本、勤劳致富的好家属"称号,1989年、1991年她被评为"黑龙江省农业战线劳动模范",1982年被评为全国"双学双比"女能手,1993年被评为"优秀女企业家"。

享受政府特殊津贴的专家——王思钧

王思钧,甘肃省渭源人,1934年出生。1958年毕业于北京石油学院,1961年调到大庆参加石油会战,1976年加入中国共产党。历任油田建设设计院副总工程师兼总体规划室主任、副总设计师、中国石油天然气总公司环境科学研究所所长等职,教授级高级工程师。1961年以来,他一直从事大庆油田地面规划设计工作。数十年来,他参与规划、设计、研究的项目有6项获国家级奖励,5项获省、部级奖励,26项获市、局级奖励。其中"大庆油田'七五'开发规划及杏树岗油田地面建设规划优选模型研究"获国家科技进步二等奖,他参加的"大庆油田长期高产稳产注水开发技术研究"项目获国家科技进步特等奖。1989年获"能源工业部劳动模范"称号,1990年荣获全国"五一劳动奖章"和"黑龙江省劳动模范"称号。1990年他获得"全国优秀科技工作者"以及"国家有突出贡献中青年专家"称号,1991年被国务院批准为享受政府特殊津贴的专家、学者。

全国优秀乡镇企业家——吴国林

吴国林，吉林省农安人，1949年出生。1967年参加工作，1987年加入中国共产党。历任让胡路区喇嘛甸镇企业公司经理、副镇长、镇长、农民钻井公司经理等职。十一届三中全会后，他率领乡亲们在搞好粮食生产的同时，立足于当地资源，坚持服务油田、富裕乡村的方向。1984年10月，他以5.6万元贷款起家，创办了油田第一支农民钻井队，并很快扩展到8个钻井小队，到1998年已累计钻井2 000多口。他还致力发展替代产业，先后建起了北方钢厂、纸板厂、10万吨水泥厂、10万头养猪场、汽车改装厂、石油专用管厂等。1987年以来，先后被评为"黑龙江省优秀乡镇企业家""东北三省优秀农民企业家""黑龙江省优秀共产党员""黑龙江省特等劳动模范""全国优秀乡镇企业家"。1999年获全国"五一劳动奖章"。

倾心教育的特级教师——戴淑华

戴淑华，河北省唐山人，1939年出生。1963年毕业于北京师范大学，1967年调入大庆，1978年加入中国共产党。先后执教于大庆三中、十三中、大庆中学和大庆实验中学。历任高中物理教师、教务处主任、大庆实验中学副校长和大庆师范学校副校长，特级教师。她执教多年，把全部精力都投入到教育事业上，大胆探索教学实验和改革。1980年被评为黑龙江省劳动模范。1983年、1986年被评为全国"三八红旗手"及"全国教育系统劳动模范"，并被授予人民教师奖章。1987年她运用新教学法讲解胡克定律获省电教课一等奖，撰写《爱学—会学—学会》论文获省第二届物理年会优秀论文奖。1988年被黑龙江省政府评为"特级教师",1990年荣获全国"五一劳动奖章"。

服从分配的劳动模范——赵纯义

赵纯义,吉林省怀德人,1938年出生。1955年参加工作,1961年到大庆参加会战,1966年加入中国共产党。曾任大庆石化总厂炼油厂供水车间红旗泵泵站班长等职。

他自参加大庆石油会战以来,始终坚持和发扬大庆精神,工作调动十几次,都是愉快地服从组织分配,干一行爱一行。1983年组织调他去红旗泵泵站当班长。为了改变泵站面貌,他连续一个星期吃住在岗位上。过度的劳累使他昏倒,但醒来以后还坚持大干。带领全班奋战40天,一举改变了泵站的脏、乱、差的面貌。泵站连续被评为石化总厂一类岗位和文明建设先进班组,曾获中国石化总公司班组建设一等奖,黑龙江省总工会授予"红旗泵站班组""模范工会小组"称号。1983年以来,他多次被评为"先进生产者""大庆市劳动模范"。1989年被评为"黑龙江省劳动模范"。

端正党风的先进个人标兵——魏兴柱

魏兴柱,山东省昌邑人,1943年出生。1964年参加大庆石油会战,1966年加入中国共产党。历任班长、组织干事、大队副教导员、调配科长、市人事局副局长、局长、大庆市副市长等职。他用人民赋予的权力,全心全意为人民服务,从不利用职权谋取私利。担任市人事局调配科长3年多时间,因工作需要经他手调入大庆的7 000多名干部中,没有他的一名亲属。他在金钱面前不动心,人情面前讲党性,不拘一格用人才,尽职尽责为人民,深受人们称赞。他连续多年被评为市先进工作者、优秀共产党员,1987年被树为黑龙江省端正党风先进个人标兵,同年获全国

"五一劳动奖章"。1986年至1987年,中共大庆市直机关工委、中共大庆市委、黑龙江省人事局、黑龙江省委分别做出了"向魏兴柱同志学习"的决定,1989年他被评为"全国先进工作者"。

脱贫致富的带头人——周祥

周祥,黑龙江省安达人,1938年出生。1977年加入中国共产党。当过村放牧员、生产小队长、大队长。他1977年任民吉村党支部书记时,全村总产值只有70万元。他立志摆脱贫困面貌,带领群众广开门路,发展商品经济。他抓养鸡业发展,养鸡专业户迅速发展到250多户。后又带领农民相继办起了13家村办企业。他注重农田基本建设,挖排灌渠6 200多延长米,架设了5 000米农田高压输电线路,建了一个1万立方米的蓄水池,打了13眼机井,建成了3 000亩水浇田,粮食亩产由1978年的80公斤提高到1988年的213公斤。他带领村民走共同致富道路,带动全村34家贫困户基本脱贫。曾连续3年被评为市"优秀共产党员",连续5年被评为市"劳动模范"。1988年被评为市"模范党务工作者""黑龙江省优秀乡镇企业家"。

不平凡的女劳动模范——邹彩飞

邹彩飞,黑龙江省大庆人,1967年出生。1984年参加工作,1986年加入中国共产党。曾任市百货大楼鞋帽商场营业员、市百货大楼鞋帽部经理。当营业员期间,她在三尺柜台前,用高标准严格要求自己,急顾客之所急,忙顾客之所需。仅1987年往返鞋厂为定做加肥皮鞋、特大号皮鞋、特小号皮鞋、残疾人一只脚皮鞋就达178次。她热情为顾客服务,先后收到顾客表扬信1 000多封。连续多年被评为市"商业系统优质服务标兵"、大庆市"三八红旗手"。1985年后分别被评为"黑龙江省商业系统劳动模范""黑龙江省优秀职工"。1986年被评定为"大庆商业战线唯一的高级营业员"。1989年被评为"大庆市优秀共产党员""黑龙江省劳动模范"。

5. 新时期的"1205钻井队"怎么样?

1205钻井队是"铁人"王进喜生前带出来的著名钻井队伍。于1953年3月27日在玉门油矿组建,称贝乌5队,三任队长是"铁人"王进喜。1958年,在玉门油田创出"月上五千、年上双万"的世界钻井纪录。1958年5月,石油工业部授予贝乌5队"钻井卫星"称号,并发锦旗。1960年3月,奉命奔赴大庆参加石油大会战,从此扬名国内外,成为中国工业战线的一面旗帜,是"铁人精神"的发源地。

在石油会战期间,1205钻井队打出大庆油田第一口产油井,为改变中国石油工业落后状况做出了贡献。1966年,以年进尺10万米的成绩,超过美国"王牌钻井队"和苏联格林尼亚"功勋钻井队",成为世界顶尖级别的钻井队。1971年底,为了完成老队长未竟的事业,这个队全体职工继承发扬"铁人"的"有条件要上,没有条件创造条件也要上"的精神,终于实现了

贝乌五队"钻井卫星"锦旗

老队长生前提出的"日上千、月上万。一年打它十二万"的奋斗目标，并首创月进尺 16 201 米、年进尺 127 000 万米的当时全国最高纪录。

改革开放以来，1205 钻井队依然精神不朽，荏苒更替，火炬传递，生生不息。1982 年 4 月 11 日，成为全国第一个累计钻井进尺突破 100 万米的钻井队。1984 年，引进美国威尔逊 65 型钻机，夺得原石油工业部同工种劳动竞赛金牌三连冠。1989 年 11 月 13 日，钻井总数在全国率先突破 1 000 口大关。从 1990 年起 1205 钻井队连续 13 年实现人均交一口井的奋斗目标。2000 年 5 月，完成首口定向井施工，实现特殊井型零的突破。到 2003 年底，1205 钻井队累计为国家交井 1 530 口、钻井进尺 195 万米。2005 年，成功实现中深井施工；2006 年，提前 20 天完成大庆油田首口长水平段取芯井施工任务；2008 年，实现单井年交井 60 口，单机单井进尺创大庆油田 1971 年以来历史新高。2011 年 12 月 17 日，成为全国第一个累计钻井达 2 000 口的钻井队，成为我国钻井史上的又一座里程碑。

康世恩曾说过："没有'铁人'带头，会战打不那么快！"2006 年，1205 钻井队第 18 任队长李新民在与第 19 任队长胡志强交接时，李新民曾对胡志强说："05 队队长这个职务不是权利，不是利益，更不是荣誉，而更多的是一份责任。忘记了这份责任，我们就愧对'铁人'老队长，就愧对所有的 05 队人，也愧对 05 队的后来人。"胡志强知道这番话的分量有多重。

"铁人"在世时曾经说过，我们要有远大的胸怀，要放眼世界。为实现"铁人"的梦想，1205 钻井队有计划地组织大家学习国际钻井标准、英语、涉外等有关知识，施工中用英语记报表。2006 年初，DQ1205 队走进苏丹后，李新民带领大家像"铁人"当年到大庆参加会战那样，天天顶着烈日、伴着星辰，在热如蒸笼的环境下紧张地施工，让铁人旗帜在异国他乡高高飘扬，创造了 1205 队新的辉煌。此间，两次荣获苏丹 PDOC 公司颁发的唯一的"钻井杯"，在苏丹打响了铁人品牌。

2013年,是"铁人"王进喜诞辰90周年,又是1205钻井队建队60周年。也就是说,1205钻井队从1953年建队到1960年参加大庆石油会战,至今已走过了60年的风雨征程。60年来,精神依然在传递,传统一直在继承。在"铁人"王进喜以及后来的高金颖、申冠、朱振国、盛文革、李新民、胡志强、赵明涛等20任队长带领下,为共和国创立了无数功勋。60年来,全队干部职工怀着"为国分忧、为民族争气"的豪情壮志,与天斗,与地搏,为共和国石油工业的发展做出了突出贡献。据统计,1205队累计钻井2 061口、进尺257万多米。难能可贵的是,从建队之日起,始终牢记岗位报国的使命,自大庆会战后,又始终自觉地以发扬大庆精神为重要责任,在市场经济大潮中不断升华了铁人精神。

60年来,1205钻井队的班子换了一届又一届,职工换了一茬又一茬,但"学铁人、做铁人"始终是1205钻井队不变的信念和追求。1205钻井队荣获各类锦旗、奖杯、奖状等300多面(件)。先后被石油工业部命名为"卫星钻井队""钢铁钻井队""铁人钻井队"等荣誉称号,被中华全国总工会授予全国"五一劳动奖状",先后被中国石油天然气集团公司评为"先进集体""先进党支部"及基层建设"百面红旗单位"等荣誉称号,先后涌现出"继承铁人精神的好队长"高金颖,七届全国人大代表、全国"五一劳动奖章"获得者申冠,"黑龙江省劳动模范"、大庆油田"百优职工"朱振国,全国"五一劳动奖章"获得者、"黑龙江省特等劳动模范"盛文革,"十大杰出青年""全国劳动模范"李新民等一大批模范和标兵人物。先后有9人26次荣获省部级以上荣誉称号。党和国家领导人毛泽东、周恩来、刘少奇、朱德、邓小平、江泽民、胡锦涛、习近平等都曾接见1205队职工代表或来队视察指导工作。

遥想当年,"铁人"王进喜在大庆石油会战中讲:"井,没有压力就出不了油;人,没有压力就轻飘飘。只要我们把敢于斗争、敢于胜利的精神与实实在在的科学态度结合起来,就什么事情都可以办得成、办得好。"这些铿锵有力的话语,早已融入1205钻井队每个人的血脉中。

时间飞逝半个世纪之后，1205 钻井队依然还是那支铁人队伍，足迹已遍布苏丹、美国、印度尼西亚、秘鲁等国家，且前行的路还在脚下延伸……

6

为什么说王启民是新时期的"铁人"？

闯将在此

王启民，1937 年 9 月出生于浙江省湖州市，汉族人，大学文化，高级工程师。1960 年 4 月，大庆石油会战正式拉开序幕的时候，王启民作为北京石油学院的实习生，来到了安达县，担任葡萄花油田油井试油队技术员。王启民面对莽莽草原、一无道路、二无住房、阴雨连绵的艰苦生活环境，沸腾的青春激起昂扬的斗志，他同所有参加会战的技术人员一样，摸爬滚打、不辞辛苦地搜集数据和资料。6 月 17 日，王启民的父亲病故，远在数千里之外的他悲痛万分，默默地给家里拍了封电报，请老家亲戚帮助料理父亲后事，自己把悲伤化作力量，继续投入到石油会战中。年底，王启民在实习生中被评为唯一的二级红旗手。1961 年 8 月，王启民大学毕业后重返大庆石油会战的战场，任松辽石油管理局地质指挥所开发室、动态室技术员。看到油田会战遇到的困难前所未有，不仅技术落后、设备老化，而且还遭到外国专家的嘲笑，王启民的内心受到极大震动，气愤之余，与同事们拟就了一副对联，上联：莫看毛头小伙子；下联：敢笑天下第一流；横批：闯将在此。他把"闯"字写得大大的，以至于突破了门框。从此，王启民怀着对伟大祖国的热爱和忠诚之心，充分发挥自己的聪明才智，一次次"闯"出限制油田开发的"门框",把毕生精力和青春热血都献给了大庆油田,献给了一生钟情的祖国石油事业。

敢为天下先

1964年,这个刚刚开发的大油田,出现大部分油井下面的油层被水淹没,只能采出地质储量5%原油的严重局面。其实,油田开发是一门科学。大庆油田从一开始就采用注水开发,也就是把水注入油层,使油层保持一定的压力,然后将油从岩缝中挤出来。国外流行理论称之为"温和注水,均衡开采"。结果,按照这条思路进行油田开发,负效应很快显现出来了:地层压力下降,产量随之下降。到1964年,油田出现了注水三年,一半油井被水淹,采收率只有5%。王启民心里愕然:照此下去,油田采不上油来,命运可想而知……为了解决这个重大难题,当时在地质指挥所动态组工作的王启民,受命到油田中区西部搞注水开发试验。当时,他吃住在阴冷潮湿的帐篷里,每天与现场工人、技术人员一起取资料、搞分析、进行实验。环境恶劣使他患了类风湿僵直性脊椎炎,疼得走路都直不起腰来。可他硬是咬紧牙关忍着疼痛,不离井场,以严细认真的态度,取全取准每份资料和每个数据,并认真进行室内实验和系统分析。在一次油田技术座谈会上,他对当时油田开发的主要理论——"温和注水"提出了疑问。他说:"这里每口井都有数十个油层,每个油层厚薄相差很大,各层吸水多少也不同,呈典型的非均质特点,要人为实现注水使其均衡推进是违反客观规律的。"他还形象地说:"原油层就像大个子运动员,体力好,跑得快;薄油层、差油层就像体力差、跑得慢的小个子运动员。要想让不同油层齐头并进,必然事倍功半。应该能快则快,该慢则慢。"这就是王启民提出的"因势利导,逐步强化,转移接替"的注采方法,也称"高效注水开采法"。他的科学分析受到油田领导的赞扬,上级任命他带领试验小组进行大胆试验。试验小组在王启民的带领下,选择了一口含水量已达60%的油井进行试验,经过反复实验，他发现"油田开采的关键是保持压力，不能怕见水就不注水"，实验由此出现了重大奇迹：该井日产量由原来的30多吨猛增到60多吨，而含水量则下降了。油田开始推广经验，相继培养出300多口日产百吨以上的高产井，从而打破了国外"温和注水、均衡开采"的传统观念，创出了大庆油田中低含水阶段保持油田稳产的路子。

勇开大地之门

1970年，为了摸清油田高产稳产规律，王启民和科技人员一起又住进了油田中区西部开始试验，进行调查、分析、比较以确定调整采取措施的井号层位，编制施工设计方案。这是持续时间长达10年的接替稳产试验，3000多个日夜，他和工人们一道施工作业，逐井取样化验，分析数据，经常一干就是一个通宵。夏季蚊虫叮咬的痛苦常人难以想象；冬季帐篷里结满了冰，冻得人们筛糠般打冷战……常年的野外作业使他落下的风湿病逐渐加重，发作时疼得额头直冒虚汗，虽然整天弯着腰，却连自己的鞋带都系不上。人们看到他瘦弱的身子，很难想象他曾是国家三级运动员。有一段时间，风湿病转移到眼睛上，引起虹膜炎，两只眼球血红血红的。大家劝他回去养病，他却始终没有离开工作岗位。当妻子陈宝玲心疼他的身体，悄悄地协商调他去北京工作时，他却在商调函上写上"本人不同意"。1975年，油田地下形势严重恶化，试验区主力油层产量下降幅度增大，油井平均含水量上升到54%。为了控制含水上升和保持原油稳产，他和同事们及现场工人密切配合，发扬铁人精神，战胜重重困难，收集整理了8种油田单井资料，近万个数据，绘制出油田第一张高含水期地下油水饱和度图，从而揭示出油田不同含水期开发的基本规律和稳产办法，有力地指导了油田开发实践。依据此图，王启民带领工人们对两口残余饱和度高的井进行了层系补孔，施工后一口井日产量增加了40多吨，含水量降到20%，另一口井日产量从50吨上升到130吨。在一次汇报会上，王启民如数家珍，用三天时间将试验区83口井的分类、层段、动态等资料和几万个数据讲得清清楚楚，使在场的人们无不折服，称他为油田开发地质的"活字典"。更让人们高兴的是，王启民带领试验组在9平方公里的试验区内，全力开展"分层开采、接替稳产"试验，最终使水驱采收率提高了10%至15%。1976年，大庆油田年产原油5 030万吨，跨入了世界特大型油田的行列，开创了中国石油工业发展的新纪元。大庆石油出口量也成倍增长，最高年份全国每100元外汇收入中就有14元是大庆油田创造的。自油田开发以来，他先后参加过40多项课题研究，主持了8项重大专题研究和实验任务，取得38项成果。截止到1985年，大庆油田胜利实现5 000万吨稳产10年，还攀上了年产5 500万吨高峰，创造了世界油田开发史上的奇迹。在此期间，1978年，王启民光荣地加入了中国共产党，同年获全国科技大会奖并当选为第五届全国人大代表；1984年2月，担任大庆石油管理勘探开发研究院副总地质师、副总工程师；1985年，被国家人事部授予"有突出贡献中青年专家"称号。

油田稳产的"功臣"

1985年，大庆油田实现第一个10年稳产目标后，又提出一个更富挑战性的目标——再稳产10年，向世界油田开发高水平迈进。按一般规律，每个油田勘探开发都有上产、稳产、减产三个阶段。就世界同类油田而言，稳产期最长12年，短的只有3年至5年。让大庆油田再稳产10年，其难度不言而喻。而且，根据预测，到"八五"期末，大庆油田综合含水将超过85%。此时，王启民受命承担了大庆油田1986—1995年第二个5 000万吨稳产10年规划的编制任务。此规划囊括了大庆油田"七五"和"八五"两个五年计划，国家要求年产5 500万吨不能降，超出的500万吨指标从何而来？王启民发扬"有条件要上，没有条件创造条件也要上"的"铁人"精神，向国内外公认的难啃硬骨头——表外储层要油。由于大庆油田地质成因条件的特殊性，造成了地下油层多、层间变化大、0.5米以下的表外储层发育良好。这些单独看起来很"瘦",加起来又很"肥"的油层,被王启民及同事们看作新的资源宝藏。于是,从1986年初开始,他又和同事们制定详细计划,成立了试验小组,通过对1 500多口井的地质解剖、分析、研究,以及对4个试验区45口井采取试油、试采和注水开发等措施,把理论研究与反复实践相结合,不畏艰难,不怕失败,从而为全面开发表外储层提供了科学依据。王启民创造性地提出了"细分开采、接替稳产"的开发理论和方法,大庆油田从低渗透层和薄油层中又找到了近10亿吨的储量。当12 000口加密调整井播撒在近2 000平方公里的荒原上时,年产原油5 000万吨稳产10年已然成竹在胸。表外储层开采的成功,不仅大大解放了人们的思想,也实现了世界油田开发史上一个新的突破,并为大庆油田创造了巨大的经济效益。

攀登高峰的人

历史迈进了20世纪90年代,大庆油田进入特高含水开发阶段,油田稳产的目标又面临新的挑战。一方面,沿用世界上采用的"提液稳产"的办法,油田综合含水将上升到86.36%,年产液量将激增1.62亿吨,生产效益大大降低;另一方面,采液量不增,这样开采下去,油田产量就会以17%的速度递减。国家要求大庆必须稳产。这不只是企业的兴衰问题,而且直接关系到我国石油工业和国民经济发展的大局。油田的领导人找到王启民,问能不能稳产?王启民点点头,他拿出了一张绘制好的油田高含水后移5年的图表,提出了"三分一优"结构调整原则和"挖液稳油"的新模式,即在保持原油稳产的同时,又要控制综合含水上升率。这一巨大系统工程涉及精细地质描述和可采储量预测等一系列配套技术及上百个攻关课题。全油田几万名科技人员和广大职工的积极性都被调动起来了,参与到他组织实施的"大庆油田高含水期稳油控水系统工程"结构调整技术攻关战中,到1995年底,"挖液稳油"获得巨大成功,实现了年含水上升率不超过 0.3%，使大庆油田实现了三年含水上升不超过 1%，有效地控制了产液量剧增，标志着大庆又攀上了世界油田开发的新高峰。1996 年，"稳油控水"系统工程荣获国家科技进步特等奖。同年 8 月 27 日，王启民被大庆石油管理局党委授予"新时期铁人"称号，在此期间又升任大庆石油管理局勘探开发研究院院长，当选中共第十五届中央候补委员。1997 年 1 月 1 日，中国石油天然气总公司授予王启民首届"铁人科技成就奖"金奖，面对鲜花和掌声，王启民表示："我取得的每项成绩都包含着油田许多科技人员和现场工人的心血，我只是他们的代表，是代表他们领奖的。" 1997 年 4 月 17 日，王启民先进事迹报告会在北京人民大会堂隆重举行，全国掀起了学习"新时期铁人"的热潮。2002 年，王启民荣获"李四光地质科学奖——野外地质工作者奖"。

石油工人一声吼（国画照）　创作年代：1975 年　作者：大庆文化馆编绘

哲思随语

有一种行为叫榜样

几十年来，大庆精神的典型化、人格化的传递过程，说明了一个深刻的道理，就是在物质文明快速发展的同时，精神文明对社会或企业健康发展来说，是至关重要的。石油会战初期，祖国至上，人民至上，是每名参加会战者的执着追求；为国家分忧，为祖国加油，是每名参加会战者的不变情怀。这种奉献情怀，镌刻在艰苦卓绝的会战岁月里，彰显于推动社会和谐发展的进程中，挥洒在保油保供的前进征程上，他们用实际行动诠释着什么叫责任、什么叫忠诚、什么叫奉献。一句话，大庆精神的产生与形成，进一步展现了石油工人真、善、美的心灵，特别是他们创新求实与爱国奉献的热心、爱心、责任心，让全社会都感受到了榜样的力量。

榜样的力量是无穷的

世界上任何一个不断发展和进取的国家，都非常重视榜样的力量。为什么美国政府始终向公众展示历任总统肖像、履历及功绩，且成为一种不可更改的制度，至今美国仍然有千百万人视林肯或华盛顿为民族英雄呢？为什么20世纪40年代苏联军队把德国纳粹军队挡在了莫斯科城外，至今仍是俄罗斯人民的骄傲，且总有新郎新娘到克里姆林宫无名烈士墓前，向阵亡的祖国保卫者们献花呢？为什么比利时曾有个小男孩撒泡尿浇灭炸药引线、救了全城人生命的故事被广为传颂，他的雕像一直矗立在布鲁塞尔街头呢？很简单，这是榜样的力量。中华民族作为勤劳、智慧、勇敢的东方民族，杰出的榜样层出不穷，那么多的榜样为民族繁荣与富强，为人类发展与进步做出了卓越贡献，已成为一代代人尊重和学习的楷模。

榜样是人不是神

诚然，榜样是人不是神，说榜样的力量是有限的，也有一定的道理。现实生活中，有人对榜样不屑一顾，甚至认为榜样是极"左"年代的产物。这说明人与人之间有共性，也有特性，总会有些人在某一方面或某一专业，与其他人相比，更为突出一些或高人一等，做出比大多数人更为优异的业绩。其实，榜样就是指那些相对优秀的人。也就是说，无论现实承认与否，榜样是客观存在的，关键在于如何发现榜样，如何能够以榜样为榜样。"以人为镜，可以明得失。"榜样既是一面镜子，也是一面旗帜。"铁人"王进喜等一大批英模、典型和标兵们的事迹，树立了做人典范，激励了更多人扬帆起航。

没有榜样是可悲的

没有榜样是可悲的，有榜样却不尊重和不学习，则更加可悲可叹！现实生活中，中华儿女并没有失去榜样，榜样不仅没有消失，而且还在产生力量。如果王进喜与比尔·盖茨相比，谁是榜样呢？其实，人人都向王进喜学习，不仅会创造社会财富，也会产生精神财富。但人人都向比尔·盖茨学习，也许会创造更多财富，但在创造精神财富方面二者是难以相提并论的。也就是说，社会需要不同类型的榜样，不同的榜样产生不同的精神力量。

榜样传递正能量

王进喜等诸多榜样虽然事迹各异，但在他们身上，处处散发着激励人们奋发向上的精神力量。因为他们为国争光、为民族争气的爱国主义精神让人敬重；因为他们独立自主、自力更生的艰苦创业精神让人敬重；因为他们讲究科学、"三老四严"的求实精神让人敬重；因为他们胸怀大局、为国分忧的奉献精神让人敬重。他们用自己的一言一行，默默地为民族复兴、国家强盛和人民幸福奉献了一切，他们用坚定的理想信念和执着追求，诠释了社会主义核心价值观，他们是践行社会主义核心价值观的杰出代表。

榜样传播核心价值观

榜样的传播，其实就是社会主义核心价值观的传播。每个民族、每个国家都有自己所推崇的民族英雄、国家楷模。这些民族英雄、国家楷模就是社会发展特定时期的缩影，是具有鲜明时代精神的重要特征。精神是一种可以相互感染、相互影响的力量。掀开20世纪60至80年代那些标兵和典型的先进事迹，他们做的每一件事情，让人们感同身受，具有极强的渗透力和亲和力，也感染了更多的人，影响了更多的人。

榜样是真人真事

榜样的真实性是精神价值的根基。王进喜等诸多榜样的魅力和影响，就在于他们是现实生活中的真人、真事。也就是说，大庆精神就是由许多令人难以忘怀的典型体现出来的。之所以具有生命力、感染力，就是因为先进典型来自真实的人、真实的事。正因为榜样的真实行为来源于现实生活，才能够转化为激励人、鼓舞人、感召人的精神力量，才能够在各个层次的社会群体成员中引起反响，从而形成阶段性集体记忆。从辩证唯物的角度看，物质决定精神，精神是物质的反映。在一定条件下，精神对物质具有能动的作用。只要精神契合了时代发展的节拍，符合了全社会的精神需求，榜样的力量就会转化为物质力量，实现由物质到精神、精神到物质的飞跃。

榜样是有追求的

　　榜样影响人生目标的确立。一个具有远大理想和追求的人，会因为一时不知从何起步而感到茫然，但榜样却能让人对未来充满信心。王进喜说过："要打直井，首先我们脑子里要有个井。脑子里没有个井，一辈子也打不直。"其实，在现实生活中，无论选择的榜样是国家领导人、经济大师、商界精英、科学泰斗，还是社会各行各业的成功人士，只要时刻牢记他们的卓越之处、过人之处，一直坚定不移地朝着既定目标前进，就一定会成就自己的美好人生。1966年国庆节期间，"铁人"王进喜应邀到北京人民艺术剧院做报告，演员李光复在后台见到"铁人"，请他签名，"铁人"就在《毛泽东主席语录》上写下了内涵丰富、充满哲理的"五讲"：讲进步不要忘了党，讲本领不要忘了群众，讲成绩不要忘了大多数，讲缺点不要忘了自己，讲现在不要割断历史。这"五讲"既是"铁人"毕生学习和实践的结晶，也是李光复后来成为新中国功勋艺术家的指路明灯和精神支柱。

2

有一种感动叫平凡

　　掀开20世纪60至90年代那些标兵和典型的先进事迹，就会发现他们都是很普通的石油工人，他们在平凡的岗位做出了叱咤风云的业绩、惊天动地的壮举，他们用大爱的力量、人格的力量、信仰的力量、坚持的力量，把平凡而普通的工作做到了常人难以达到的高度。换个角度讲，王进喜等先进人物与普通人并没什么大区别，但却超越了平凡、超越了普通，成为人人效仿的榜样。这是因为什么呢？因为他们在平凡中显现出的精神品质可贵而高尚，显现出的理想信念崇高而神圣，显现出的人生价值珍贵而辉煌，较之普通石油工人更有思想觉悟、更有理想信念、更有精神境界、更有个人素养，他们的一言一行，坚定有力，震撼人心。这种可贵的大庆精神植根于中华民族的精神土壤，给全社会增添了蓬勃向上的精神力量。

榜样来源于普通人

榜样，就是普通群众中的优秀人物。王进喜等典型来源于普通群众，深深扎根于人民群众的生活和工作实践，是普通群众中的一员，是石油工人中的一员，他们与普通老百姓保持着血肉联系，其人格是鲜活的、现实的。但是，王进喜、王启民等诸多典型又相对超越于一般石油工人，因为他们是大庆精神的创造者和实践者。君不见，王进喜作为一个好榜样，他用自己的生命书写出催人奋进的铁人精神；王启民作为一个好榜样，他用一面奔跑的旗帜，将新"铁人"形象深深烙刻在石油战线和全社会的视野中。"铁人"王进喜曾在笔记本上这样写道："我是个普通工人，没啥本事，就是为国家打了几口井，一切成绩和荣誉都是党和人民的。我自己的小本本上只能记差距。"

榜样是超越平凡的人

榜样，来自平凡却超越平凡。20世纪60年代会战初期的"五面红旗"、70年代一旗高举万旗红的"二十一名标兵"，为什么都能够成为推动中国现代石油工业发展进步的旗帜和灵魂呢？因为他们用实际行动告诉人们，大庆精神是由一个个榜样的积极实践产生和形成的，这让广大石油工人们能够看得见、摸得着，让核心价值接上了"地气"，充满了活力和生机，在不知不觉中成为人们心目中的"坐标"。尽管他们看起来是那么平凡普通，但平凡中有着不平凡的伟大。王进喜从普通钻工成长为全国闻名的"铁人",用朴素的爱岗敬业的铁人精神铸就了石油之魂,他的思想在不断升华。也正是这种平凡的岗位敬业奉献的行为和思想,感动着、激励着、鼓舞着那些奋进在征途上的后来者。

榜样是有精神力量的人

平凡中的精神才可以延续,大爱才可以传递。精神是民族的脊梁,精神是社会的阳光,精神的社会价值和意义不可估量。"不积跬步无以至千里,不积小流无以成江河。"大庆石油战线的先进典型之所以层出不穷,与大庆石油战线始终坚守大庆精神和铁人精神,持之以恒开展"学铁人、做铁人"活动密不可分。"铁人"王进喜的形象为什么会深深地印刻在石油工人的脑海中,成为全社会的楷模和学习的榜样,就是因为铁人精神和大庆精神潜移默化地融入传统文化的血脉中,成为一个民族、一个国家最值得珍视的宝贵精神财富,为中华民族的伟大复兴、国家的繁荣富强,提供了取之不尽、用之不竭的精神力量。

榜样具有传承作用

榜样在平凡中得到了继承与发扬。毛泽东同志在谈到榜样时指出:"这种先锋分子是胸怀坦荡的,忠诚的,积极的与正直的;他们是不谋私利、唯一地为着民族与社会的解放;他们不怕困难,在困难面前总是坚定的,勇敢向前的;这些人不是狂妄分子,也不是风头主义者,而是脚踏实地富于实际精神的人们,中国要有一大群这样的先锋分子,中国革命的任务就能够顺利地解决。"邓小平同志在号召向模范人物学习时讲:"做有理想、有道德、有文化、有纪律的共产主义新人。"江泽民同志曾指出:"要在全社会始终倡导和保持学习先进、争当先进的良好风尚,让先进模范人物的崇高精神发扬光大、代代相传。"胡锦涛同志也强调:"榜样蕴藏无穷力量,精神激发奋斗意志。"可见,在现实社会背景下,通过发现榜样、树立榜样、学习榜样,有利于充分发挥榜样的力量，在全社会树立起鲜明正确的价值导向，促进社会主义核心价值体系建设。

榜样有好差之分

平凡中才会发现榜样也有好差之分。一个好的榜样，就是一本好的教科书。王进喜是石油工人的榜样，也是全国各条战线的榜样，那些坚定地以他为榜样的石油工人们，最终也成了人们学习效仿的榜样。也就是说，一个好的榜样，其一言一行就会在潜移默化中，影响身边追随者和效仿者的言行，进而影响到整个家庭、整个企业、整个班组，甚至影响到整个社会的发展和进步。一个有修养的、素质高的榜样，就会带出一批有高尚品德、强烈使命感及责任感的追随者和效仿者。反之，一个粗俗不堪的、不受任何约束的榜样，就会带出一群目无法纪、懒惰倦怠、自由散漫的追随者和效仿者。

榜样就要有模有样

平凡中总得有模有样才行。那些荣誉等身的先进、模范、优秀……有的先是榜样的，后来就不是榜样了；有的原本就是假榜样的，自然就会经不起时间的检验了。这类榜样是无法与王进喜等典型相比的，是完全没有崇高精神境界的。当然，还有另一种情况，就是为什么年轻人参加工作后，参加了许多先进报告会，听了许多模范事迹，也曾为此流过许多热泪，却仅此而已呢？因为在正能量激励的背后，还有负能量的负面影响。比如，每当听到焦裕禄的事迹流泪时，听到孔繁森的事迹激动时，有人就会忍不住去想，那些不作为的人们面对榜样为什么会无动于衷，并走向腐败之途？那些蛀虫们面对榜样为什么会依然故我，并走向枉法之路呢？也就是说，榜样的力量毕竟是精神力量，恐怕还难以胜过现实社会生存需要。同时也说明，正能量与负能量的博弈，还需要更多的正能量去胜过负能量。大庆精神的产生与形成再一次启示全社会：我们需要执着地坚守正能量，我们更需要执着地寻找正能量。

现实需要好榜样

　　平凡的社会活动永远需要好的榜样。有人曾经说过:"播撒一种思想收获一种行为,播撒一种行为收获一种习惯,播撒一种习惯收获一种性格,播撒一种性格收获一种命运。"传播一种榜样,传播一种精神,是因为社会需要榜样和精神,需要一种能够震撼人心的力量,一种根植于民族沃土的力量,一种可信、可敬、可学的楷模形象,一种积极、向上的正能量。三百六十行,行行有榜样。表面上看,这好像是社会上的一种独特信仰,其实不然,无论古人、今人、国人、外国人,都存在着对榜样的崇拜心理。无论在哪种社会状态下,都会注重坚守精神"阵地",努力去发现一个典型,树立一个榜样标杆,确立一种精神风尚,弘扬一种主流价值观念。同样,王进喜等诸多榜样是经过社会实践检验的标杆和楷模。以榜样为行动指南,将会给社会营造更加绚丽多彩、昂扬向上的精神家园。

较量(国画照)　创作年代:1977年　作者:大庆文化馆编绘

第七章
解析时代价值

　　大庆精神具有时代精神的特质，永远不过时。人总要有一点精神，特别是中华民族要实现中国梦，就更加需要爱国精神、创业精神、求实精神、奉献精神。大庆精神——穿越了半个世纪的精神之光，必将继续照耀和激励后人前行的路……

铁人语录

为国争气篇

★ 我们中国工人阶级就是有志气,要给党争气,给中国人民争气,给全世界人民争气。

★ 我们是为党增光,为人民争气,是为了多打井、多出油,快快地把咱们国家建设强大,吃点儿苦、受点儿累算个啥!艰苦就是光荣,艰苦就是幸福。

★ 按党的指示,应该说的我就说,应该干的我就干。我要斗争一辈子,斗到底。为了党,为了革命,我什么也不怕。

★ 我不是为了活着而活着,而是为了党的事业而活着,我总感觉信心百倍,有使不完的劲。

寻源探究

1. 为什么说大庆精神属于社会主义核心价值观？

核心价值体系是中国特色社会主义意识形态的主体和灵魂，是中华民族实现中国梦的精神支柱。然而，核心价值体系不是凭空产生的，同所有思想理论是一样的，除了具有政治上、经济上的渊源之外，思想文化渊源也是很深刻的。比如，中华优秀文化传统包括以"爱国、创业、求实、奉献"为核心的大庆精神，且也集中反映了时代精神的先进文化，表明大庆精神在本质上与核心价值体系是完全一脉相承的。因此，从大庆精神在核心价值体系中的表现形态看，其产生过程是中国石油工人在建设社会主义实践中创造的宝贵精神财富，是中国化马克思主义与具体实践相结合的结晶；其实质内容是坚持为人民服务、热爱集体的社会主义道德，是为民族复兴、国家富强、人民幸福去艰苦创业的高尚品质；其在实践中具有凝聚人心、激励人心、奋发向上的强大精神动力。

大庆精神为什么会有这么强大的影响力？其原因就在于石油工人是中国工人阶级的优秀代表，他们身上集中反映了工人阶级的优秀品质，代表了先进生产力的发展要求，以爱国主义为核心的民族精神和艰苦创业的时代精神，进一步丰富了核心价值体系的内涵。面对国内国际经济发展形势的深刻变化，以及面对工业化早期资本积累、中期产业升级、后期结构转型这三大阶段并存的客观现实，中华民族要想在新一轮国际产业结构调整中占据优势，实现经济社会持续稳步健康发展，必然需要大力发扬爱国、创业、求实、奉献的大庆精神，扎实推进社会主义核心价值体系建设。无论时代怎样发展，形势怎样变化，没有这种精神力量做支撑，我们都将一事无成。

　　大庆精神以爱国为根基，以创业为主题，以求实为精髓，以奉献为基础，对石油工人核心价值观做出了最好的诠释。这说明，大庆精神不仅是社会主义核心价值体系的具体化和人格化，也是建设社会主义核心价值体系的有效载体。当然，大庆精神是历史的，也是现实的。所以，践行社会主义核心价值体系，就要把大庆精神融入百姓工作、学习和生活中，甚至应该使其成为一种自觉的追求和习惯。比如，在工作中以实际行动践行社会主义核心价值体系，要时时处处身体力行。就像"铁人"王进喜生前讲的那样："干，才是马克思主义；不干，半点马克思主义也没有。我们心里想的、眼里看的、嘴上说的和手上干的，要结合起来。念了一火车书，光说不干，就不是马克思主义。"

　　一个国家或一个民族的崛起，离不开精神力量的支撑。有人认为，大庆精神是计划经济时代的产物，早已不适合市场经济的需要。但是，在现实中，只要中国还建设社会主义，作为社会主义核心价值体现的大庆精神就不会过时，也不会因时代变迁、环境变化而失去永恒价值。因此，大庆精神必然属于社会主义核心价值观，本质上与核心价值体系是一脉相承的。

2

为什么说传承大庆精神是时代的需要？

2012 年 11 月 29 日，党的十八届一中全会产生的新一届中央领导

集体走进了国家博物馆,在参观《复兴之路》展览时,习近平总书记发表了重要讲话,阐述了引发共鸣的"中国梦"话题。应该说,每个人都有理想和追求,都有自己的梦想。但是,梦想作为人类的基本精神活动,必然有精神因素作为内在动力源。实现中国梦,凝聚了几代中国人的夙愿,是每一个中华儿女的共同期盼;实现中国梦,离不开以爱国主义为核心的民族精神、以改革创新为核心的时代精神做支撑。也就是说,传承大庆精神是时代的需要。

大庆精神所体现的爱国主义,是最能维系中华民族团结一心的精神纽带,是最能感召中华儿女团结奋斗的情感,是集合民族意志、凝聚社会共识,为实现中国梦而奋斗的思想基础。今天,面对全球化浪潮下来自外部的各种风险挑战,面对社会多元多样的思想观念,面对各种群体的不同利益诉求,靠什么凝聚人心、积聚力量,实现中国梦?说到底,仍然要靠弘扬爱国主义精神。中国梦的本质内涵就是国家富强、民族振兴、人民幸福,这是所有中华儿女的共同心愿和理想追求。弘扬爱国主义精神,就能有效激发每一位中华儿女的爱国情怀,并使之转化为报国奉献的实际行动,就能够团结一切可以团结的力量,形成实现伟大中国梦的巨大能量。因此,发扬爱国主义精神,不但不能削弱,而且更应加强。爱国是建设强盛中国的基础性支撑条件,要实现中国梦,更加需要弘扬爱国主义精神,这也是传承大庆精神的关键所在。

大庆精神所体现的创业精神,是成就经济发展奇迹的原动力。中国几千年来一直是一个重农轻商的社会,商品经济在中国很不发达,创业意识也不浓厚。但是,中国人的思想是具有独创性的,尤其是儒家思维习惯向来讲究齐家治国,而这种内心驱动力对创业产生了巨大的推动作用。也就是说,换个角度看,就会发现中国人的创业精神在世界上是独一无二的。生活的目的是工作,工作的目的却不是生活。所以,在中国人的创业意识里,一是有强烈的取胜愿望,二是有强烈的驱动力。从文化上讲,这也是中国人为什么富有创业精神的重要原因。创业精神能够对一个企业初创并发展壮大起到十分关键的作用。试想，全社会形成劳动为本、创业立身、致富光荣、懒惰可耻的风气，想创业、敢创业、会创业的人越来越多，就会使一切有利于人们创业的思想完全活跃起来，一切有能力创业的人才被解放出来，千家万户的创业热情和冲动也充分发挥出来，那么，实现中国梦的伟大梦想离我们还遥远吗？因此，大庆精神所体现的创业精神非常具有时代意义，也必将成为国人实现中国梦的重要推动力。

大庆精神所体现的求实精神，是中华民族进步的基石。求实就是实事求是，就是要敢于坚持真理，说真话，办实事。说真话需要有勇气，真的就是真的，假的就是假的，不能模棱两可，是非不分，更不能颠倒黑白，混淆是非。办实事就是要从实际出发，脚踏实地。纵观古今中外，做任何事情，必须根据实际情况做出正确的决策，倘若虚报情况，夸大或缩小，则会做出错误的决策，于国于民都不利。然而，面对改革开放取得的历史性成就，面对社会上不同程度地陶醉于小富即安，有些人缺乏应有的求实精神。特别是在改革进入"深水区"的现实情况下，我们所遇到的风险和挑战也会越来越多。如何解决好经济持续发展、民生不断改善、促进社会公正的三大课题，离不开全面深化改革与求实创新。求实是根本，是传家宝，求实精神将会进一步增强全民族自强不息的前进动力。唯有老老实实做人，才能在改革和发展的大潮中，真正实现立业、立身、立本。人总是要做点事情的，但要多做好事，多做实事。做事贵在求"真"，要有真心，以自己的实际行动，把应该干的事干好；要有真情，对工作有热情，对群众有感情；要去真干，不仅真干事，且要干成事，社会要发展，事业要推进，靠的就是干成事。

大庆精神所体现的奉献意识，是与爱国主义精神紧密关联的。国人皆知，奉献与爱国作为中华民族的优秀传统，是历经五千年而不衰的。中国历朝历代都遭遇过外敌窥伺和入侵，肆意伤害百姓，疯狂占据土地，野蛮掠夺财富，每每都激起了中华民族的爱国义愤，奋起抵抗，前赴后继,甘愿奉献热血和生命,誓死保卫国家领土完整,维护百姓生命和财产安全。今天我们要实现中国梦,更加需要这种甘愿奉献精神。因此,全社会都应该大力倡导奉献精神,努力造就一个良好的社会环境和文化氛围,使甘于奉献、乐于奉献的人能得到全社会的肯定和尊重,也使斤斤计较、贪得无厌的人和行为会受到全社会的唾弃和鄙视。只有这样,才能使奉献形成良性循环,人人讲奉献,人人愿奉献。大庆精神也就会在这种社会环境和良好氛围里,得到很好的传承与发扬,成为构建和谐社会的重要精神支柱。

开荒种地保会战(版画照) 创作年代:1975年 作者:大庆油田《亦工亦农绘新图》组画创作组

哲思随语

1 ZSSY

人总要有一点精神

新中国的开国领袖毛泽东曾经说过:"人,总是要有一点精神的。"一个国家、一个民族更是如此。习近平也指出,中国精神是兴国之魂、强国之魂。那么,在日常生活中,常常有人抱怨说:"最近总是提不起精神",或者整天没精神,昏昏沉沉,无精打采。其实,对于一个人来讲,最重要的是要有精力和心神,没有了这种赖以生存的生气和活力,也就意味着颓废或终结。作为生活在现代社会的人,更加看重精神世界和精神生活,更加需要魂之所归的精神家园。每个人只有寻找到支撑自身安身立命的精神支柱,才会使人生有明确的努力方向,生命才会更加精彩和富有活力。

放眼中外历史,凡在世界历史上有过较大影响的国家和民族,在前进的道路上,都会产生影响深远的精神力量,并最终成为这个国家和民族生生不息的宝贵精神财富。那么,有人会问,精神是哪里来的?

精神源于信仰

人一旦有了某种执着的信念,就会为之不懈地、不顾一切地去努力、去争取、去奋斗、去拼搏,于是在这个惊心动魄的奋进过程中,便会产生这样或那样的精神力量。比如,南泥湾精神、北大荒精神、抗联精神、雷锋精神、艰苦奋斗精神、"两弹一星"精神,等等,而这些又都是中华民族精神。现实地看,继承与弘扬以爱国主义为核心的中华民族精神,就要始终坚持从爱国主义角度出发,热爱我们这个具有五千年文明的东方古国,热爱我们这个赖以生存的美好家园。也只有热爱这片脚下的热土,才能自愿为这种爱去付出。邓小平生前有一句最让人动情的话语:"我是中国人民的儿子,我深切地爱着我的祖国和人民。"对此,许多文人给予他高度评价,认为这是邓小平热爱国家、热爱人民的最真挚话语,他为这句话付出了一生的努力和心血,他是中国人民最好的儿子。可见,邓小平这种精神力量的"根",就源于他终生坚定不移的信仰。很简单,在现实情况下,我们中国人民最根本的还是要坚定理论自信、道路自信、制度自信,团结起来,凝聚力量,共同建设我们的伟大祖国。

精神源于实践

任何一种精神的产生,都离不开长期的实践,实践不仅产生真知,也产生精神。也就是说,人类发展史上的每一次变革和实践,都会与特定历史条件相关联,与民族文化积淀相关联,与人类生产生活相关联,因为在这个过程中已产生了特定的某种精神。比如,大庆精神产生于那场松辽平原石油大会战,而当时因为国家没有石油,飞机上不了天,舰船下不了海,坦克和军车寸步难行,新中国面临世界霸权和列强的威胁、围堵和封锁,但中华民族不甘心就此屈服于外部压力,也不愿意头上总是顶着"中国贫油"的帽子,由此而激发了石油工人的顽强斗志,最终伴随石油大会战产生了铁人精神和大庆精神。这就说明一个道理,也就是人类实践离不开精神做支撑,精神源于实践,实践升华精神。那么,在现实情况下,中华民族在实践中求发展,在发展中求富强,在富强中求复兴,其起点仍然是最质朴、最本真的实践,没有伟大的长期实践,就没有中国的真正强大。换句话讲,我们只有更加自觉地把工作放到创新驱动发展上来,不断为创新发展注入新的动力和活力,才能使中华民族屹立于世界之林。

精神源于认知

认知既有对历史的、也有对现实的、更有对未来的认识与理解。习近平曾多次讲道："要重视学习历史，深刻指出是几千年来共同经历的非凡奋斗，把我国56个民族、13亿多人紧紧地凝聚在一起。"鲁迅先生也说过："历史上都写着中国的灵魂，指示着将来的命运。"历史是根，文化是魂。在现实社会里，人们总能发现沉淀的历史，始终在随着记忆而传承。大庆精神的产生与发展告诉我们，认知决定着精神的传承，只有重视学习研究历史，站在历史的、唯物的角度，不断提高认知、感知的能力，才能真正培植中华民族精神的"根"。

构建精神家园

今天，中华民族踏上了实现伟大复兴的新征程，改革攻坚也进入"深水区"。面对纷繁复杂的大千世界，多元价值冲击社会主义核心价值体系，多样化思潮交锋也在冲击社会主义核心价值体系。此时，更加彰显精神家园与精神支柱的重要性。一个物质上正在强大起来的中国，亟待在精神上也强大起来。只有建树起傲然挺立的中国精神，中华民族才能真正实现伟大复兴。而我们每一个中国人，都是中华民族的一分子，人人都需要建树起我们自己的精神世界，且是一个融入中华民族精神家园的精神世界。

2. 人总要有一点追求

每个人都有自己的追求。有人追求享受，有人追求地位，有人追求虚荣，有人追求完美，有人追求事业，有人追求高尚，更有人追求理想。

著名作家柳青曾经说过："人生的道路虽然漫长，但紧要处常常只有几步，特别是年轻的时候。"柳青说的这种追求是积极的、向上的，是在告诉人们要学会思考，要知道自己应该追求什么，同时又要善于抓住时间和机遇。其实，每个人都有人生趋向、归向和寄望，且因人与人的不同而不同，学习求知是追求，帮助他人是追求，积攒人脉是追求，爱岗敬业也是追求，创造财富还是追求。但不管怎样，人们始终都会有这样或那样的、千差万别的想法和所求。追求，会演绎出许多感人故事；追求，会碰撞出更多思想火花。

时下有的年轻人，今天要这个品牌，明天要那个名牌，不劳而获，一味索取和享乐，所谓光彩而炫目的生活，最终不过是转瞬即逝而已，从起点又回到原点，但"坑爹"之事还是一次又一次地发生，还是一个又一个地回到原点。这说明，没有现代文明的精神需求指引，物质需求就会偏离正确的方向。

不能迷失自己

人活着必然有追求，如果没有追求，没有目标，就将会迷失自己，会空虚茫然，甚至不知道自己为什么而活着。也就是说，一旦人没有了任何的、哪怕只是一点点欲望和所求，也就意味着放弃了自身的价值索取，支撑人生追求的动力也就随之消失。作为生活在现代社会的人，面对纷繁复杂、充满诱惑的大千世界，人的追求不仅是物质需求，还有精神需求。尤其在这个现实社会中，精神富有更重要，只有精神富有，才会有更高层次的追求。是的，人要有物质追求，生活质量才有保障，但不为物质所迷惑，才是一生中更有意义的追求。

明确价值取向

现实社会中的人，不能总是一提到追求，就先想到享受物质生活。当年的老一代大庆石油工人也不是"神仙"，不食人间烟火，他们都是活生生的人，同样需要物质生活，但他们面对内忧外患和国家经济困难的现状，却提出了"先生产，后生活"的创业口号。这说明，那些属于向上的、积极的、超越自我的追求，是在人类社会不断进步的大前提下，最具终极价值取向的人生追求。

知道自己要什么

人活着究竟应该追求什么？当人们始终找不到正确的答案时，或者找不到满意的答复时，你就会在大庆精神所产生的风雨历程中，惊奇地发现这种带有超越性的精神追求，为大庆石油职工提供了从事一切创造性活动所需的重要精神资源和力量。这种超越了狭隘的、功利的价值取向和人生寄望，其前提是认清了人的本性是什么，人要靠什么生存，怎样生存，如何实现自身的福祉和价值，也让人们看到了老一代大庆石油工人领悟理性追求的、还原本真的精神世界。

3

人总要有一点骨气

"铁人"王进喜说："一个人要有志气，一个民族要有骨气。"什么叫有骨气呢？孟子说："富贵不能淫，贫贱不能移，威武不能屈，此之谓大丈夫。"换成如今的话来说，就是高官厚禄收买不了，贫穷困苦折磨不了，强暴武力威胁不了，这才是大丈夫所为。大丈夫的这种行为所表现出的英雄气概，对于今天的我们来讲，就叫作有骨气。古时候，甚至称赞"不食嗟来之食"者有骨气，也就是宁可饿死，也不吃那种有施舍目的的食物。

无骨气者不争气

凡是没有骨气的人，他们大多是没有追求、没有作为的人，从外在表现看,他们往往总叹气、总赌气、总生气、总斗气、有怨气、有脾气、有娇气,甚至很丧气。因此,在当今社会,60岁的人决不能斗气,更不能心理失衡,你们是祖国承上启下的交接者;50岁的人决不能有怨气,更不能徘徊,你们是祖国全面深化改革的接力者;40岁的人决不能叹气,更不能停步,你们是祖国未来实现可持续发展的接力者;30岁的人决不能傲气,更不能啃老,你们是祖国未来实现真正强盛的接力者;20岁的人决不能有娇气,更不能媚外,你们是祖国未来实现伟大复兴的接力者。

抬眼望,翘首见,只要人人有骨气,人人有理想,国家民气将会集体升华,中华民族就将更有朝气、更有前途。无疑,中国人民过去需要这种骨气,现在更加需要这种骨气,将来同样需要这种骨气。

有骨气者会争气

凡是有骨气的人,他们大多是有追求、有作为的人,从外在表现看,他们往往有朝气、有锐气、有志气、有正气,也很争气。古往今来,有骨气者大有人在,不胜枚举。文天祥有骨气,抗元失败,拒绝高官厚禄,受尽折磨,慷慨牺牲;郑成功有骨气,历尽艰险,收复台湾,大振国威,实现华夏一统;杨靖宇有骨气,历经磨难,不屈不挠,至死坚持抗日。如此鲜活的实例,不胜枚举。改革开放以来,从1978年起到2012年底,中国人民有骨气,励精图治发展了三十五年,经济年均增速高达9.8%,一举跃居世界第二大经济体,成功实现从低收入国家向中等收入国家的跨越,且有200多种工业品产量居世界第一位,真正创造了人类经济发展史上的惊世奇迹。事实证明,只要我们有骨气,一切都会因有骨气而改变;只要我们有骨气,就没有干不了的事情,就没有战胜不了的险阻,更没有过不去的"火焰山";只要我们有骨气,美好明天一定会属于你、我、他,一定会属于生生不息的中华民族,也一定会属于我们所热爱的伟大祖国。

人要有"三股气"

老一代石油工人常讲,人就是要有"三股气"。他们认为,对一个人来讲,就要有非凡的志气;对一支队伍来讲,就要有昂扬的士气;对一个国家来讲,就要有民族之气。当一个人有了非凡的志气,就会自觉地去发奋和努力,就会释放出极大的主动性和创造力,越是在困难和难题面前,其斗志就越会得到充分的激发。那么,一个国家有了这样优秀的民众,这个国家强盛起来只是时间的早晚而已,而强盛则是必然。其实,我们每个人都要有志气,做一个有作为的人,做一个对国家和民族有用的人。当一支队伍有了昂扬的士气,就会在艰难条件下完成平时难以完成的急难险重任务,成为特别能战斗、特别能吃苦的坚强队伍。那么,一支很有士气的队伍,其士气到底是什么呢?很简单,士气出团结,士气出凝聚力,士气出战斗力。当一个国家有了民族之气,亿万民众就会在爱祖国、爱民族的大势下,团结成为一个坚强集体,所形成的力量就会横扫千军。试想,也只有亿万民众有了这种民族之气,才会更自觉地为国家和民族利益而奋斗。无论是有志气,还是有士气,或是有民族之气,汇聚到一起就是有骨气。老一代大庆石油工人就是凭着这"三股气",克服了种种困难,自力更生,艰苦创业,用生动事实说明"宁可少活二十年,拼命也要拿下大油田"以及"石油工人一声吼,地球也要抖三抖"。这些不是说说而已,而是说做就做,最终我们凭着这股士气打破了西方国家的经济封锁、技术封锁,甩掉了中国贫油落后的"帽子",给全中国人民争了一口气。有了这种骨气,贫穷不是问题,落后不是问题,困难也不是问题,甚至能力素质低也同样不算什么大问题,因为只要有骨气在,任何问题都可以解决。

大庆精神产生、形成、发展时期大事记
（1958年2月—1981年12月）

1958年

☆ 2月27日—28日 中共中央总书记邓小平听取石油工业部汇报，提出："对松辽、华北、华东、四川、鄂尔多斯五个地区，要好好花一番精力，研究考虑。"

☆ 3月初 石油工业部贯彻邓小平指示，决定战略东移，并把松辽盆地作为主战场。

☆ 4月17日 地质部普查大队在位于松辽盆地的吉林前郭发现含油砂层，证明松辽盆地生油。

☆ 4月中旬 石油工业部松辽勘探大队成立。

☆ 5月16日 石油工业部成立松辽勘探处，宋世宽任处长。

☆ 6月26日 《人民日报》在显著位置刊登"松辽盆地有石油"的消息。消息称："松辽平原不久将成为我国重要的油区之一。"

☆ 6月27日 为加强松辽勘探力量，先后从西安、玉门、青海等地调来1 000多名职工。改松辽勘探处为松辽勘探局，李荆和任局长兼党委书记。

☆ 7月9日 位于黑龙江省安达县任民镇的松基一井开钻。

☆ 8月6日 位于吉林省前郭旗的松基二井开钻。

☆ 9月初—14日 松辽局向石油工业部提出松基三井方案及补充依据。

☆ 10月上旬 松辽局基准井研究队确定了位于黑龙江省肇州县大同镇松基三井设计井位。

☆ 11月11日 松基一井于井深1 879米处遇到变质岩，证明无油层，完钻。

☆ 11月29日 石油工业部正式批准松基三井井位。

1959年

☆ 1月底—2月初 石油工业部领导对松基三井的有关资料再行审查。

☆ 2月24日 地质部、石油工业部联合批准1959年松辽盆地勘探总体设计。

☆ 3月22日 松基一井固井试油，未见到油流。

☆ 4月11日 32118钻井队到松基三井就位，开钻。

☆ 7月初—20日 松基三井取芯，见到含油砂层，含油饱满，气味浓烈。

☆ 7月底—8月初 彭佐献、赵声振、邱中建、蒋学明等试油、固井专家到松基三井现场指挥射孔，试油。

☆ 8月29日 松基三井固井完毕，经电测各项指标合乎要求。

☆ 9月6日 松基三井在高台子层进行射孔，开始试油。

☆ 9月26日 松基三井喷出工业油流，发现大庆油田。

☆ 10月1日 葡萄花构造上的第一口基准井——葡1井完钻。

☆ 10月7日—8日 黑龙江省委第一书记欧阳钦提出把"大同镇"改为"大庆镇"，以这里出油庆祝新中国成立10周年；石油工业部将这个新发现的油田定名为大庆油田。

☆ 12月26日—29日 余秋里视察松基三井和"葡萄花"、"高台子"的勘探情况，并决定在萨尔图、杏树岗、喇嘛甸构造上各打一口探井。

1960 年

☆ 1月7日 葡7井、葡4井、葡20井陆续喷油,"葡萄花"油田形成规模。

☆ 2月12日 石油工业部部署开展大庆石油会战,部党组亲临前线指挥,部机关以一半力量参加会战,各地参加会战人员限期到大庆报到。

☆ 2月13日 石油工业部向中央呈报《关于东北松辽地区石油勘探情况和今后工作部署问题的报告》。

☆ 2月20日 中共中央转发了石油工业部党组的报告,同意在松辽地区开展石油大会战,并要求各地予以支援。

☆ 2月21日—3月3日 松辽石油会战第一次筹备会议在哈尔滨召开,宣布成立松辽石油会战领导小组,康世恩任组长,唐克、吴星峰任副组长。

☆ 2月22日 中共中央发文,同意"动员三万名退伍兵给石油工业部",参加大庆油田的开发建设工作。

☆ 2月24日 太平屯构造第一口探井——太2井喷油。

☆ 3月9日 国务院副总理薄一波主持召开国务院有关部门负责人和东北协作区省、市长参加的会议,要求各省、市、国务院各部门大力支援"大会战"。

☆ 3月11日 萨尔图构造第一口探井——萨66井(原名萨1井)喷出高产油流,证明油田的主力层在长垣的北部,并发现了萨尔图油层。

☆ 3月15日 黑龙江省成立支援石油开发工作领导小组,确定了"全力以赴,全力支援"的方针。

☆ 3月14日—17日 会战领导小组研究调整勘探部署,把会战中心移向萨尔图,会战队伍挥师北上。

☆ 3月17日 石油工业部党组要求各厂、矿、院、校抽调精兵强将、头等设备,自带工资,参加会战。

☆ 3月25日 王进喜带领1262钻井队(现1205队),从玉门来大庆报到。

☆ 3月25日—27日 松辽会战第二次筹备会议召开，余秋里、康世恩出席会议，会议确定集中力量拿下萨尔图油田。

☆ 4月1日 松辽石油勘探局由长春市迁到安达县办公。

☆ 4月8日 中共石油工业部机关党委在安达县正式办公，负责领导石油会战的政治工作，部机关和松辽石油勘探局机关共同组成石油会战领导机关，余秋里任书记，吴星峰、雷震任副书记。

同日 杏树岗构造第一口探井——杏66井（原名杏1井）喷油，表明杏树岗油层进入到厚层高产区。

☆ 4月9日—11日 第一次油田技术座谈会在安达召开，会议强调在油田地质工作上要做到"四全、四准"和20项资料齐全准确。

☆ 4月10日 中共石油工业部机关党委发出《关于学习毛泽东同志所著〈实践论〉和〈矛盾论〉的决定》。

同日 松辽盆地敖包塔构造第一口探井——敖26井喷油。

☆ 4月13日 战区党的机关报《战报》创刊。

☆ 4月15日 撤销原萨中、萨北指挥部，合并成立第三探区，张文彬兼第一书记，宋振明任指挥。

☆ 4月24日 松辽石油会战领导小组扩大会议，确定了"勘探与开发并举"和"边勘探，边开发，边建设"的方针。

同日 萨尔图油田生产试验区成立，主要任务是在油田北部32平方公里试验区内进行油田开发试验。

☆ 4月25日 喇嘛甸构造高点上的喇72井（原名喇1井）喷油。该井与萨66井、杏66井的出油，拿下了800平方公里油田面积，被誉为"三点定乾坤"。

☆ 4月29日 大庆石油会战万人誓师大会在萨尔图广场（现大庆23中）召开。大会由张文彬主持，石油工业部部长余秋里做动员报告，副部长康世恩发布了第一战役战斗令。会上，"铁人"王进喜被评为油田会战第一个劳动模范。

☆ 4月底 撤销安达县，成立安达市，大庆油区划归安达市领导。

☆ 5月4日 1247钻井队利用钻机本身的动力设施，试验成功钻机自走。

☆ 5月10日 黑龙江炼油厂筹建处成立。

☆ 5月16日 大庆油田第一口开发油井——中7-11井投产。

☆ 5月27日 大庆油田召开第一次政治工作会议，提出"三要、十不"的具体要求。

☆ 6月1日 油田第一列车原油从萨尔图车站运出，发往锦西石油五厂。

☆ 6月6日 会战领导小组决定，将解放军9470部队承修的喇—萨输水管线命名为"八一"管线。

☆ 6月25日 大庆油田召开"五级三结合"会议，宣布第二战役开始。同日 萨尔图第一座列车电站（34号列车电站）正式向油田输电。

☆ 7月2日 石油部机关党委开展学习王进喜、孙永臣钻井队，马德仁、韩荣华钻井队，段兴枝、陈愚汉钻井队，薛国邦采油队和朱洪昌工段5个先进单位的活动。

☆ 7月6日 32144钻井队创造1支钻头钻进1 069米的新纪录，这是战区的第一支钻进千米的钻头。

☆ 7月20日 龙虎泡构造第一口探井——龙1井出油，发现龙虎泡油田。

☆ 7月27日 大庆油田第一座炼油厂——葡萄花炼油厂生产出第一批合格油品。

☆ 7月28日 石油部机关党委下达《关于开展学习"王、马、段、薛、朱"的决定》。

☆ 8月2日 大庆油田第一个"地宫"在萨尔图生产试验区正式开放。

☆ 8月14日 会战总调度室开始试行完井作业正点运行图，加强钻井工艺管理，钻井前线广泛开展大协作活动。

☆ 8月15日 "干打垒"促进检查团成立，石油工业部副部长孙敬文任团长。

☆ 8月30日 1203钻井队钻完本月第五口生产井，夺得石油会战以来"五开五完"第一名。

☆ 9月3日 黑龙江省委批准《关于解决安达石油地区过冬问题的报告》，要求把过冬问题"列为当前的中心任务，务求抓紧抓狠抓实"。

☆ 9月13日 大庆油田第一口生产油井——萨中6-13井投产。

☆ 9月15日 喇88井完钻。至此，大庆油田已打完探井74口，拿下含油面积860多平方公里，证明这是具有相当地质储量的大油田。

☆ 9月16日—18日 大庆油田召开首届青年积极分子代表大会。

☆ 9月18日 在萨尔图前线会议室召开第一次群众性油井分析会。

☆ 9月20日 升平构造第一口探井——升1井喷油。

☆ 9月24日 大庆油田原油生产达到日产5 000吨。

☆ 9月26日—29日 大庆油田召开首届先进生产者代表大会，李人俊、康世恩、孙敬文副部长出席并讲话。大会授予1262（现1205）、1202、1203、1247钻井队为"钢铁钻井队"，命名一批采油、基建、运输、机修等战线上的标杆队。

☆ 10月1日 大庆油田18 000人在萨尔图广场庆祝建国11周年。

☆ 10月9日 大庆油田采油指挥部成立，宋振明任指挥兼党委书记。

☆ 10月18日 油田第一口注水井——中7排11井开始试验注水。

☆ 10月20日 石油会战领导机关由安达迁到萨尔图"二号院"。

☆ 10月21日 取消三探区及基建指挥部等中层领导机构，成立钻井、采油、油田建设、建筑、工程、水机电、器材供应、运输8个指挥部，由会战领导小组直接领导。

☆ 11月1日 油田第一次设计工作会议在安达召开。

☆ 11月2日 会战领导小组发出《关于领导成员分工的通知》，领导小组由康世恩、唐克、吴星峰、张文彬等13人组成，康世恩任组长。

☆ 11月25日 油田创建由26人组成的第一个缝补厂。

☆ 12月31日 大庆油田公布1960年各项主要指标的完成情况：发现构造8个，获得可采储量5亿吨，钻井进尺39万多米，采油97万多吨。

1961年

☆ 1月7日 参加石油会战人员因食品缺乏，出现了浮肿病患者1 300多名，月末达到4 595人，会战领导小组发出《关于更好安排当前职工生活的紧急通知》。

同日勘探指挥部成立，负责大庆长垣外围地区的石油勘探工作。

☆ 1月17日 大庆石油会战指挥部地质指挥所成立。

☆ 2月4日 石油工业部机关党委制定颁发《关于开展"五好"支部活动的决定》，加强石油会战中的基层党支部工作。

☆ 2月24日 大庆油田首次计算完成喇嘛甸、萨尔图、杏树岗油田的地质储量。

☆ 3月8日—9日 石油工业部党组提出大庆油田1961年至1964年建成1 500万吨原油生产能力的长远计划，得到党中央和国务院的批准。

☆ 4月13日 油田《基本建设技术管理暂行规定二十一条（试行稿）》颁布实施。

☆ 5月23日 采油指挥部决定开展"五好注水井"活动，以促进注水井管理，保证油井高产稳产。

☆ 6月2日 会战领导小组扩大会议决定：为了节约度荒，战胜困难，保证会战，第一，要大挖野菜，保证每人每天1.5公斤；第二，一天三顿饭，要"两稀一干"。既要省粮，又要吃饱。

☆ 6月7日 石油工业部机关党委颁布《关于在全战区开展"五好红旗队"和"五好红旗手"运动的决定》。

☆ 6月10日 成立会战政治部和所属各单位政治部(处),李荆和(兼)任会战政治部主任。

☆ 7月5日 大庆油田第一次选择性压裂在中3-5井实施。

☆ 7月23日 邓小平到油田视察。

☆ 7月27日 大庆油田第一口分层注水试验井——中3-25井试验成功。

☆ 8月7日 刘少奇到油田视察,并指示在工业发展的时候,要把农业组织起来。

☆ 8月9日 中共中央书记处书记、国务院副总理谭震林到油田视察。

☆ 9月7日 国务院批准筹建东北石油学院,焦力人兼任院长。

☆ 11月7日 中共石油工业部松辽会战工作委员会成立,会战工委下设会战指挥部和会战政治部,石油工业部部长余秋里任会战工委书记,副部长康世恩任会战指挥部指挥。同时,撤销中共松辽石油勘探局委员会。

☆ 11月29日 1202钻井队全年钻井总进尺31 746米,打破苏联功勋钻井队1960年钻进31 300米的世界纪录。

☆ 11月30日 大庆原油日产水平突破万吨大关,达到10 598吨。

1962年

☆ 3月16日—20日 会战工委召开扩大会议,讨论研究农副业生产问题。18日做出《关于加强北安农副业生活基地领导问题的决定》。

☆ 3月26日 石油工业部根据国家经委决定,黑龙江炼油厂划归大庆会战指挥部,并成立以徐今强为首的炼建指挥部。

☆ 4月1日 凌晨6时,大庆石油会战前线全线鸣炮,大会战进入第三年。

同日 黑龙江炼油厂第一套生产装置——常减压装置破土动工。

☆ 4月16日 钻井指挥部薛桂芳率领另外4名家属,带着五把铁锹开荒种地,首创大庆家属参加会战先河,被誉为"五把铁锹闹革命"。

☆ 5月10日 会战工委召开党员干部大会，讨论分析中区1号注水站失火事故的教训，康世恩做了《加强基层工作，开展五好红旗队活动，大力改变作风，全面管好生产》的报告。

☆ 5月16日 会战工委发出通知，要求种地10万亩，解决职工生活困难。

☆ 6月21日 国务院总理周恩来、全国妇联副主席邓颖超来大庆油田视察，周总理提出"工农结合，城乡结合，有利生产，方便生活"的矿区建设方针。

☆ 7月6日 会战工委决定在全油田实行和完善岗位责任制，提高管理水平。

☆ 8月22日 叶剑英元帅视察大庆油田并题词。

☆ 10月 第一口油基泥浆取芯井——北1区6-37井取芯成功，获得确切的油层含油饱和度数据。

1963年

☆ 3月21日 会战工委发出《关于"五好单位"和"五好工人"的标准的决定》。

☆ 4月4日 松基6井开钻，设计井深4 000米，是大庆第一口超深井。

☆ 6月8日 黑龙江省人大常务委员会发出《关于大庆油田建设用地问题的决定》。

☆ 6月19日 朝鲜民主主义人民共和国最高人民会议常任委员会委员长崔庸健等，由周恩来总理、陈毅副总理等陪同，到大庆油田参观访问。

☆ 7月3日 为更好地支援大庆油田的生产建设，由东北局计委，黑龙江省计委、经委等单位和部门组成的联合工作组，到油田进行为期一个月的调查。

☆ 7月11日 水压式多级封隔器和配注工艺试验成功。

☆ 8月23日—29日 会战指挥部召开油田开发技术座谈会，根据油井含水上升快的问题，决定缩小油嘴、控制注水和开展分层注水试验等13项措施。

☆ 9月5日 地质指挥所与采油指挥部联合成立小层动态攻关队。

☆ 9月13日 《战报》首次宣传"三老四严""四个一样"。

☆ 10月6日 1202钻井队第一个实现钻井总进尺达到10万米，相当于钻透11座珠穆朗玛峰。

☆ 10月31日 萨尔图至龙凤的输油管线开始输油。

☆ 10月 大庆首次使用电子计算机——国产103型电子管线路计算机。

☆ 12月3日 在第二届全国人民代表大会第四次会议上，周恩来总理宣布：中国需要的石油，现在已经可以基本自给。中国人民使用"洋油"的时代，即将一去不复返了。

☆ 12月6日 黑龙江炼油厂生产的第一批合格成品油从龙凤车站发出。

☆ 12月25日 1203钻井队第二个跨过钻井10万米大关，石油工业部奖励"石油战线上的猛虎"锦旗一面。

☆ 12月26日 大庆把BY-40型钻机由柴油机驱动改为电动机驱动，并配备大功率泥浆泵和大功率钻盘，钻机功率提高一倍多。

☆ 12月28日 余秋里、康世恩在中央直属机关和北京市干部大会上做了《关于大庆石油会战情况的报告》。

1964年

☆ 1月3日 《战报》发表会战工委副书记吴星峰的长篇文章《要学会用"两分法"看问题》。

☆ 1月25日 毛泽东主席向全国发出号召："工业学大庆！"

☆ 2月5日 中央发出《关于传达石油工业部〈关于大庆石油会战情况的报告〉的通知》。

☆ 3月5日 会战指挥部在萨尔图"万人广场"举行首次设备赛好

大会。

☆ 3月12日 "黑龙江炼油厂"改名为"大庆炼油厂"。

☆ 3月30日 会战工委发出《关于开展向32139钻井队学习的决定》。

☆ 3月31日 石油部党组、黑龙江省委向国务院提交《关于成立安达特区及所辖范围的报告》。

☆ 4月15日 首次在黑龙江省20个市、县招收的3 330名徒工陆续到达大庆油田。

☆ 4月19日 中央人民广播电台播送新华社记者袁木、范荣康采写的长篇通讯《大庆精神大庆人》,首次披露我国已有大庆油田。

☆ 5月6日 全国人大常委会副委员长彭真一行30人到大庆油田视察。

☆ 6月23日 中共中央、国务院批准撤销安达市,设立安达特区。

☆ 7月17日 邓小平视察大庆油田。

☆ 7月28日 刘伯承元帅一行35人到大庆油田视察。

☆ 7月31日 钻井战线全月共开钻56口,交井50口,全优率达98.9%,创石油会战以来大丰收。

☆ 8月1日 朱德、董必武到大庆油田视察。

☆ 9月4日 32139钻井队在松基6井钻井4 000米,深井取芯平均收获率达86%,创国家石油钻井史新纪录。

☆ 11月19日 黑龙江省委、省人委发出《关于安达特区机构设置的通知》。

☆ 12月21日 王进喜、朱洪昌、李荆和、张洪池当选为第三届全国人民代表大会代表。

☆ 12月21日—22日 周恩来总理在第三届全国人民代表大会上的《政府工作报告》中充分肯定了大庆的基本经验。

1965年

☆ 1月1日 中央人民广播电台新闻联播节目向石油工人致贺词。

同日 安达市特区正式成立。中共大庆会战工作委员会即中共安达特区工委，大庆会战指挥部即安达特区人民委员会，由徐今强兼任安达特区工委书记，李荆和兼任安达市市长。

☆ 3月17日 大庆家属代表芮冬英、李庆阁、于文兰、苑柏琴、宋玉平5人在人民大会堂做报告。

☆ 4月19日 全国总工会、全国妇联致信大庆全体职工家属，并题词：祝大庆家属在发展农副业生产、参加矿区各项建设和服务事业中取得更大的成绩。

☆ 5月 松辽石油会战指挥部正式改为大庆石油会战指挥部，徐今强任大庆会战工委书记兼指挥。

☆ 8月2日 国务院副总理贺龙到大庆油田视察。

☆ 8月27日 32143钻井队和矿机研究所试验成功取芯工具和工艺，一次取芯64.47米，获取芯最高纪录，石油工业部来电祝贺。

☆ 9月21日 石油工业部在大庆油田召开技术革新座谈会，全国著名劳动模范倪志福和"刀具大王"金福长做了精湛的技术表演，并介绍了经验。

☆ 11月 在北京历史博物馆举办大庆展览。

1966年

☆ 1月3日 《人民日报》就大庆工作发表《中国工业化的正确道路》社论。

☆ 1月9日 《人民日报》开始连续登载《学大庆，从哪里学起》《大庆作风是怎样培养成的》等文章，并加编者按。

☆ 1月12日 《人民日报》在头版头条发表王进喜在石油工业部政治工作会议上《为革命艰苦奋斗一辈子》的讲话。

☆ 3月8日 石油工业部授予1205、1202钻井队"优质快速红旗钻井队"称号。

☆ 4月6日 石油工业部授予大庆油田1202钻井队等81个单位"石油工业部五好红旗单位标兵"称号，授予王进喜等138人"石油工业部五好标兵"称号。

☆ 5月3日 以阿尔巴尼亚劳动党中央政治局委员、部长会议主席穆罕默德·谢胡为首的代表团，由周恩来总理、李富春副总理等陪同，到大庆油田参观。

☆ 5月12日 经石油工业部党组批准，徐今强兼会战工委书记，李荆和、季铁中、宋振明为副书记；批准李荆和等7人为监委委员，李荆和兼监委书记，陈烈民、许国祥为副书记。

☆ 8月14日 大庆油田发现者之一、地质学家谢家荣在北京逝世。

☆ 11月 油田开发技术座谈会因红卫兵干扰被迫中途散会，每年一度的技术座谈会从此中断。

☆ 12月 1202、1205钻井队用中型钻机创年钻井10万米的世界纪录。

☆ 12月26日 大庆会战机关造反派揪斗会战工委领导，党委班子瘫痪。

☆ 12月30日 大庆油田32139钻井队完成了我国第一口4 780米的深井——松基6井，历时1 215天。

1967年

☆ 3月 1800余名工人、大中专及技校毕业生外出串联。

☆ 3月23日 中共中央、国务院和中央军委发出《关于大庆油田实行军事管制的决定》。

☆ 5月10日 大庆炼油厂革命委员会成立。

☆ 5月底 由于受"文革"影响，5月份，油田管线敷设只完成计划的5%，井口安装只完成计划的20%。

☆ 8月末 受"文革"影响，大庆油田日外运油量由32 400多吨下降到3 000至4 500吨，被迫关井449口，原油日产水平由36 500吨降到19 000多吨。

☆ 12月 杏树岗油田新的开发区块4至6区行列井网投产。

1968年

☆ 5月31日 大庆革命委员会成立，中国人民解放军16军原副军长褚传禹任主任。

☆ 10月4日 大庆革命委员会发出《关于当前清理阶级队伍工作中几个问题的规定》。

1969年

☆ 4月1日至24日 王进喜出席中国共产党第九次全国代表大会，当选为中央委员，并受到毛泽东、周恩来接见。

☆ 9月18日 油田张廷栋、张凯环等17名代表赴京参加国庆20周年观礼。

1970年

☆ 3月11日 时任大庆革委会副主任的王进喜到北京汇报大庆油田地下情况。18日，周恩来总理批示大庆"要恢复'两论'起家的基本功"。

☆ 3月20日 10年会战中，1202钻井队甩掉了苏联"功勋队"，超过了美国"王牌队"，创造了世界新纪录，被誉为"永不锩刃的尖刀"。

☆ 4月1日 石油工业部军管会派副部长孙晓峰来大庆传达周恩来总理指示，并组织群众扭转生产建设被动局面。

☆ 4月5日 黑龙江省军区副司令丁继先任中共大庆核心小组组长、"革委会"主任。

☆ 4月30日 中国第一台液压钻井机在大庆研制成功。

☆ 5月1日 石油工业部、煤炭工业部、化学工业部发出《关于庆祝大庆石油会战十周年的通知》。

☆ 7月5日 大庆油田划归黑龙江省，实行部与省双重领导。

☆ 11月15日 中国工人阶级的优秀代表王进喜同志因病医治无效，在北京逝世，终年47岁。

1971 年

☆ 3月下旬 宋振明恢复工作,并组织恢复"文革"中曾一度中断的岗位责任制大检查。

☆ 4月29日 大庆油田发现者之一、地质学家李四光逝世。

☆ 5月5日 康世恩任燃料化学工业部党的核心小组第一副组长、革委会第一副主任。

☆ 6月20日 《人民日报》发表"工业学大庆"的社论,号召全国各条战线掀起学习大庆精神的高潮,也是对铁人精神和大庆精神从产生到形成的高度肯定。

☆ 6月28日至30日 中国共产党大庆第一次代表大会召开,丁继先任书记,任云峰、齐建民、李荆和、宋振明任副书记,陈烈民、季铁中任常委。

☆ 7月1日 "铁人"王进喜同志英雄事迹陈列室及1205钻井队到大庆打的第一口井对外开放。

☆ 9月6日 宋振明、季铁中任大庆革命委员会副主任,陈烈民任政治部主任。

☆ 10月 大庆油田恢复因"文革"影响中断的油田开发技术座谈会。

☆ 10月 康世恩担任燃料化工部部长。

☆ 12月 1205钻井队创造年钻井103口,进尺12.7万米的新纪录。

1972 年

☆ 5月10日 油田研究设计的中国第一台50吨中型液压钻机,钻完一口中深井。

☆ 7月9日 1205钻井队创造班进尺845.5米和10小时13分上千米的新纪录。

☆ 10月 燃化部根据国务院指示,派副部长焦力人来大庆,与大庆领导一起研究确定喇嘛甸油田开发建设方案。

☆ 11月2日 大庆油田召开推广"优选法"千人现场会。

☆ 12月 萨尔图油田7个开发区块加密调整井陆续投产。

1973年

☆ 1月初 为扭转"两降一升"的被动局面，大庆党委决定贯彻"攻坚啃硬，再夺高产"的方针。

☆ 3月23日 大庆军管会撤销。

☆ 8月24日 宋振明、张洪池作为代表出席中国共产党第十次全国代表大会，张洪池当选为中国共产党第十届中央委员。

1974年

☆ 9月15日—26日 黑龙江省"工业学大庆"经验交流会在大庆召开。

1975年

☆ 1月 屈清华、周占鳌、张廷栋、张洪池赴京参加第四届全国人民代表大会。会上，张洪池当选为第四届全国人民代表大会常务委员会委员。

☆ 1月17日 第四届全国人民代表大会第一次会议决定，撤销燃料化学工业部，成立煤炭工业部和石油化学工业部，任命康世恩为石油化学工业部部长。

☆ 2月 由长春电影制片厂摄制，以大庆油田为题材的电影《创业》公开放映。

☆ 2月6日 中共黑龙江省委批准宋振明任中共大庆党委书记、"革委会"主任，免去丁继先大庆党委书记、"革委会"主任职务。4月7日，经过黑龙江省委、石化部党组决定，任命陈烈民为大庆党委第一副书记、"革委会"第一副主任。

☆ 5月 "东北石油学院"改名为"大庆石油学院"。

☆ 7月25日 毛泽东主席对《创业》影片做出批示："此片无大错，建议通过发行。不要求全责备。"

☆ 8月7日 陈云副总理视察研究院"地宫"陈列馆。

☆ 10月7日 宋振明被国务院任命为石油工业部党组副组长、第一副部长，并兼任大庆党委书记、革委会主任。

1976年

☆ 1月8日 大庆军民沉痛哀悼周恩来总理逝世。

☆ 6月5日—7日 中共大庆第二次代表大会召开，通过"高产上五千（万吨），稳产十年"的目标。宋振明任书记，陈烈民任第一副书记。

☆ 7月6日 朱德委员长逝世，全油田沉痛悼念并举行吊唁活动。

☆ 9月9日 毛泽东主席逝世。大庆油田45万多人参加了吊唁。

☆ 11月21日 油田举行庆祝集会游行，欢呼打倒"四人帮"反革命集团。

☆ 12月31日 油田年生产原油5 030万吨，首次实现年产上5 000万吨的目标。

1977年

☆ 1月19日 中共中央发出《关于召开全国工业学大庆会议的通知》。

☆ 1月 大型艺术纪录片《大庆战歌》，由上海电影制片厂重新整理制作，在全国发行。

☆ 4月20日 全国"工业学大庆"会议在大庆举行开幕式。党和国家领导人华国锋、李先念、纪登奎、汪东兴、李德生、王震、余秋里、谷牧等出席，来自全国各地的5 000名代表参加会议。大会于5月13日在北京闭幕。

☆ 5月1日 《全国工业学大庆展览》大庆馆在北京展览馆展出。

☆ 11月22日，经黑龙江省委常委会批准，陈烈民兼大庆革命委员会主任；宋振明离开大庆，任石化工业部党组书记、部长。

☆ 12月 大庆油田首次评出76个高产稳产采油队。

1978年

☆ 2月24日 彩色纪录片《大庆之路》首映式，在首都剧场举行。

☆ 2月25日 陈烈民、周占鳌、张廷栋、李长荣、王启民、李景荣作为代表出席第五届全国人民代表大会。会上，周占鳌当选为大会代表资格审查委员会委员和常务委员会委员。

☆ 3月5日 第五届全国人大常委会决定，石油化学工业部分为石油工业部和石油化工部，任命宋振明为石油工业部部长，徐今强为石油化工部部长。

☆ 8月12日 宋振明、吴全清、关晓红作为代表出席中国共产党第十一次全国代表大会。会上，吴全清当选为中国共产党第十一届中央委员会委员。

☆ 8月20日 大庆党委向石油工业部和黑龙江省委呈报了《关于大庆油田加快实现现代化的情况报告》，石油工业部批转了这个报告。

☆ 9月14日 邓小平视察大庆油田，要求"要把大庆油田建设成为美丽的油田"。

1979年

☆ 3月1日 大庆党委和大庆"革委会"发出通知，撤销各二级单位"革委会"。

☆ 3月 石油工业部发出《关于授予大庆油田采油一部中一队为"高产稳产模范采油队"光荣称号的决定》。

☆ 9月末 国庆30周年前夕，大庆油田作为全国先进企业受到国务院嘉奖。

☆ 12月14日 国务院批准"安达市"改为"大庆市"，恢复原安达县建制。

1980年

☆ 2月26日 经中共黑龙江省委和石油工业部批准，成立中共大庆市市委，即大庆石油管理局党委，陈烈民任书记。

☆ 4月28日 大庆市第二届人民代表大会第一次会议召开，薛国邦当选为人大常委会主任，王苏民当选为市长（石油管理局局长）。

☆ 4月29日 中国人民政治协商会议大庆市第一届委员会举行第一次会议，郑耀舜当选为政协主席。

同日 大庆市人民政府发出成立后的1号文件，正式启用"大庆市人民政府公章"，大庆革命委员会即行撤销，并将各指挥部改为公司或厂。

☆ 5月13日 大庆召开"庆祝大庆石油会战二十周年及石油战线向现代化进军大会"。

1981年

☆ 1月19日 大庆政治部及所属各单位政治部撤销。

☆ 2月26日 大庆石油会战指挥部改为大庆石油管理局，石油管理局与大庆市两个职能、一套班子。

☆ 2月 为加强对石油工业的领导，中央决定，国务院副总理康世恩兼任石油工业部部长。

☆ 3月 按照石油工业部对国家实行年产1亿吨原油包干，超额部分收入可自行发展的政策，石油工业部决定大庆实行原油年产5 000万吨包干。

☆ 4月7日 石油工业部决定，华北油田抽调1个勘探指挥部到大庆打老区调整井。

☆ 5月18日 中共中央组织部批准，王苏民兼任大庆石油管理局局长。

☆ 12月28日《中共中央转发国家经委党组＜关于工业学大庆问题的报告＞的通知》[1981中发（47）号]印发全国省部级以上党政军机构和部门及人民团体，《通知》总结历史经验教训，继承传统，创新前进。

参考文献

1. 陈道阔.中国石油大会战[M].北京：八一出版社，1994.
2. 陈道阔.余秋里与石油大会战[M].北京：解放军文艺出版社，2009.
3. 余秋里.余秋里回忆录[M].北京：解放军出版社，1996.
4. 宋连生.工业学大庆始末[M].武汉：湖北人民出版社，2011.
5. 田润普.大庆石油会战[M].北京：中国文史出版社，1990.
6. 全国政协文史和学习委员会.工业学大庆纪事[M].北京：中国文史出版社，2009.
7. 叶一剑.乡愁里的中国[M].北京：中国商业出版社，2012.
8. 何建明.奠基者[M].北京：作家出版社，2010.
9. 李静，李琦.实话实说西花厅[M].北京：中国青年出版社，2000.
10. 康世恩.康世恩论中国石油工业[M].北京：石油工业出版社，1995.
11. 康世恩传编委会.康世恩传[M].北京：当代中国出版社，1998.
12. 黄宏，盖立学.大庆精神[M].北京：人民出版社，2012.
13. 大庆油田铁人传写作组.铁人传[M].北京：中央文献出版社，2009.
14. 刘仁.走近铁人[M].北京：石油工业出版社，2008.
15. 李卫雨，陈法曾.上将李聚奎[M].北京：中共党史出版社，2009.
16. 缅怀毛泽东编写组.缅怀毛泽东[M].北京：中央文献出版社，

1993.

17. 中国抗日战争史学会. 抗战时期的经济[M]. 北京：北京出版社，1995.

18. 中国石油天然气集团公司思想政治工作部. 崇高榜样——中国石油60年英模事迹选编[M]. 北京：石油工业出版社，2010.

19. 中国石油天然气集团公司思想政治工作部. 辉煌见证——中国石油60年新闻作品选编[M]. 北京：石油工业出版社，2010.

20. 中国石油天然气集团公司思想政治工作部. 金色记忆——中国石油60年文学作品选编[M]. 北京：石油工业出版社，2010.

21. 何长工. 何长工回忆录. 北京：解放军出版社，1987.

22. 马胜云，马兰. 李四光年谱[M]. 北京：地质出版社，1999.

23. 中国石油天然气的勘查与发现编辑部. 中国石油天然气的勘查与发现[M]. 北京：地质出版社，1992.

24. 张文昭. 大庆油田的发现和大庆石油会战若干重要历史事件的回忆[J]. 中国科技史料，1994（2）.

25. 中央关于传达石油工业部关于大庆石油会战情况的报告的通知[J]. 党的文献，1994（6）.

26. 中央批转石油工业部党组关于东北松辽地区石油勘探情况和今后工作部署问题的报告[J]. 党的文献，1994（6）.

27. 吴尚楼. "八个第一"——支援大庆石油会战的片断回忆[J]. 龙江党史，1996年Z1.

28. 赵文津. 李四光与中国石油大发现[J]. 中国工程科学，2005（2）.

29. 孙宝范. 大庆石油会战是怎样打响的——从油田发现和会战组织看科学决策的重要[J]. 大庆社会科学，2007（1）.

30. 孙宝范. 大庆石油会战是怎样打赢的——科学理论与创业实践紧密结合的成功范例[J]. 大庆社会科学，2007（2）.

31. 孙宝范. 大庆是怎样渡过"困难时期"的——石油会战中关心

职工生活，依靠集体力量渡难关的伟大创举[J].大庆社会科学，2007（5）.

32. 孙宝范.大庆是怎样抓好队伍建设的——加强党的思想政治工作是凝聚人心、坚持会战的根本保证[J].大庆社会科学，2007（6）.

33. 刘仁.关于深入发掘抢救利用大庆石油会战历史遗产的构想[J].大庆社会科学，2004（2）.

34. 赵根成，王久英.毛主席宴请陈永贵[J].山西文史资料，1995（5）.

35. 毛华鹤.反思"工业学大庆"[J].炎黄春秋，2013（5）.

36. 赵文津.中国石油勘探的战略东移与大庆油田的发现[J].中国工程科学，2004（2）.

37. 顾功叙.一段值得回忆的历史[N].石油物探信息报，1989-10-1.

38. 李四光.从大地构造看我国石油资源勘探的远景[M]//李四光全集第七卷.武汉：湖北人民出版社，1996.

39. 张文昭.中国石油勘探战略东移的重大突破[M]//石油勘探文集（第三集）.北京：地质出版社，1999.

40. 黄汲清.1978年第二次向邓小平上书[M]//中国地质学会.黄汲清年谱.北京：地质出版社，2004.

41. 黄汲清.对我国含油气远景分区的初步意见[M]//黄汲清.黄汲清石油地质著作选集.北京：科学出版社，1993.

42. 特拉菲穆克.关于甘肃省采油和陕西、四川、贵州及广西等省的油气勘探远景[M]//李国玉.论中国含油气远景.北京：石油工业出版社，1998.

后 记

  真实的历史是本书的底版。《追溯与传承——大庆精神》是把历史还原后呈现给读者，这是我编著本书的初衷。

  近年来，社会各界对大庆石油大会战那段特殊历史充满好奇，对大庆精神的产生与形成渴望了解，特别是那段历史已经与现实渐行渐远，尘封于浩瀚的历史尘埃里。有鉴于此，为了让现实中的人们了解那段历史所产生的大庆精神，我利用一切可以利用的时间，去追溯和还原那段让人激情澎湃的真实历史。站在这样的角度，通过解疑的方式去追溯、去探究、去寻源、去哲思、去随语，去回答人们所提出的实际问题。在这思辨的过程中，也让我获得了许多启迪，使心灵受到了一次现实与历史的撞击。坦诚地讲，本人企望该书既有基本的学术研究价值，又具有一定的现实意义，这一直是我积极努力的方向。

  在编著本书过程中，黑龙江省档案局、大庆市政府研究室、大庆市档案局、大庆铁人纪念馆、大庆石油管理局官方网站、大庆油田采油五厂等部门和单位提供了极为宝贵的文献、史料、图片、声像、书籍和资料影印件等。黑龙江省政府研究室主任田恃玮先生，给予了十分有益的指导和帮助；黑龙江出版集团副总经理丁一平女士对本书编著提出了许多中肯的修改意见；黑龙江教育出版社编辑及东北网络台摄影记者为本书的图片收集、后期编辑、美术设计等做了许多工作；我的同事苗瑜女士为本书的资料收集、查阅和校对等做了大量工作。同时，还得到了赵俊清先生、车迎坤女士等一些专家、学者、领导和好友的帮助与指教。在此，一并表示本人的诚挚谢意！

  由于有些珍贵史料还未公开披露，现有可查资料较少，以及受其他客观条件的限制，书中个别表述还有待商榷。再加之本人认识水平有限，难免有疏漏和不足之处，敬请读者指正。

崔世亮

2014年3月